AUTOPSIE DU SPORT FRANÇAIS

Retrouvez un chapitre inédit (Escrime : lendemains de crise), des vidéos et des documents complémentaires sur la page :

hugo-sport.fr

34-36, rue La Pérouse
75116 Paris

Collection Hugo Sport dirigée par Bertrand Pirel

ISBN : 9782755636109
Dépôt légal : mars 2018
Imprimé en Espagne par CPI Blackprint

DANIEL RIOLO

AUTOPSIE DU SPORT FRANÇAIS

AVEC LA COLLABORATION DE :
PIERRICK TAISNE, ANTOINE BRÉARD,
ÉRIC CAMACHO ET MAX LATRUBERCE

Hugo Sport

SOMMAIRE

« Il y a quelque chose de pire que d'avoir une mauvaise pensée, c'est d'avoir une pensée toute faite. »

INTRODUCTION

Noah 1983. Hinault 1985. Nos clubs de foot, 1993 (l'OM), 1996 (le PSG), une misère. Et notre XV de France ? Ridicule, médiocre ou dépassé selon les articles.
Mais il y a aussi le fantastique Teddy Riner. Nos fabuleux handballeurs et handballeuses. Renaud Lavillenie et Pierre-Ambroise Bosse. Céline Dumerc et Tony Parker. Romain Bardet et Warren Barguil.

Pourquoi ça marche, pourquoi ça ne marche pas ? Pourquoi il y a peu, un nageur français dans un bassin ça faisait médaille, et pourquoi aux derniers J.O., ça a tourné au fiasco ? Pourquoi l'athlétisme longtemps décevant obtient enfin des résultats positifs ?

Comment va le sport français ? Il y a autant de réponses que de disciplines. On en a choisi neuf. On a fait des choix. On assume. On a pensé grand public, notoriété. C'est sans doute cela aussi qui nous a poussés parfois, dans certains sports, à plus parler des hommes que des femmes. Par les temps qui courent, j'ai conscience de l'émoi que ce choix pourra provoquer.

Pour chaque sport, il est curieux de noter que les explications peuvent être parfois simples, voire simplistes. Quand on gagne, c'est grâce au travail des fédérations, des formateurs et des entraîneurs ; quand on perd, c'est la faute au manque de moyens.

Quand on est bon, on a des résultats. Quand on est mauvais, on a des explications.
Et parce que la vérité dépend souvent du point de vue, on est allés sur le terrain, rencontrer des acteurs de ces différentes disciplines. Écouter leur diagnostic. Noter leurs critiques et leurs inquiétudes. S'inspirer de leurs réussites. Analyser leurs propositions.

C'est le moment ou jamais : comme le disent Tony Estanguet et Jean-Philippe Gatien à la fin du livre, « *2024, c'est demain* ». Et pour gagner demain, il faut réformer aujourd'hui. Sans attendre. Faire preuve de courage et d'audace.

J.O. 2024 : OBJECTIF APOTHÉOSE

L'objectif parait utopique. Au point que même le chargé de la performance des athlètes français a eu du mal à y croire. Rendez-vous compte : remporter 80 médailles aux Jeux Olympiques 2024 de Paris. C'est pourtant la feuille de route que Laura Flessel, actuelle ministre des Sports, a dressée à Claude Onesta, l'homme aux deux titres olympiques et trois sacres mondiaux à la tête de l'équipe de France de handball, aujourd'hui chargé de mener la politique sportive pour 2024. « *Je crois que Laura a oublié, déjà, la difficulté de gagner une médaille. Ça doit faire longtemps,* glissait Onesta sur l'antenne de BFM Sport en octobre dernier. *On va d'abord essayer d'imaginer la façon de s'organiser, comment mettre en œuvre ce qui va permettre d'accompagner de la meilleure façon nos athlètes. C'est le chemin que l'on va construire qui sera à l'origine de l'amélioration des résultats.* » Pourquoi un tel scepticisme chez ce manager hors pair à qui l'on doit plusieurs grands exploits à la tête du handball français ? Douterait-il de la capacité de la France à répondre à un tel défi sportif? Les différentes fédérations olympiques sont-elles assez armées pour relever le pari ? La France est-elle tout simplement une nation sportive ? Le passé ne plaide pas en faveur de Claude Onesta. Il faut ainsi remonter à 1968 pour trouver la France dans le top 5 du classement des médailles (troisième) lors des J.O. d'hiver de Grenoble. Les chiffres ne sont guère plus brillants pour les Jeux d'été, avec seulement deux top 5 sur l'après-guerre (troisième en 1948 à Londres et cinquième en 1996 à Atlanta). À force d'entendre les fédérations se plaindre de leur manque de moyens, de compter les points dans les luttes intestines que se livrent les différents acteurs d'une même fédération ou de voir aujourd'hui comment nos sportifs courent derrière des succès de prestige (Tour de France, Roland-Garros, Coupe d'Europe de football...), la question mérite d'être posée. Car oui, la France gagne ! Mais elle sait aussi perdre. Et se plaindre.

UN MODÈLE ARCHAÏQUE

Et si c'était le modèle du sport français dans son ensemble qui était à revoir ? Ce modèle vieux de près de soixante ans né au lendemain d'un fiasco olympique. Rome, 1960, la France se classe vingt-cinquième au tableau des médailles. Cinq médailles (deux en argent, trois en bronze) viennent garnir la pâle armoire à trophées du sport français. C'est le moment que choisit le général de Gaulle, dépité par de tels résultats, pour lancer une vaste réforme du sport français. Il en va de l'honneur de la France. Il charge Marceau Crespin, premier délégué à la préparation olympique, de mettre en place un nouveau modèle pour remporter des médailles. Directeur général d'UNION Sport & Cycle et spécialiste de l'économie du sport, Virgile Caillet décrypte : « *Notre sport s'est construit sur un modèle qui devait guider les jeunes vers l'entraînement puis vers la performance, où l'Etat est omniprésent au niveau du financement.* » Mais ce qui était valable en 1960 ne l'est plus en 2018. « *C'est un peu différent aujourd'hui, mais les fédérations se sont toujours inscrites dans une logique de soutien et n'ont jamais été éduquées vers une démarche entrepreneuriale,* regrette Caillet. *C'est lié à notre modèle puisque ce sont des associations sans but lucratif. Évidemment, les fédérations ont évolué. Mais dans leur ADN, on est sur un modèle très encadré.* » Les fédérations ont été incapables d'anticiper la mutation des pratiques sportives. Il y a en effet aujourd'hui plus de Français qui font du sport en dehors du cadre fédéral. Les études datant de moins d'un an font état d'environ 29,5 millions de Français qui déclarent avoir une pratique sportive régulière (au moins une fois par semaine). En parallèle, il y a 16 millions de licences sportives dont 5 millions pour les moins de 12 ans. Traduction : chez les adultes, il n'y a « que » 11 millions de licences sportives délivrées. Les autres ? Ils pratiquent de manière autonome, dans le privé, en accès libre, sur les aires de plein air, sur les terrains multisports de proximité… Autant de « sportifs du dimanche », pourtant assidus à leur pratique hebdomadaire, qui échappent aux fédérations. « *Nous sommes aujourd'hui dans une société de consommation*, continue Caillet. *Expliquer à des jeunes que tu vas aller deux fois à l'entraînement pour le match du dimanche, ça ne fonctionne plus. On joue désormais avec qui on veut, où on veut. On le voit par exemple avec l'émergence du foot à 5.* »

Dans cette nouvelle vision du monde, le sport doit trouver sa place. À condition de bouleverser les mentalités. « *Historiquement, on vit avec une forme de paradoxe en ce qui concerne l'appréhension du sport en France et de sa place dans la société,* analyse Caillet. *Les élites politiques et intellectuelles de ce pays ont toujours négligé le poids du sport et considéré que c'était un loisir, un passe-temps relativement accessoire. L'un des exemples est la place donnée au prof de gym dans les conseils de classe. Or dans le même temps, tous les spécialistes médicaux, les experts marketing et les sociologues s'accordent pour vanter les vertus du sport et de sa pratique. Tout le monde reconnaît que c'est un formidable outil de mixité sociale, qu'il permet un lien intergénérationnel. C'est un enjeu de santé publique capital. Toutes les études montrent que lutter contre la sédentarité permettrait à la fois de vivre mieux et de réaliser des économies considérables dans les dépenses de santé publique. Depuis deux ans, on s'aperçoit que le sport est également un levier de croissance économique, qu'il est source d'emploi. On a le droit de conjuguer sport et business.* » En d'autres termes, ce n'est plus un gros mot que de dire qu'on a le droit de faire du business dans le sport. D'autant que le sport en France représente 38 milliards d'euros de dépenses (2 % du PIB) et que les premiers contribuables sont les ménages (17 milliards) devant les collectivités (11 milliards). Dans le même temps, on notera qu'il ne représente que 0,12 % du budget de l'État, quand la culture est à 1 %.

VERS UNE REMISE EN QUESTION DU FONCTIONNEMENT DES FÉDÉRATIONS

La course à la licence serait-elle en train de s'essouffler ? Longtemps considéré comme l'indicateur numéro un de la bonne santé d'une fédération, le nombre de licences n'est aujourd'hui plus gage de réussite. D'abord parce qu'on a vu plus haut que les Français pratiquaient en dehors du cadre. Ensuite parce que ce seul indicateur bride les fédérations qui ne se creusent pas la tête pour trouver de nouvelles sources de revenus ou d'attractivité.

L'exemple le plus frappant est celui de la Fédération Française d'Athlétisme (FFA). Que faire des dix millions de coureurs qui foulent le bitume ou les sentiers ? Doit-elle les négliger ou au contraire les envisager comme des clients potentiels ?

Virgile Caillet a une idée très précise sur la question.

« *Ce qui est ennuyeux, c'est que les fédérations ne se projettent pas dans des logiques d'investissement, mais dans des logiques de "bons pères de famille". Il faut leur mettre dans la tête qu'elles sont un centre de profit. On le voit avec la fédération de tennis qui a la chance de posséder un véritable actif avec Roland-Garros mais qui a une vraie réflexion d'entreprise en développant son stade, en installant notamment une billetterie matinale puis une billetterie en soirée. Inversement, pour une majorité de fédérations, la convention d'objectifs passée avec le ministère pèse entre 50 et 70 % des ressources. Elles ne se projettent pas pour trouver de nouvelles sources de revenus. Il faut qu'elles se remettent en question. Car le sens de l'histoire n'est pas que l'État donne plus d'argent aux fédérations, loin de là. Mais beaucoup se trouvent aujourd'hui à l'agonie. C'est pour ça qu'il y a un vrai travail à faire. Il faut les accompagner, faire de la formation auprès des cadres et des présidents de fédérations. Ont-ils été formés pour ça ? Ce sont souvent d'anciens sportifs, passés cadres au niveau départemental, régional puis national. Et pourtant, cela ne s'improvise pas.* »

LES QUATRE MAUX DU SPORT FRANÇAIS

Il faudrait donc revoir en profondeur notre modèle. Un pari réalisable à condition que les différents acteurs acceptent de changer leur manière de voir les choses. Notre interlocuteur suivant préfère garder l'anonymat. Il a travaillé auprès de l'État dans différentes missions. Aujourd'hui impliqué auprès d'une fédération, il a pu faire un large tour de la question. Et quand on lui demande si le sport français de haut niveau est performant, il embraye : « *Oui, mais à condition de travailler à son amélioration. Quand on additionne les moyens financiers et les moyens humains mis à disposition par l'État, ça représente un budget conséquent. Certaines nations concurrentes envient les aides publiques données au sport français. Il y a peu d'équivalent dans le monde.* » Mais l'argent ne fait pas tout. De manière très détaillée, notre mystérieux informateur a accepté de nous livrer les quatre maux dont souffrirait le sport français.

1- L'opacité dans le pouvoir décisionnel

« Nous avons beaucoup trop de superpositions de structures. On a organisé des États généraux du sport. On a conclu qu'il fallait simplifier le système et on rajoute des couches comme une délégation interministérielle qui vient s'intercaler entre le ministère des Sports et la mission d'optimisation de la performance de l'INSEP. C'est une cacophonie administrative. Qui décide : l'État ou le mouvement sportif ? On est resté dans un système où l'avis de l'État est prépondérant à tous les niveaux. Ça fait beaucoup d'agents qui gravitent autour du sport mais qui ne servent pas à la performance. La France est de plus en plus sportive sur la pratique de plein air et c'est très bien. Mais est-on aussi attentif aux performances de nos équipes ? Nous sommes dans un système qui ne sait pas trancher. Quelle est la priorité ?

On finit par ne plus savoir. Est-ce le sport santé ? Le développement des infrastructures ? Et la performance ? On nous bassine tous les quatre ans au moment des Jeux, mais au milieu, on nous balance d'autres choses à faire qu'on ne peut pas assumer à cause de moyens humains et financiers trop limités.»

2- La scolarité

« On peut se réjouir d'avoir un ministère des Sports, mais quel poids a-t-il face au ministère de l'Éducation nationale ? Notre système scolaire n'est pas adapté au haut niveau. Les classes sont surchargées et ne donnent pas forcément de meilleurs élèves par rapport à des pays où on travaille moins à l'école mais qui laissent une plus grande part au sport et au développement de l'esprit de compétition, tout en prônant l'excellence. Au niveau de l'enseignement, nos professeurs d'EPS ne jurent que par l'éducation physique et veulent se démarquer du sport de compétition. On se prive de l'enseignement des valeurs portées par le sport de compétition qu'on diabolise dans le système scolaire. On n'apprend pas à nos gamins à être compétiteurs. Et après, on s'étonne qu'ils ne soient pas motivés pour aller bosser. Le sport doit être utilisé comme un vecteur éducatif, mais il peut aussi être porteur pour apprendre le plaisir de la victoire et de la performance.»

3- Le sport en université

« Le sport en université, c'est le désert. Contrairement aux grandes écoles, les universités françaises n'ont aucun moyen pour organiser des activités sportives. C'est aux étudiants de se démerder. Les Américains viennent sur nos championnats recruter nos jeunes talents, non pas pour les études, mais pour qu'ils intègrent les championnats universitaires. On leur offre des conditions privilégiées, on leur donne des bourses… Comment voulez-vous lutter ?

En France, à 18 ans, ils partent à l'université et n'ont rien d'organisé pour eux. Ils passent chez les seniors et se rendent compte que là non plus, rien n'est fait pour les accompagner. Je pense que les fédérations bossent bien. Mais pour ceux qui veulent accéder au très haut niveau, c'est très compliqué. Après 18 ans, c'est là qu'on perd le plus d'effectifs. Les jeunes s'accrochent puis lâchent. Car lorsqu'on a le choix entre les études et le sport, papa et maman poussent pour les études. Après, c'est trop tard pour revenir au sport. »

4- L'emploi

« *Les clubs s'efforcent de rentabiliser leurs emplois et de les financer en les orientant vers des activités essentiellement lucratives. Ainsi, quand un cadre a fait dix heures de loisir, dix heures de scolaire et dix heures de cours collectifs, que reste-t-il pour l'entraînement des meilleurs ? Plus rien. Et comment faire autrement, quand on sait à quel point nos clubs ont des difficultés à garantir leurs financements ?* »

Notre interlocuteur appuie là où ça fait mal : administration, école, université, emploi, autant de piliers difficiles à bouger. À l'entendre, l'une des pistes (mais ce n'est pas la seule) se trouverait de l'autre côté de la Manche. Et il n'y a pas besoin de chercher bien loin pour découvrir ce qu'est le modèle britannique, et ce qui fait la force du fameux UK Sport. Juste avant les Jeux de Londres de 2012, l'Ambassade de France au Royaume-Uni en publiait les clés dans sa revue *Science et Technologies au Royaume-Uni*. « *Créé en 1997, UK Sport est l'organisme public chargé de coordonner et de subventionner le sport de haut niveau au Royaume-Uni. Basé à Londres et employant plus de 90 personnes, il y investit chaque année près de 100 M£ (environ 113 millions d'euros) d'argent public, provenant de la loterie anglaise et du ministère des Finances. Pour la préparation des Jeux Olympiques de 2012, UK Sport a bénéficié d'un budget supplémentaire de 300 M£ (environ 340 millions d'euros). Les efforts de recherche ont été focalisés sur les sports à fort potentiel de médailles, comme le cyclisme ou la planche à voile. L'organisme a ainsi collaboré étroitement avec des sportifs tels que Bradley Wiggins (médaillé d'or en cyclisme aux Jeux Olympiques en 2004, 2008 et 2012) ou Ben Ainslie (médaillé d'or en voile en 2004, 2008 et 2012) en subventionnant des recherches pour améliorer leur matériel sportif. UK Sport finance ainsi de nombreux projets dans les universités et collabore avec des entreprises sur des projets sportifs.»* Notre contact enchaîne : « *Ça n'enlève pas le pouvoir du mouvement sportif, qui gère la délégation olympique. Il ne faut pas qu'on ait des interlocuteurs qui nous passent des commandes, mais plutôt des gens qui nous apportent des services. Aujourd'hui, on est sans arrêt à remplir des enquêtes, répondre à des commandes, faire des dossiers… Au bout d'un moment, on n'en peut plus. On ne consacre plus assez de temps à la problématique qui est la nôtre et qui est de performer.*»

PARIS 2024, SYMBOLE D'UN RENOUVEAU ESPÉRÉ ?

Ils sont nombreux à penser (espérer ?) que la victoire à Lima en septembre dernier suffira à redorer le blason du sport français. Au Pérou, Paris est officiellement désignée ville organisatrice des Jeux de 2024. À en croire les observateurs, cette victoire doit non seulement booster le sport français, mais également tous les secteurs de l'économie. Elle doit surtout permettre au sport d'opérer cette révolution qu'il n'a jamais osé faire. Virgile Caillet, spécialiste de la question, poursuit : « *Ça fait tellement peur de se remettre en question.*

On n'a jamais vraiment osé y aller. Là, on a un événement qui donne la légitimité d'engager la profonde réflexion qu'on doit opérer. Les Jeux, c'est un héritage en infrastructures mais c'est surtout un héritage immatériel. Comment l'Éducation nationale va-t-elle s'emparer des Jeux ? Comment cela va-t-il s'insérer dans les programmes scolaires ? Comment impliquer les gamins ? En résumé : comment le sport prendra-t-il une place incontournable dans la société ? » Et si, dans le sillage de Paris 2024, la gouvernance pouvait évoluer, la victoire serait double. Caillet : « *Il y a une trop grande prime aux sortants et trop de schémas figés. Ça n'amène pas le dynamisme souhaité. Il faut des schémas allégés en nombre d'élus et des circuits de décision beaucoup plus courts. À l'ère du digital, expliquer que la décision prend entre trois et six mois, on ne comprend plus.* »

Le sport en France ne se porterait donc pas si mal. Il serait même à l'orée d'une période qui pourrait être révolutionnaire au sens propre du terme. La prise de conscience collective de l'entretien de son capital santé, la prise de conscience des pouvoirs publics réalisant – tardivement – que le sport est un vecteur de croissance, et donc de business, et le tunnel d'événements planétaires sur les six années qui viennent (la Ryder Cup de golf en 2018, la Coupe du monde de football féminin en 2019, les championnats d'Europe d'athlétisme en 2020, la Coupe du monde de rugby en 2023, les JO en 2024…) sont les prémices d'une évolution positive des mentalités. « *Sans oublier qu'avec l'arrivée de Laura Flessel, il y a également eu un changement dans la manière de voir les choses. Le ministère des Sports avait tendance à être le ministère des fédérations. Là, elle veut en faire le ministère des pratiquants. Ça n'a rien à voir* », conclut Virgile Caillet. Du travail en perspective, donc. Pour Claude Onesta, pour Laura Flessel et son objectif de 80 médailles, mais également pour tous les acteurs du sport que j'ai rencontrés ces derniers mois pour analyser les forces et les faiblesses du sport français et les remèdes pour parvenir au succès, ou consolider les réussites. Neuf sports, neuf autopsies différentes.

FOOTBALL
EN DEUXIÈME DIVISION

10 octobre 2017. Le Stade de France fête la qualification des Bleus pour la Coupe du monde 2018. 7,9 millions de personnes ont vu ça devant la télé. 30,8 % de part d'audience. L'équipe de France fait toujours recette. En Russie, les Bleus participeront à leur sixième phase finale consécutive. Ça n'a l'air de rien, ça ressemble à une évidence, mais dans les années 90, la France en avait raté deux de suite, 1990 et 1994. Aujourd'hui, sauf « drame footballistique » type Italie, tous les pays vont au Mondial. Deux ans après avoir échoué en prolongation de la finale de « leur » Euro contre le Portugal (1-0), les joueurs de Didier Deschamps iront en Russie avec une étiquette de challenger. Un statut qui va bien à la France. Dans tous les sports. Les Bleus du foot ont été favoris d'un Mondial une seule fois, en 2002. Ça s'est terminé par une élimination au premier tour.

Trois semaines plus tard, Noël Le Graët, président de la Fédération Française de Football, prolonge le contrat du sélectionneur Didier Deschamps jusqu'en 2020. On peut trouver ça étonnant. L'important était-il de se qualifier ou de briller lors du Mondial ? Il me semble pourtant que se qualifier ne relève pas de l'exploit méritant récompense.

Mais on rétorquera qu'une nation historiquement forte comme l'Italie a échoué. Et contre la Suède en plus, qui était dans le groupe de la France ! Alors, par transitivité, ça devient quasiment un exploit. Il faut le savoir, dans le foot, on aime parler aux gens comme s'ils étaient des gogos. Il faut avaler les exploits, les stars, les pépites. On range et on classe de moins en moins. On nivelle tout et par le bas, bien sûr. L'important semble être de croire et faire croire.
Et comme à la veille de chaque échéance internationale, le foot français s'avance avec une nouvelle génération dorée. Oui, parce que les gogos n'ont pas de mémoire. Il y a tellement de foot, tellement de matchs, tellement de joueurs que dans cette overdose, on oublie le mec qui a été vendu star planétaire six mois plus tôt. Une vedette chasse l'autre. Et à chaque grand rendez-vous, on a les meilleurs. Non, mais cette année, c'est du lourd, du sérieux. La génération en question, c'est : Kylian Mbappé, Kingsley Coman, Ousmane Dembélé. Ils jouent au PSG, au Bayern et à Barcelone. Ça joue dans des grands clubs, ça vaut très cher et donc ça gagne. Enfin ça doit gagner, forcément. Antoine Griezmann, meilleur joueur de l'Euro 2016, a disparu ? Non, mais le foot contemporain adore le renouvellement des vedettes et le jeunisme. C'est devenu une tradition française. Et c'est le fruit d'une formation dite « à la française » souvent considérée, chez nous, comme la meilleure d'Europe. Former et vendre, c'est devenu le pilier économique de notre football. Ça provoque une sorte de déformation de la pensée. Tout ce qui est jeune est mieux. Et la vente des jeunes est la ressource numéro un de nos clubs. Notre football compte plus qu'il ne joue.

Il parle de résultat et l'érige en priorité absolue, « seul le résultat compte », alors que nous sortons de la pire période de l'histoire du foot français. « Nous sortons » ? Est-ce si sûr après tout ? Après leur victoire à l'Euro 2000, les Bleus n'ont rien fait de bien ni à la Coupe du monde 2002 ni à l'Euro 2004. En 2006, Zidane et sa bande ont tiré un dernier feu d'artifice en allant jusqu'en finale du Mondial, puis le rideau est tombé.

Nos clubs ont, eux, brillé en 2004, finales européennes pour Monaco et l'OM. Après ? Un terrible désert. Une décennie affreuse. Avec des Bleus souvent nuls et honteux et des clubs englués dans un championnat médiocre et sans saveur.

Il faudra attendre le Mondial 2014 au Brésil pour entrevoir une embellie. Didier Deschamps, le capitaine des Bleus champions du monde, est à la barre et ça suffit à faire sérieux. Atteindre un quart de finale en ayant battu le Honduras, la Suisse, l'Équateur et le Nigeria, on laissera les candides s'enthousiasmer. Reste que la finale de l'Euro 2016 est venue confirmer que ça va mieux !

Idem du côté de nos clubs, avec les parcours de Monaco en Ligue des champions et de Lyon en Ligue Europa lors de la saison 2016-2017. Deux clubs français en demi-finale de Coupe d'Europe, ce n'était plus arrivé depuis la saison 2003-2004 (Monaco déjà en C1 et Marseille en C3).

À la FFF, on aime dire que ça se sent, que ça se voit. En chute constante depuis 2008 avec un point bas atteint en 2012, les effectifs de licenciés repartent à la hausse. Avec 2 160 788 licenciés dont 159 128 féminines (chiffres FFF au 30 juin 2017), le football français se porte donc a priori bien. Pourtant, à y regarder de plus près, la fédération a abaissé l'âge d'inscription de 6 à 5 ans et intégré les pratiquants de « five » (foot à 5). Signe d'une volonté de gonfler les chiffres ou de masquer une hausse moins importante que prévu ? La saison 2017/18 dira si ces résultats relevaient d'autre chose que d'un simple frémissement. L'ambitieux et riche PSG peut enfin briller en Ligue des Champions. C'est au minimum envisageable. Les Bleus peuvent aller loin en Russie. C'est également envisageable.

Tous les voyants sont donc au vert ? Certainement pas. Mais avec le PSG en porte-drapeau, une politique enfin volontariste à la LFP et des Bleus en forme au Mondial, notre foot trouverait une attractivité nouvelle.

DES AVENTURES SANS LENDEMAIN

Trop longtemps, le football français s'est complu dans une forme d'autosatisfaction et de suffisance en décalage avec la réalité.

Dans les années 80, quand les Bleus perdaient, on s'autopersuadait malgré tout de jouer le plus beau football. Quand nos clubs disparaissaient trop vite des Coupes d'Europe, c'était la faute « à pas de chance », à l'arbitre, au manque de moyens.

Et quand nos Bleus ont enfin dominé le monde en 1998 et 2000, c'était la consécration des meilleurs éducateurs, des meilleures méthodes de formation, de la crème des jeunes…

Avec une Coupe du monde (1998) et deux Championnats d'Europe des Nations (1984 et 2000), la sélection nationale, même si elle a connu des trous d'air historiques, est ce qu'il

y a eu de mieux dans notre football. Les Bleus ont tenté de cacher la misère de nos clubs.
Misère, c'est presque un euphémisme. En 149 finales de Coupe d'Europe, les clubs français n'ont inscrit leur nom au palmarès qu'à... deux reprises (Marseille en C1 en 1993 et le PSG en C2 en 1996). Comment expliquer ce bilan famélique ? La première réponse doit être trouvée dans un retard historique et culturel.

L'histoire aurait pourtant pu bien commencer. Le Stade de Reims dispute, en effet, deux finales de Coupe d'Europe en 1956 et 1959. Entre ces deux dates, la France se classe troisième du Mondial 1958. Mais ça restera un épiphénomène. Et ce sera surtout l'histoire de notre foot. Une suite d'aventures sans lendemain. Il faut attendre dix-sept ans pour revoir un club français en finale, Saint-Étienne en 1976. Entre-temps, l'Espagne, l'Italie, l'Allemagne, les Pays-Bas, l'Angleterre, le Portugal, l'Écosse ont eu des clubs vainqueurs. Si on ajoute l'ancienne Coupe des Coupes, la Coupe de l'UEFA et l'ancienne Coupe des Villes de foires, six autres pays, la Tchécoslovaquie, la RDA, l'URSS, la Belgique, la Hongrie et la Yougoslavie doivent être ajoutés à cette liste, en 1976. Treize pays (en fait, tous les pays dits « de foot »), mais pas la France ! Trente-six clubs, mais aucun français !
Aujourd'hui, avec ses deux trophées, la France ne devance que la Roumanie, la Hongrie, la Turquie, l'ex-Tchécoslovaquie. Elle se situe à hauteur de l'ex-Yougoslavie et de la Suède. Mais derrière la Belgique, très loin derrière le Portugal et à des années-lumière de pays comme l'Angleterre, l'Espagne, l'Italie ou l'Allemagne. Pays avec lesquels, curieusement, la France a cru pouvoir se dire en concurrence.

La misère historique de notre football de clubs a, par instants, été dissimulée par ce que j'appelais les « aventures sans lendemain »… Toujours agrémentées de « regrets éternels ». C'est assez pour construire des légendes et se raconter des histoires : sans les poteaux carrés, les Verts auraient gagné en 76, non ?

« *C'était un peu le football à la papa* », constate, non sans ironie, Thibaud Leplat. Auteur de plusieurs ouvrages consacrés à José Mourinho, Pep Guardiola ou au Paris Saint-Germain, ce journaliste et écrivain est également professeur à Sciences-Po. Il a produit une somme, *Football à la française*[1], retraçant les différentes influences qui ont parcouru le football national depuis les années 1930 jusqu'à aujourd'hui. Il poursuit son analyse sur le manque de continuité du football de clubs français au niveau des compétitions européennes : « *Le football de clubs est alors essentiellement une affaire d'initiatives privées. À Saint-Étienne, il y a eu Casino, à Nantes, Lu… C'est lié à une problématique de communication et à des marques. Elles ne s'inscrivent pas dans la durée car ce n'était pas leur vocation. Elles se sont inscrites dans la mémoire et ça leur suffisait largement. C'est l'histoire du football français : des mécènes qui viennent pour gagner le plus vite possible en dépensant le moins possible.* » Peu importe la place dans le foot européen si l'histoire en France fonctionne. Quarante ans plus tard, Saint-Étienne vit encore sur 1976. On se souvient des joueurs, du coach, du président et même du sponsor maillot, Manufrance.
À l'échelle du marché français et de ce que ce sport représente alors dans la société, Saint-Étienne, c'est énorme ! Les Verts

1. Éditions Solar, 2016.

éveillent une passion jusque-là inexistante. Si, ailleurs, le foot est un élément de la pop culture, de la culture populaire, en France, on en est loin. Le championnat de France n'est pas diffusé à la télé. On en entend parler dans l'émission Télé Foot sur TF1 le samedi soir très tard. C'est presque confidentiel.

Et si, par exemple, en Italie, en Espagne, en Angleterre, le foot est vécu comme une passion qui traverse les différentes sphères sociales, en France, ça reste un sport méprisé. Qui va aller investir dans le foot ? Quelle puissance financière va prendre en main un club de foot ? La classe dirigeante et les intellectuels n'ont aucun égard pour le foot. Philippe Séguin, ancien ministre, passionné de foot, a souvent raconté qu'il a longtemps lu *L'Équipe* à l'abri du regard des autres. Le foot n'est rien de plus qu'un sport de « beauf » ! Il ne peut prendre corps dans un club que si un homme passionné se lance dans une aventure hasardeuse. C'est l'histoire de Roger Rocher à Saint-Étienne. Ancien mineur devenu patron, fou de sport et de foot. C'est celle de Claude Bez à Bordeaux. Un comptable devenu lui aussi patron. Les clubs français ne peuvent grandir que si un homme providentiel se lance et qu'il obtient le soutien des pouvoirs publics locaux – dont celui du maire, par ailleurs toujours méfiant de la trop grande place que pourrait prendre le patron du club local. Si ces conditions sont réunies, le public suivra, le temps de l'aventure. L'engouement populaire existe, mais il ne dure pas. Car il n'y a pas de fondation, de structures, de culture profonde ancrée dans l'imaginaire collectif. Le foot en France, nos clubs, ce n'est rien d'autre que ce qu'on voit en 1979 dans *Coup de tête*, l'excellent film de Jean-Jacques Annaud.

Acteur majeur de l'épopée des Verts de 1976, buteur sur coup franc en quart de finale contre le Dynamo Kiev puis en demi-finale contre le PSV Eindhoven, international français (14 sélections), Jean-Michel Larqué a tout vu et tout connu de l'évolution de notre football. Il connaît mieux que personne les difficultés des clubs français à briller au niveau européen. Le manque de culture sportive est mis en avant : « *La présence dans une compétition internationale est le reflet d'une éducation. On doit essayer d'attirer le public dans les stades mais le Français, d'une manière générale, n'est pas un sportif dans l'âme. Que ce soit dans la pratique ou dans l'accompagnement. Ce n'est pas un hasard si le mot "socio" n'est pas français. Nous, on vole au secours de la victoire. On est supporter à temps partiel. En Allemagne, en Espagne, en Angleterre, on se passe les cartes d'abonnés du grand-père au petit-fils. On est socios dans la famille Martinez, dans la famille Müller ou dans la famille Moon. Ce n'est pas le cas en France. Il ne faut pas s'étonner d'avoir des résultats moyens avec une éducation sportive moyenne.* »

Au son du célèbre « Allez les Verts » de Monty, la France entière suit pourtant les exploits des Larqué, Curkovic, Revelli, Rocheteau qui renversent des géants d'alors comme les Glasgow Rangers, le Dynamo Kiev et le PSV Eindhoven. Le jour de la finale, le 12 mai 1976, Yves Mourousi présente même le journal télévisé sur TF1... tout en vert. Une épopée sur laquelle le football français de clubs va se reposer pendant très longtemps, trop longtemps. « *Mais on ne va pas demander à Saint-Étienne de développer toute la France* », sourit Thibaud Leplat. S'il porte un regard affectueux sur cette année 1976 ancrée dans les cœurs, Jean-Michel Larqué reste d'une lucidité tranchante et

désarmante sur l'état des clubs français dans les compétitions continentales. « *Une victoire en Coupe d'Europe des Clubs Champions n'aurait rien changé. Il y a les têtes de gondole et le reste. On n'est pas très brillant sur la tête de gondole puisqu'en ce moment, nous n'en avons qu'une seule avec le PSG. D'une manière générale, on est ridicules. On se compare souvent à l'Allemagne, l'Italie, l'Espagne ou l'Angleterre. Mais on ne met jamais le Portugal dans nos comparaisons. Et pourtant, en termes de représentativité des clubs, ils sont à des années-lumière. Et pas uniquement Porto ou Benfica.* »
Saint-Étienne a joué une demi en 1975, une finale en 1976 et un quart en 1977. Une belle et courte période qui suffira à écrire une légende. Celle de la naissance ou renaissance du foot français. Mais on ne reverra les Verts en Coupe d'Europe que pour un ou deux exploits isolés comme le huitième de finale aller de la Coupe de l'UEFA à Hambourg (5-0) en 1980. Cette année-là, Saint-Étienne sera éliminé en quarts par Ipswich Town, 7-2 sur l'ensemble des deux rencontres. On retiendra d'abord et pour longtemps le 5-0 à Hambourg.

En 1978, c'est l'inattendue et folle épopée du Sporting Club de Bastia qui fait briller notre foot. Une finale. Une belle aventure et des regrets… Ah, sans le déluge de Furiani, l'histoire aurait été différente. Non ? Forcément. C'est la légende. On ne reverra plus Bastia.

Les choses changent dans les années 80. Ça va un peu mieux. On a une très belle équipe de France et un Ballon d'Or, Michel Platini. Mais pour ce qui est de nos clubs, c'est toujours pareil. Nantes, c'est beau dans le championnat de France, mais transparent en Europe. C'est Bordeaux qui fera vibrer la France. Oui, parce que chez nous, le fameux retard historique et culturel pousse à mettre tout un pays derrière un seul club. On fait avec ce qu'on a. La France est stéphanoise, puis bastiaise, puis bordelaise. Les Girondins vont disputer une demi-finale de Coupe des Champions en 1985, perdue face à la Juventus de Turin. En face, il y a Michel Platini, dont la présence suffira à atténuer notre déception. Et puis bien sûr, comme souvent, tout vient de l'arbitrage. Il faut savoir que globalement, le corps arbitral européen a toujours été anti-France. Tous ceux qui, comme moi, ont vécu ces aventures européennes à la télé avec comme narrateur Thierry Roland connaissent le complot européen contre nos clubs. Ils savent aussi qu'il y avait toujours un comportement pas très « fair-play » des adversaires. Eh oui, la plupart du temps, ils venaient pour gagner ! Et si on avait à faire à des Italiens, la triche et la fourberie expliquaient la défaite. Des Allemands ? Leur discipline de fer, leur force supérieure étaient suspectes. Des Anglais ? Ils ont inventé le jeu, ils jouent sous la pluie, ils sont perfides. Le foot français a évolué avec ces images désuètes, qui font sourire avec le recul mais exonéraient à l'époque de toute prise de conscience.

Mais est-ce si important, après tout ? Le foot français est léger. C'est un constat. Il n'est pas religion et ne déclenche aucune passion. On ne théorise pas le foot. Il n'y a pas de Pasolini en France, d'Eduardo Galeano, d'artistes qui clament leur passion du jeu. On n'a pas de Bill Shankly, ex-coach de Liverpool, pour déclarer que « *le foot n'est pas une question de vie ou de mort, c'est quelque chose de bien plus important que cela* ».

Revenons aux Girondins. 1987. Demi-finale de la Coupe des Coupes. Le club est éliminé après une longue séance de tirs au but face au Lokomotiv Leipzig. 1988, fin de l'aventure. Quart de finale face au futur vainqueur, le PSV Eindhoven. Une équipe de méchants, de tricheurs. Le contrat mis sur le pauvre Tigana restera dans les mémoires. Il faut toujours une explication. Nos clubs sont trop propres, trop innocents, souvent victimes. C'est notre histoire. Aucune régularité, aucune constance dans la performance. « *La raison est assez simple. Il faut la chercher dans la pauvreté intellectuelle des entraîneurs français*, cogne Thibaud Leplat. *Entre les années 1970-1980 et 1988 environ, il y a un vide au niveau tactique. Robert Herbin*[2] *propose quelque chose au niveau de la préparation mais il est un peu le vilain petit canard à la direction technique nationale et n'est pas très aimé. Idem pour les Nantais. La particularité française, c'est qu'il y a un vrai clivage entre la partie politique (la DTN) et les clubs comme Nantes ou Saint-Étienne à l'époque. Il y a une véritable animosité intellectuelle, une rupture profonde.* » Là où, ailleurs, le foot est totalement professionnalisé, chez nous, il est abordé comme un cours d'EPS à l'école. Nos entraîneurs ressemblent d'ailleurs à des profs de sport. Et le décalage s'accroît encore lorsque débarque une nouvelle génération de dirigeants.

LE TOURNANT TAPIE/CANAL+

Bernard Tapie a tout fait comme Silvio Berlusconi. C'était son modèle. Comme lui, il a voulu gagner au foot pour

2. Entraîneur de Saint-Étienne de 1972 à 1983 puis de 1987 à 1990.

gagner ensuite en politique. Mais Tapie n'a jamais égalé son mentor.
Homme d'affaires à la mode dans les années 80, soutenu par le pouvoir en place et par TF1, Tapie s'est lancé dans le foot en 1986 à Marseille, deux ans après Berlusconi à Milan. Autour de lui, le foot français fait sa révolution et entre dans ce qu'on appelle le « foot business ». Il va gérer l'OM comme une entreprise. Il veut aller vite. Il achète à tour de bras les meilleurs joueurs français (Giresse, Papin, Boli, Sauzée, Cantona, Deschamps, Desailly) et des joueurs étrangers de haut niveau (Waddle, Pelé, Völler). Il fait exploser les salaires. Il comprend que le foot spectacle devient une manne financière. L'OM devient une star de la télé, de TF1, un objet de consommation populaire. C'est un Saint-Étienne dépoussiéré, modernisé, en couleurs ! Ce qui ne change pas, c'est notre paysage footballistique tout autour. L'OM est seul et toute la France suit. Mais Tapie, qui veut briller en Europe, sait qu'il ne peut survivre longtemps en situation de monopole. Il pousse donc de jeunes entrepreneurs à tenter l'aventure foot. Jean-Michel Aulas prend en main l'OL. Surtout, Tapie pousse Canal+ à acheter le PSG, le club de la capitale. Les deux locomotives, les deux rivaux doivent tirer notre foot vers le haut.
Bernard Tapie et l'OM s'installent au sommet du football européen au début des années 90. Marseille domine le championnat de France (quatre titres consécutifs de 1989 à 1992) et l'Europe. Après la finale de C1 perdue aux tirs au but contre l'Étoile Rouge de Belgrade en 1991, Marseille gagne le trophée en 1993.
Parallèlement, le club parisien se structure sous l'impulsion de son nouvel actionnaire, attire à son tour de très grands

joueurs (Weah, Ginola, Raï, Lama) et brille en Coupe d'Europe (cinq demi-finales consécutives entre 1993 et 1997 dont une victoire en Coupe des Coupes en 1996 et une finale perdue contre Barcelone en 1997).
Le foot français existe enfin au niveau européen. C'est l'âge d'or de nos clubs, une époque brillante qui laisse imaginer que les clubs français vont définitivement décoller. Mais là encore, Jean-Michel Larqué tient à ramener tout le monde à la réalité : « *Sur plus d'un demi-siècle de Coupes d'Europe, il est normal que pendant quatre ou cinq ans, soit environ 10 % de l'histoire des Coupes d'Europe, il y ait eu une petite bulle. Comment expliquer que nos meilleures performances en Coupe d'Europe coïncident avec un creux terrible en Coupe du monde ? C'était une parenthèse, un épiphénomène, alors que c'est le quotidien de l'Espagne, de l'Italie, de l'Allemagne ou de l'Angleterre. Ne bombons pas le torse, car c'est retombé aussi vite que c'est arrivé.* » Nous voilà définitivement calmés quand Thibaud Leplat replace également cette embellie dans un contexte plus global. « *Ça fonctionne grâce au tissu de formation qui est mis en place. Des joueurs sont sortis d'Auxerre, de Marseille… On est avant l'arrêt Bosman. Canal+ arrive avec des moyens. Ces générations rivalisent mais ne dominent pas. De temps en temps, elles gagnent une Coupe d'Europe. Deux Coupes d'Europe… Il n'y a pas de quoi se féliciter. On est juste à la hauteur des autres* », constate le journaliste et écrivain.

L'OM gagne en 1993, mais paye cher les déboires et la gestion hasardeuse de Bernard Tapie. Marseille est radié de la Coupe d'Europe la saison qui suit son sacre. L'histoire du PSG a duré de 1993 à 1997. Trois demi-finales et deux finales à la suite. C'est à ce jour la plus longue période de régularité pour un club français au niveau européen. Durant cette décennie, Bordeaux a disputé la finale de la Coupe de l'UEFA en 1996. Cette même année, Nantes s'est hissé en demi-finale de la Ligue des Champions, un niveau que Monaco a atteint à deux reprises (1994 et 1998). Avec la Coupe du monde 1998 et l'Euro 2000, la France boucle la plus belle décennie de son histoire. La non-participation aux Coupes du monde 1990 et 1994 passe même au second plan.

LA FAUTE À BOSMAN

Je ne sais pas si un autre pays a autant pleuré sur les effets négatifs de l'arrêt Bosman. Il semble que le destin du football français a durablement basculé le 15 décembre 1995. Ce jour-là, la Cour de Justice des Communautés européennes donne raison à Jean-Marc Bosman dans son litige l'opposant à son club du FC Liège. Le joueur contestait la conformité des règles régissant les transferts au regard du droit communautaire, et notamment les quotas liés à la nationalité. L'arrêt Bosman est né. Et il fait basculer le football continental de clubs dans une nouvelle ère. Le marché s'ouvre pour les joueurs. On achète et on vend encore plus qu'avant. Beaucoup plus qu'avant, même. Le football va connaître une vraie révolution culturelle. Le problème, c'est que la France ne va jamais s'y préparer. L'arrêt Bosman va au contraire devenir le pavillon témoin de l'excuse, de la justification. On perd ? C'est la faute à Bosman. La faute « à pas de blé ». En gros et pour faire simple, les clubs français n'ont pas les moyens de rivaliser face à la concurrence mieux armée financièrement.

Au moment où nos clubs commençaient à mettre le nez à la fenêtre, Bosman est arrivé !
L'excuse sera commode et servira à tout expliquer. Les mauvais résultats, le départ des meilleurs joueurs dans les clubs étrangers. Mais le manque de moyens n'est pas une fatalité ! Pourquoi rien n'a été consolidé, pourquoi rien n'a perduré après l'embellie des années 90 ? Qu'ont fait nos deux locomotives, l'OM et le PSG ? Après leur succès, rien. Pire, les deux clubs sont comme repartis de zéro. Marseille a payé les malversations de Tapie en descendant en Ligue 2, avant d'être racheté en 1996 par le puissant et très riche Robert Louis-Dreyfus. Il faut de l'argent pour réussir dans le foot, il en a. Il faut une base populaire, elle existe et elle est désormais forte. La victoire de 1993 a scellé le lien entre le club et la ville. Mais il faut aussi des gens compétents pour gérer le club. Et là, l'OM va enchaîner les catastrophes. De 1996 à 2016, sept présidents vont se succéder, sans parler des directeurs sportifs aux pouvoirs plus ou moins étendus et néfastes. Sur le terrain, vingt-six entraîneurs vont défiler, certains vont partir, revenir. Comment espérer réussir avec une gestion aussi aléatoire ? Durant cette période, l'OM va néanmoins jouer deux finales de Coupe d'Europe en 1999 et 2004. On revient à l'époque des fameuses aventures sans lendemain. Au niveau national, le club phare du foot français ne gagne quasiment rien. Un championnat en 2010 et trois Coupes de la Ligue en 2010, 2011 et 2012. Pour le reste, l'OM a tenté de construire, de déconstruire, de reconstruire. Le club a acheté des joueurs, en a vendu. Beaucoup d'agents se sont régalés sur son dos. En 2016, le club a été racheté par un homme d'affaires américain, Frank McCourt. Une nouvelle équipe dirigeante est

nommée. On reconstruit. On repart à zéro. Est-ce vraiment la faute « à Bosman », au manque de moyens ou à la concurrence européenne déloyale si l'OM n'existe plus aujourd'hui au niveau européen ?

Le même constat peut être fait au sujet du PSG. Après la défaite en finale de la Coupe des Coupes 1997, Canal+ a changé de président. Et au lieu de consolider l'acquis, Charles Biétry a tout renversé. Histoire de faire autrement. Histoire d'écrire sa propre histoire. Le PSG a disparu et s'est contenté de Coupes nationales. Valse de joueurs, d'entraîneurs, de dirigeants, le PSG a copié l'OM. Passé sous pavillon américain en 2006, le club a même failli sombrer en Ligue 2 en 2008 ! Comme à l'OM, la compétence a fui le club. Racheté par la société QSI en 2011, le PSG évolue désormais dans des sphères financières comparables voire supérieures aux grands clubs du continent. Mais la première et meilleure décision des nouveaux propriétaires aura été de miser sur la compétence, celle du dirigeant brésilien Leonardo. C'est lui qui a jeté les bases des nouvelles fondations du club.

Pendant que nos deux clubs vainqueurs d'une Coupe d'Europe s'acharnaient à s'autodétruire, le foot français n'a plus existé qu'à travers Lyon. Dirigé par Jean-Michel Aulas, l'OL s'est construit doucement, préparant patiemment son hégémonie au moment même où la France devenait le pays de l'homogénéité. Président de la Ligue de Football Professionnel de 2002 à 2016, Frédéric Thiriez n'aura eu de cesse de vanter cette homogénéité. Tout le monde peut gagner, c'est formidable n'est-ce pas ? Oui, mais le problème

c'est qu'en réalité, c'est la nullité de nos clubs qui progresse. Le nivellement vers le bas est évident et dramatique. Thiriez se bat, se démène pour expliquer que tout est une question de moyens. On n'a pas assez d'argent pour rivaliser en Europe. On paye trop de charges, aussi. L'idée peut tenir quand nos clubs se font éliminer par les cadors du continent. Mais année après année, nos équipes perdent contre des adversaires qui sont tout sauf des ogres, et aux budgets bien inférieurs. Pourtant les dirigeants restent soudés derrière Thiriez et font avaler des couleuvres aux supporters.
Tout le monde peut gagner, en tout cas sa qualification pour une Coupe d'Europe. De 2000 à aujourd'hui, tout le monde aura eu sa chance. Marseille, Paris, Lyon, Monaco, Bordeaux, Saint-Étienne, c'est logique. On avait déjà vu Lens, Lille, Nice, Sochaux, Strasbourg. Mais ça peut aussi être plus original avec les participations de Nancy, Sedan, Guingamp, Rennes, Troyes… Et qu'a donné cette ouverture ? Rien. Pire, très souvent ce fut même honteux pour notre football. Nos dirigeants nous parlent moyens financiers, alors on regarde. On commence doucement les années 2000. En Ligue des Champions cette année-là, Monaco termine derrière le Sturm Graz, Galatasaray et les Rangers. À l'époque, il y a deux phases de groupe en Ligue des Champions. Les clubs français ne s'en sortent pas. Pire, en 2002/03, aucune équipe ne passe même la première phase. Belle aventure sans lendemain et tradition française respectée, au terme d'un parcours hors norme, Monaco va jusqu'en finale en 2004.

Au niveau national, l'OL a commencé sa domination. Le club sera champion sept fois de suite, de 2002 à 2008.

Au niveau européen, les frissons seront toutefois rares. Battu par Porto en 2004, par le PSV l'année suivante, par l'AS Rome en 2007. De bonnes équipes, mais pas des monstres disposant de moyens colossaux ! Dans la reine des compétitions, Lyon va en demi-finale en 2010 et ça reste sa plus belle saison. L'année suivante, l'OL se fera sortir par l'Apoel Nicosie ! En 2013, c'est en barrage que l'OL tombe devant la Real Sociedad. En 2015, en phase de poule, Lyon se classe derrière Valence, le Zenith et La Gantoise.
Au rayon des camouflets, Lyon est loin d'avoir le monopole. Tout le monde a de quoi rougir ! Nos clubs n'ont pas assez d'argent pour rivaliser en Europe, nous dit-on ? Foutaises. Ils ont largement les moyens d'éviter de se faire battre par des clubs comme Roda, Liberec, Pribram, le Standard de Liège, Anderlecht, Denizlispor, Boavista, Gaziantepspor, Panionios, Mlada Boleslav, Osasuna Pampelune, le FC Copenhague, Gyor, Metalist Kharkiv, Bilbao, Salzbourg, Limassol, Esbjerg, Astra Giurgiu, Qarabag, Sion, Kazan, Bâle, Qabala, Krasnodar… Tels sont, pêle-mêle, les redoutables adversaires qui ont éliminé nos représentants français depuis 2000.

Petit à petit, nos clubs vivent une régression spectaculaire. Plus personne ne semble à l'abri. On peut perdre contre tout le monde. En 2009, le PSG et l'OM rêvent de succès en Ligue Europa. On fantasme même sur une finale entre les deux rivaux. Les équipes encore en course en quarts de finale ne sont, en effet, pas des cadors européens : Manchester City (qui n'est pas encore le club richissime que l'on connaît aujourd'hui), Hambourg, le Werder Brême et l'Udinese. Nos deux clubs affrontent le Dynamo Kiev et le

Chakhtior. Deux clubs ukrainiens. Deux échecs. Le symbole est fort.

En 2011/12, aucun club français ne dépasse les seizièmes de finale de la compétition. En 2012/13, tout s'arrête en huitièmes de finale. On est alors dans la période la plus sombre de notre football en Coupe d'Europe. Nos prestations en Ligue Europa deviennent indignes. L'explication du manque d'argent ne tenant plus, on passe à autre chose. Tenez-vous bien, nos dirigeants, nos entraîneurs, bref notre football dit délaisser cette Coupe d'Europe, sans intérêt et qui ne rapporte pas assez d'argent. Aussi fou que ça puisse paraître, l'explication passe. On se bat toute l'année en championnat pour accrocher la « zone Europe », on vend l'objectif, on mobilise les supporters autour du projet et puis au moment de toucher la récompense, on dit qu'elle ne nous intéresse plus ! Cette baliverne aidera à faire passer la pilule des éliminations honteuses. Ainsi notre foot, nos clubs viseraient la Ligue des Champions. On a beau ne pas franchir les barrages (deux fois seulement sur les cinq dernières éditions), on fait rêver avec l'idée de terminer troisième et d'aller tenter le coup. Bilan de ces cinq dernières années ? Le PSG est à chaque fois sorti des poules. Monaco deux fois. En revanche, Lyon, Marseille, Lille et Montpellier ont eux scrupuleusement respecté la mémoire de Pierre de Coubertin.

La Ligue des Champions fait rêver. Elle rapporte de l'argent. Y participer, même en phase de poule, suffit au bonheur de nos dirigeants. Ce sont 20 millions d'euros dans les caisses, minimum. Une somme permettant de construire, de faire avancer l'institution club ? Dans les faits, rien d'évident.

Depuis la fin des années 90, le bilan est clairement catastrophique. Grâce à la présence régulière du PSG en Ligue des Champions, la France reste 5e à l'indice UEFA. Les performances de Monaco et Lyon en 2017 y ont également contribué. Au classement des clubs européens sur les cinq dernières saisons, le PSG est 6e, Monaco 24e, l'OL 28e, Saint-Étienne 58e, Marseille 74e.
En juin 2017, l'UEFA proposait un classement comptabilisant les points pris dans la reine des Coupes d'Europe depuis 1955. Lyon était 20e. Aucun autre club français ne figurait dans les trente premiers.
Des classements de ce genre, il en existe des dizaines. À chacun son mode de calcul. Un historique toutes compétitions confondues ne fait apparaître aucun club français dans le top 20. Et puis récemment, en décembre dernier, une dernière livraison concernant la Ligue des Champions plaçait Lyon en 22e position et le PSG 30 e.
On peut lire, relire et retourner tous les classements, rien de fameux n'en ressort jamais pour nos clubs.

LES BLEUS MIEUX QUE LES CLUBS

Parallèlement, à l'instar du football de clubs, la sélection nationale va longtemps vivre sur l'épopée de la Coupe du monde 1958 et cette troisième place magnifiée par les treize buts en phase finale de Just Fontaine (record toujours en cours). Point d'orgue d'une génération dorée construite sur les bases d'un Stade de Reims porté par l'intelligence du premier grand entraîneur du football français, Albert Batteux, et par le génie d'un joueur, Raymond Kopa. Derrière, le vide ou presque. Pas de participation aux Coupes du monde 1962, 1970 et 1974 et une élimination au premier tour en 1966. Un homme à la personnalité complexe va pourtant poser les bases du renouveau : George Boulogne. « *C'est avec lui qu'arrive l'idée que le football n'est plus seulement un jeu ou une distraction populaire. C'est un instituteur de formation, pas un entraîneur. Ça en dit beaucoup. On n'est pas là pour parler de jeu, mais de morale. Boulogne veut moraliser le footballeur en créant des éducateurs issus de la formation et en parallèle dégager une élite. C'est à mon sens contradictoire* », analyse Thibaud Leplat. Sélectionneur des Bleus de 1969 à 1973 puis directeur technique national (fonction créée en 1970) jusqu'en 1982, il impose aux clubs professionnels la mise en place de centres de formation et réforme la formation des entraîneurs. « *Boulogne a complètement révolutionné le football français. Beaucoup ont fustigé sa politique qui était celle d'un instituteur un peu directif. Mais moi, cela me convenait parfaitement. Si nous n'avions pas pris ce virage, nous aurions été en retard un peu plus longtemps encore*, remarque Jean-Michel Larqué. *Il ne fallait pas attendre que cela tombe de l'arbre. Il ne s'agissait pas d'aller chercher les joueurs de 17-18 ans dans les championnats amateurs pour constituer des équipes. La formation d'un footballeur professionnel, c'est autre chose que la formation d'un amateur. Les clubs ont plutôt joué le jeu avec Nantes et Saint-Étienne notamment.* » Son bilan avec les Bleus est pourtant un échec cuisant. Aux phases finales de Coupes du monde ratées en 1970 et 1974 s'ajoute une non-qualification pour l'Euro 1972. Même si George Boulogne ne fait pas l'unanimité, il permet l'arrivée d'une nouvelle génération de jeunes joueurs. « *C'est plutôt l'opinion publique qui pensait que cette forme d'éducation était révolue et que cela ne pouvait pas marcher. On était en plein 1968. Dire ce qu'il fallait faire à l'enfant était un crime. C'était l'inverse. C'était l'enfant qui disait comment faire*», grogne Jean-Michel Larqué. « *Ça a été difficile. Boulogne était un peu tout seul là-dessus. Il faut lui rendre justice. Il a fait face à une page blanche*», reconnaît Thibaud Leplat. Son successeur en sélection, le Roumain Stefan Kovacs, va poursuivre cette politique et apporter une autre dimension tactique, physique et psychologique aux internationaux français. Premier sélectionneur étranger de l'équipe de France – l'Anglais George Kimpton n'a occupé qu'un rôle de conseiller technique en 1934 –, l'ancien entraîneur de l'Ajax Amsterdam (vainqueur avec lui de la Coupe d'Europe des Clubs Champions en 1972 et 1973) ne reste que deux ans (1973-1975) à la tête de la sélection.

Son adjoint, un certain Michel Hidalgo, va définitivement faire entrer la France dans une ère de continuité et de victoires. L'ancien international, qui a évolué dans la grande équipe de Reims du début des Coupes d'Europe, lance dès 1976 des talents prometteurs : Michel Platini, Patrick Battiston, Didier Six ou encore Maxime Bossis. « *Il a été une synthèse de courants différents (Batteux, Boulogne, Kovacs). Les Platini, Tigana, Trésor sont issus des centres de formation et de ce système de détection. Hidalgo était un fin politique, capable de s'en sortir avec des influences aussi contraires. Il faut apprendre à se taire et laisser la priorité aux autres, comme il l'a fait avec Platini.*» Tout a été dit ou presque sur cette génération qui décomplexa une bonne fois pour toutes le football français. La douleur de Séville 1982 et cette demi-finale de Coupe du monde perdue – pour certains encore le plus grand match d'une équipe de France – face à l'Allemagne de l'Ouest après avoir mené 3-1 en prolongation. La consécration de l'Euro 1984 à domicile et ce premier titre international remporté par des Bleus conduits par un Michel Platini touché par la grâce (neuf buts pendant la compétition). L'orgie de football à Guadalajara, dans un quart de finale de lumière et de fureur contre le Brésil et Socrates et Zico en quart de finale de la Coupe du monde 1986. « *Chaque génération a eu sa grande équipe. Celle d'Hidalgo a lancé ce qu'a été le football français à l'international*, poursuit Thibaud Leplat. *Elle arrive après Saint-Étienne, Bastia, les bons résultats de Nantes… Jusqu'en 1958, il n'y avait guère que Reims. Là, on sent qu'il y a un mouvement dans les années 1980. Jorge Valdano*[3] *me l'avait dit : "La France a existé avec Platini". Il y avait enfin un joueur avec qui ils pouvaient parler. 1958 est une épopée française, 1982 est une épopée européenne. 1984 est l'accumulation de ce mouvement-là.* »

Plus dure sera la chute. Après la retraite de son maître à jouer, la France retombe dans les bas-fonds du football de sélection. Privés d'Euro en 1988 et de Mondial en 1990, les Bleus connaissent une terrible désillusion en s'inclinant contre la Bulgarie en novembre 1993 (le traumatisme Kostadinov) et laissent échapper un nouveau tournoi mondial. De ce champ de ruines va pourtant naître un groupe à qui rien ne va résister. Sous la direction d'Aimé Jacquet, les Bleus redressent doucement la tête. L'arrêt Bosman sur lequel pleurent nos dirigeants français permet à nos meilleurs joueurs d'aller à l'étranger fréquenter les plus grands clubs, avec l'exigence que cela implique.

---

3. Champion du monde 1986 avec l'Argentine, ancien joueur et entraîneur du Real Madrid.

Jean-Michel Larqué nuance l'influence de la décision de la Cour de Justice des Communautés européennes : « *On a dit que l'expérience acquise par Deschamps, Blanc, Zidane avait servi les Bleus. Mais nous n'avons pas de certitude. Dans tout phénomène, il y a des avantages et des inconvénients.* » On objectera à Jean-Michel Larqué que Didier Deschamps a clairement dit à quel point jouer en Italie l'avait changé dans son approche de la compétition et du très haut niveau. Ce qu'ont confirmé la plupart des joueurs évoluant à l'étranger. Les champions du monde 98 ont clairement tiré profit de leur expérience étrangère. Et si on remonte aux années 80, le fait que Michel Platini, leader technique et mental de l'équipe, joue en Italie, à la Juve, lui offrait une stature, une aura différente. Il y a un lien évident entre la progression de nos joueurs et leur départ à l'étranger. Jean-Michel Larqué ne peut l'ignorer.

Le galop d'essai de l'Euro 1996 (demi-finale perdue aux tirs au but contre la République tchèque) installe durablement une nouvelle génération – Deschamps, Blanc, Desailly, Zidane, Dugarry, Djorkaeff – et lance idéalement la préparation de la France à « sa » Coupe du monde. Idéalement, pas tant que ça si l'on se réfère à la guerre d'influence que le quotidien *L'Équipe* mènera contre le sélectionneur Aimé Jacquet. Mais l'ancien joueur de Saint-Étienne et entraîneur de Bordeaux, critiqué pour son manque de charisme et ses hésitations sur le style à donner à son équipe, moqué aussi pour son accent et ses allures qui trahissent son origine modeste, tient bon et construit un groupe prêt à le suivre dans la conquête du Mondial. Sur les vingt-deux sélectionnés, treize évoluent alors hors de France.

Les joueurs les plus importants de la sélection portent le maillot des plus grands clubs européens : Juventus Turin (Deschamps, Zidane), AC Milan (Desailly), Parme (Thuram), Inter Milan (Djorkaeff), Bayern Munich (Lizarazu), Arsenal (Vieira, Petit), Real Madrid (Karembeu). Ce n'est pas anodin.

La suite, c'est la fête sur les Champs-Élysées, le portrait de Zidane sur l'Arc de Triomphe, *I Will Survive* de Gloria Gaynor en deuxième hymne du pays, le mythe marketing longtemps entretenu de la France « black-blanc-beur » (il se fracassera un soir d'octobre 2001 suite à un match amical France-Algérie).

La France est sur le toit du monde en ce mois de juillet 1998 et elle va y rester quelques années. Lors de l'Euro 2000, ces Bleus-là sont à l'apogée de leur talent. Injouables ou presque, ils dominent le tournoi malgré la frayeur en finale devant l'Italie et grâce à un but en or signé David Trezeguet.

Une Coupe du monde et un Euro à la suite, c'était très beau, mais il fallait bien que ça s'arrête. Un retour sur terre un brin brutal : élimination au premier tour de la Coupe du monde 2002 sans inscrire le moindre but. C'est la fin de l'âge d'or. Les Bleus vont enchaîner sur un quart de finale sans saveur à l'Euro 2004 face à la Grèce, avant de tirer un dernier feu inattendu en 2006. Dernière sortie pour Zinédine Zidane, Claude Makelele, Lilian Thuram, Fabien Barthez.

Le football français de clubs avait caché sa médiocrité grâce aux Bleus. Désormais, même l'équipe de France va sombrer. Une médiocrité de résultats et d'exigence que nous traînons peut-être encore aujourd'hui.

LE TROU NOIR DES ANNÉES 2000

La faillite institutionnelle des deux clubs phares de notre foot, Marseille et Paris, incapables de s'appuyer sur une politique de long terme pour faire fructifier et prolonger leurs succès, a donc laissé le champ libre à l'OL, qui se bâtissait doucement depuis la fin des années 80, pour s'emparer dans le désert du leadership de notre foot. Et son président, Jean-Michel Aulas, s'impose peu à peu comme le « boss » du foot français. Sa gouvernance ringardise ses contemporains. Son pouvoir, son omnipotence agacent certains, mais il n'est pas responsable du déraillement de nos locomotives, et de la médiocrité de l'OM et du PSG des années 2000. Il n'est pas davantage responsable de l'échec des autres tentatives de développement de clubs que l'on voit apparaître à cette époque. Comme Tapie dix ans plus tôt, une meilleure concurrence au niveau national lui aurait été bénéfique.

À côté de l'OL, d'autres clubs cherchent en effet à « grandir ». Le Stade de Rennes est repris en main par François Pinault à la fin des années 90. L'un des hommes les plus riches de France, un habitué de la réussite à qui rien ne résiste va se casser les dents sur un milieu que ni lui, ni ceux qu'il a nommés à la direction du club n'ont jamais su maîtriser. Rennes n'est jamais sorti de l'anonymat malgré les millions dépensés au début des années 2000. Un départ raté qui a semble-t-il définitivement refroidi la famille Pinault. À part devenir le club le plus *loser*, parfois le plus pathétique du pays, Rennes n'a rien fait. Le club breton n'a, en effet, obtenu comme meilleur classement en Ligue 1 qu'une quatrième place (en 2005 et 2007), et a perdu trois finales de Coupe de France (2009 et 2014) et de Coupe de la Ligue (2013).

À Bordeaux, la chaîne de télévision M6 est devenue actionnaire majoritaire du club. Comme à Rennes, ça sentait les gros moyens. Mais les Girondins n'ont pas évolué pour autant. Tout juste ont-ils su profiter d'un bon cycle et gagner des titres en restant fidèles à leurs traditions. Un titre de champion en 2009, une Coupe de France en 2013 et trois Coupes de la Ligue en 2002, 2007 et 2009. Le club n'a en revanche pas été à la hauteur de son passé au niveau européen, loin s'en faut. Bordeaux a joué un quart de finale de Ligue des Champions en 2010 mais pour le reste, les différentes campagnes européennes ont tourné au fiasco, voire souvent au ridicule.

Président quasiment sans discontinuer de 1996 à 2017, le gérant de château viticole Jean-Louis Triaud se sera contenté de gérer le club comme on gère une bonne bouteille de vin. Sans trop la bouger. Une gestion de « bon père de famille » qui a fait manquer le bon wagon aux Bordelais. Comme si la règle avait été qu'après un succès, il fallait surtout revenir en arrière. Ne pas avancer, ne pas construire ni capitaliser.

Et il est vrai que cela ressemble à une règle dans notre foot : s'écrouler après le succès. Ne pas savoir gérer la victoire. C'est vrai pour Bordeaux champion en 2009. Pour Marseille après 2010. Pour Lille en 2011. Pour Montpellier en 2012. Le succès apparaît toujours comme un pic atteint par un homme, un coach, un groupe de joueurs. Un phénomène ponctuel. Il ne s'accompagne jamais de l'idée d'un club installé durablement grâce à des structures fortes.

Le club de Lille a donné une impression différente. Michel Seydoux, président de 2002 à 2017, a pris son temps. Il a construit un nouveau centre d'entraînement et de formation.

Il s'est battu avec les pouvoirs publics pendant des années pour obtenir un nouveau stade. Le travail a abouti au doublé Coupe de France – championnat en 2011. La suite ? Vente de joueurs pas remplacés, mauvaise gestion du club. L'entrée dans le nouveau stade tant attendu se fait au pire moment et il s'avère en plus que le partenariat public-privé qui a participé à la construction du projet coûte beaucoup plus cher que prévu. C'est comme si parvenu au succès et après une nuit de fête, on n'avait jamais rangé le champagne ! Lille n'a jamais profité de cette croissance. Le club n'a jamais existé au niveau européen et ne s'est pas installé comme place forte au niveau national. Au final, on se dit que ce sont quasiment dix ans de travail pour « seulement » deux titres !

La crise de croissance aboutit à une impasse sportive et à la vente du club en 2017 à l'homme d'affaires Gérard Lopez. On reviendra plus loin sur ce « projet » lillois déjà dans la tourmente. Un projet bâti sur l'argent emprunté, et conçu d'abord pour acheter et vendre des joueurs. Le LOSC doit devenir une entreprise de « trading » de joueurs. On est loin, très loin de l'idée qu'on se faisait de l'avenir de ce club au milieu des années 2000 quand Lille voulait, pouvait devenir un concurrent pour Lyon tandis que Marseille et Paris s'engluaient dans le marasme.

Et Saint-Étienne ? Le club phare des années 70 ? Il vend son passé et vit sur ses souvenirs qui jaunissent de plus en plus. La double présidence de Bernard Caïazzo et Roland Romeyer alterne le moyen et le pas bon depuis des années. Le club avait réussi à se stabiliser dans la première moitié de tableau, autour de la cinquième place. Grâce à Christophe Galtier, entraîneur de 2009 à 2017, « Sainté » a même retrouvé l'Europe qui a fait sa légende. Mais à chaque fois, le club y a été mauvais, parfois même grotesque. Et après des années de stabilisation, Saint-Étienne est aujourd'hui en régression avec une crise de gouvernance profonde. Difficile d'identifier dans notre football un modèle de gestion ou un projet durable. Nantes ne déroge pas à la règle. Huit titres de champion, trois Coupes de France, cela devrait suffire pour devenir une place forte du foot français. Mais là aussi, le passage aux années 2000 a tout détruit. Avant que le club ne soit repris par l'industriel Waldemar Kita en 2007, ce fut une longue série de catastrophes. Plusieurs présidents se disputant la palme de l'incompétence se sont succédé. L'une des plus grandes fortunes du pays, Serge Dassault, a même présidé le club, par le biais de la société Socpresse. Mais rien n'y a fait. Le club a sombré, descendant même deux fois en Ligue 2. Aujourd'hui et depuis que Kita a fait appel à des entraîneurs étrangers (Sergio Conceiçao puis Claudio Ranieri), Nantes fait de nouveau parler de lui de façon positive. Mais cela ne suffit pas à envisager le FCN autrement qu'en faire-valoir de notre championnat.

Pendant cette terrible période où les clubs de Ligue 1 ont enchaîné des développements incertains (l'OL mis à part) et des parcours ridicules en Coupe d'Europe, un homme, Frédéric Thiriez, a présidé, pour le meilleur et surtout le pire, aux destinées de la Ligue de Football Professionnel. Le meilleur ? Des droits TV qui ont triplé, passant pour la Ligue 1 de 271 millions d'euros annuels en 2002, lors de son accession à la présidence de la LFP, à 726 millions d'euros annuels pour la période 2016–2020. Le pire ? Ce projet « Foot Pro 2012 », conçu pour la période 2007–2012, qui n'aura quasiment atteint aucun de ses objectifs. L'amélioration du coefficient européen, qui sert à attribuer le nombre de places dans les compétitions continentales de club ? Quatrième en 2007, la France est cinquième en 2017 après avoir longtemps flirté avec la septième place. Durant cette période, aucun club français, l'un des autres objectifs affichés par le projet, n'a remporté de Ligue des Champions ou de Ligue Europa. L'ambition de voir 50 % des joueurs de l'équipe de France évoluer en Ligue 1 ? Lors de l'Euro 2016, dix-huit des vingt-trois sélectionnés faisaient le bonheur d'un club étranger. Sur les dix objectifs annoncés, un seul – l'obtention de l'Euro 2016 – a été atteint. Et il serait indécent de créditer Thiriez et la LFP de cette réussite. En revanche, avoir vendu à chaque sortie médiatique que cet Euro 2016 et ses stades neufs ou rénovés seraient le signe d'un nouveau départ pour nos clubs, ça, c'était absurde. Durant sa présidence, Thiriez, rejoint par la plupart de nos dirigeants, n'aura eu de cesse de parler argent. Le manque de moyens, l'économie du foot, le nombre de spectateurs, de téléspectateurs... Mais jamais il n'a été question du terrain. Du jeu. C'est comme si on avait voulu développer une activité sans se soucier de la qualité du produit. On a ainsi nié la dégradation dramatique du niveau des matchs de Ligue 1. Les résultats toujours plus mauvais en Europe étaient là pour le prouver, mais rien n'y a fait. On a vanté à tort la qualité de la formation de nos joueurs. Certes, les chiffres le montrent, la France est un formidable exportateur de joueurs. Mais notre foot a produit un joueur standardisé. Nos entraîneurs ont prôné un jeu défensif, détruisant toute idée attractive. Après la débâcle des Bleus à la Coupe du monde 2010, et après avoir

observé le travail effectué en Espagne et en Allemagne, nos instances ont entamé une réflexion qui semble prendre corps aujourd'hui. Reste cependant à guetter une évolution concrète.
En se concentrant sur les objectifs plus que sur les moyens pour y parvenir, le projet « Foot Pro 2012 » était voué à l'échec. « *Le foot mérite mieux que ça* », écrivait, dans un ouvrage au titre prémonitoire, Frédéric Thiriez en 2013. Parlait-il de lui avec une lucidité et une humilité retrouvées ?
Après avoir enfin admis son échec, le foot français regorge à présent d'idées, de rapports, de « projets » – le mot à la mode ces dernières années. Ça ne coûte rien de le dire, et ça donne l'idée d'une renaissance. Reste à savoir si ce n'est pas une coquille vide qui tient souvent plus du concept marketing que d'une réelle réflexion sportive à moyen ou long terme.

Car que se cache-t-il derrière ces fameux « projets », sinon une supercherie intellectuelle qui ne repose sur rien ? L'OM a inauguré l'idée. En 2013, le président Vincent Labrune annonce le « Projet Dortmund » qui consiste à recruter de jeunes joueurs à fort potentiel pour faire passer un cap sportif et économique au club olympien. Labrune découvre alors le marché des transferts comme un enfant découvre à Noël un Monopoly sous le sapin. À en croire certains de ses collègues présidents, Vincent Labrune, en se passionnant pour ce jeu où l'on achète et où l'on vend à tour de bras, va perdre la tête. Marseille signe des joueurs comme Benjamin Mendy, Mario Lemina, Giannelli Imbula, Florian Thauvin ou encore Michy Batshuayi. Sur le plan des résultats, l'OM finit au mieux quatrième (avec Marcelo

Bielsa) en Ligue 1 et connaît un terrible affront en Ligue des Champions (6 défaites en 6 matchs en 2013-2014) ainsi que des échecs répétés en Ligue Europa. Sur le plan financier, la plus-value est intéressante (plus de 55 millions d'euros pour les cinq joueurs cités plus haut). Mais qu'a fait l'OM de cet argent, sinon combler des finances en délicatesse ? Résultat, après avoir œuvré pour faire virer les présidents du club quand il était conseiller du Prince (Margarita Louis-Dreyfus, veuve de l'ancien patron), Labrune s'est fait virer à son tour. Le club a finalement été vendu et on a tout recommencé. L'ex-président de l'OM, lui, continue curieusement de conseiller certains clubs de Ligue 1 dans leur mercato.

On est passé au « Champions Project » du propriétaire Franck McCourt et du président Jacques-Henri Eyraud. Laissons du temps à cette nouvelle direction, en place depuis un an, pour faire ses preuves.

On peut en revanche déjà porter un jugement plus sévère sur le projet lillois pompeusement intitulé « LOSC Unlimited » (« Lille Illimité » en français). Quand Michel Seydoux cède le club à Gérard Lopez début 2017, les supporters nordistes revivent après un lent déclin sportif depuis le doublé de 2011. Il faut dire que l'homme d'affaires luxembourgeois vend du rêve avec les arrivées aux commandes de Marc Ingla, ancien vice-président du FC Barcelone nommé directeur général, et de Luis Campos, recruteur réputé qui a fait le bonheur, entre autres, de Monaco. Mais le véritable tour de force de Gérard Lopez, c'est la médiatique signature de Marcelo Bielsa, adulé par les supporters de l'OM le temps d'une saison avant de claquer la porte après une journée de championnat la saison suivante. L'objectif est clair et fièrement annoncé : recruter de jeunes talents – à charge pour Bielsa de les faire grandir et progresser –, atteindre les cinq premières places cette saison puis le podium les saisons suivantes et réaliser des plus-values sur des joueurs inconnus à leur arrivée. En novembre 2017, le bilan est catastrophique. Marcelo Bielsa est remercié. Le LOSC végète dans les bas-fonds du classement et devra sans doute lutter pour éviter la descente. Les nouvelles recrues n'ont rien prouvé et ne valent guère plus que lors de leur signature dans le Nord. Et les banques qui ont soutenu Gérard Lopez dans son rachat du club le lâchent peu à peu. Le projet « LOSC Unlimited », à défaut d'humilité, a semble-t-il déjà atteint ses limites.

J'ai brièvement évoqué plus haut le cas de l'Olympique Lyonnais. Revenons-y plus en détails. S'il y a beaucoup à redire sur les dernières années en matière de management de joueurs et de recrutement, la montée en puissance de ce club aux sept titres consécutifs a été pensée, réfléchie, organisée et gérée par l'irritant mais visionnaire Jean-Michel Aulas. Pour l'omnipotent président lyonnais, un club est une entreprise comme une autre. En 1999, « JMA » fait ainsi entrer le groupe Pathé dans l'actionnariat du club à hauteur de 34 %. Lyon s'offre l'attaquant brésilien Sonny Anderson, alors à Barcelone, et bascule dans une nouvelle ère. Sa domination écrasante sur la L1 pendant les années 2000 lui permet d'acheter les meilleurs joueurs du championnat (Carrière, Dhorasoo, Malouda, Essien, Pedretti…), contribuant à la fois à renflouer l'économie des autres clubs et appauvrir la concurrence sportive. Depuis 2000, l'OL a participé à quatorze campagnes de Ligue des Champions, n'échouant à se qualifier qu'en 1999 et 2013 (élimination en tour préliminaire) et en 2012 (quatrième en championnat). Une constance inédite en France. Parallèlement à cette réussite sportive, Jean-Michel Aulas, lobbyiste parfaitement assumé, fait en sorte de permettre à Lyon de conserver son avance. En 2006, sous l'intense pression du président lyonnais, le Conseil des ministres approuve l'introduction en Bourse des clubs sportifs. Le 8 février 2007, l'OL franchit le pas. Une réussite mitigée : proposée à 24 € lors de son introduction, l'action ne vaut plus que 2,99 € en novembre 2017... Jusqu'à l'arrivée de QSI comme propriétaire du PSG, en 2011-2012, l'OL possède le plus gros budget de France. Fin 2016, le club annonce le rachat de 20 % de son capital par le fonds chinois IDG moyennant 100 millions d'euros. Avec un budget annoncé de 240 millions d'euros pour la saison 2017-2018, Lyon se classe deuxième des clubs de L1, loin des 540 millions d'euros du PSG. Une différence de moyens – ajoutée à de nombreuses erreurs de recrutement – qui a conduit l'OL à miser largement sur son centre de formation. Avec succès, à en juger par les quelques noms qui suivent : Ben Arfa, Govou, Loïc Rémy, Benzema, Martial, Umtiti, Tolisso, Gonalons, Fekir, Lacazette, et maintenant Aouar... Pour en faire quoi ? C'est une autre histoire... Aulas a vendu ses joueurs et a parfaitement géré son club. De nouvelles structures, un nouveau stade à financer et l'arrivée en force du PSG ont fait reculer sportivement l'OL au niveau national. Reste que les résultats en Europe depuis 2010 sont incontestablement médiocres. Aulas a souvent répété que ses grands travaux ne le feraient revenir au premier plan qu'en 2017. Candidat en France, acteur en Europe. On y est. On attend et on ne demande qu'à voir.

Sans titre depuis la Coupe de France 2012, l'OL se console en se voyant désigné pour la cinquième année consécutive meilleur centre de formation de Ligue 1 par la FFF. Mais si la « formation à la française » a longtemps été vantée, elle est aujourd'hui dépassée et ses succès ne doivent pas masquer un système stéréotypé et qui doit se réformer.

UNE FORMATION DÉFORMÉE ET À RÉFORMER

Le très sérieux Observatoire du Football, issu du Centre International d'Étude du Sport (CIES), publie régulièrement des rapports sur l'évolution du football de clubs et de sélections. En se penchant sur cette multitude de données, deux études semblent attester de la bonne santé de la « formation à la française ».

En octobre 2017, Lyon apparaît en troisième position des clubs ayant formé le plus de joueurs (31) actuellement présents dans les cinq grands championnats européens (Allemagne, Angleterre, Espagne, France, Italie), derrière le Real Madrid (41) et Barcelone (34). Dans ce classement, le Stade Rennais apparaît en huitième position (22 joueurs), Nantes et Monaco en douzième et treizième positions (21). Le PSG occupe lui la quatorzième place (20 joueurs).

En novembre 2016, le même Observatoire du Football plaçait la France numéro une des nations exportatrices de joueurs dans ce même *Big 5* avec 116 joueurs, devant le Brésil (114), l'Argentine (97) et l'Espagne (66).

« *Aujourd'hui nos centres de formations sont dépassés* », claque pourtant Yacine Hamened. J'aime le franc-parler et l'intelligence de cet éducateur diplômé de la FFF rencontré en 2015 à l'occasion de ma collaboration à l'ouvrage *Pourquoi le foot français va dans le mur*[4] qu'il a co-écrit avec Faouzi Djedou-Benabid, un recruteur. Ancien joueur de niveau CFA 2, Yacine Hamened a entraîné toutes les catégories d'âges et a connu les rouages d'un club professionnel puisqu'il a travaillé dans le domaine de la formation à Évian Thonon Gaillard. Il est donc un témoin avisé de l'évolution du football français et de sa dégradation. « *Nous sommes restés sur nos acquis. Nous avons été les meilleurs puisqu'on a inventé les centres de formation. Après, l'Espagne et l'Allemagne sont venus voir ce qu'on faisait. Ils s'en sont inspiré et nous ont dépassés. On a créé des joueurs stéréotypés, avec des qualités similaires à chaque poste, pendant que les autres travaillaient sur l'individuel et le collectif. Aujourd'hui, nos joueurs sont très bons individuellement mais ils manquent de solutions collectives.* » Avec trois titres en cinq ans (Mondial des moins de 20 ans en 2013, Euro des moins de 17 ans en 2015 et Euro des moins de 19 ans en 2016), les équipes de France de jeunes figurent pourtant parmi les nations les plus performantes de ces dernières années. Mais la catégorie Espoirs, antichambre de la grande équipe de France, n'a plus gagné de titre majeur depuis… le Championnat d'Europe 1988. L'équipe était alors composée de noms comme Laurent Blanc, Alain Roche, Bernard Casoni, Christophe Galtier, Franck Sauzée, Éric Cantona. Une autre époque. Pire, les Espoirs n'ont plus participé à la phase finale d'un Euro depuis 2006 et n'ont plus goûté aux Jeux Olympiques depuis Atlanta 1996. « *Il y a eu une prise de conscience quand on a vu que nos jeunes étaient achetés mais qu'on n'allait jamais bien loin avec nos générations Espoirs sous le maillot bleu*, poursuit Yacine

4. Hugo Sport.

Hamened. *Pourquoi les Anglais*[5] *ont-ils des résultats en Espoirs ? On a réformé certaines choses. Il y a dix ans, on vous disait qu'il fallait être dans l'analytique : la répétition du geste. Et puis on a vu que l'Espagne gagnait des titres en travaillant sur le jeu. Du coup, on a essayé de mettre en place des formations sur le jeu. Le problème, c'est qu'on est toujours dans la pensée de George Boulogne qui disait qu'il est toujours mieux de gagner 1-0 que 4-2. Donc on copie certaines choses sans avoir de véritable école de pensée. La seule pensée, c'est d'être costaud défensivement. Et on fonctionne tous de la même façon.* »

Les statistiques sur l'exportation de nos joueurs, si elles sont éloquentes, passent à mon avis à côté de l'essentiel. On forme du stock. On fabrique des joueurs. C'est devenu le pilier de l'économie du foot français. C'est une source de revenus capitale. Et comme on ne sait pas générer du revenu autrement, on insiste sur cet aspect. Difficile dans ces conditions de mobiliser des joueurs dans un projet. Difficile de les impliquer dans le développement d'un club. À force d'insister sur le fait d'être le centre de formation de l'Europe, nos joueurs ont développé l'idée qu'ils n'étaient que de passage. Le club de Ligue 1 est devenu une sorte de salle d'embarquement où attend le joueur avant de s'envoler vers l'étranger. Le jeune Français s'approprie alors une approche individualiste du foot. Il sait qu'il est un actif économique. Et si sa valeur est estimée élevée par le marché, il se sait plus important que le club. Son but ne sera pas la performance avec son club, mais l'optimisation de son propre potentiel.

5. Champions du monde des moins de 20 ans en 2017.

On est en plein dans ce que décrivait un jour Marcelo Bielsa : le foot d'aujourd'hui ressemble de moins en moins à son supporter et se rapproche de plus en plus de son actionnaire. Le supporter de Monaco a vécu avec émotion la campagne européenne de 2017. Mais il sait que les jeunes joueurs qui ont participé à cette aventure doivent partir. C'est le modèle économique du club. On reste dans l'aventure sans lendemain. Gérard Lopez a repris le LOSC avec l'idée de copier Monaco. Former des jeunes, ou en acheter à bas prix. Les faire progresser vite et les vendre. Son directeur sportif Luis Campos est d'ailleurs connu pour ses compétences en achat et vente de joueurs. Avec lui, tout le monde se régale et a sa part de gâteau. Loïc Fery à Lorient avait la même idée. Son entraîneur pendant des années, Christian Gourcuff, travaillait bien avec les jeunes joueurs et faisait bien jouer ses équipes. Un modèle idéal pour mettre en lumière ses joueurs. Le projet s'est mal terminé car Gourcuff en a eu assez de ce business plan. Un an plus tard, Lorient est descendu en L2. Sur les deux dernières saisons, Lyon a parfaitement rentabilisé le travail de son centre de formation. Umtiti, Tolisso, Lacazette, la dernière belle génération a rapporté près de 100 millions d'euros. L'OL est assurément le club français le plus performant en matière de formation. Le problème, c'est qu'avec ses jeunes, l'OL n'a rien gagné. Et au niveau européen, le club n'a rien fait d'exaltant, loin de là. La demi-finale de Ligue Europa en 2017 vient à peine atténuer le propos. À Lyon, ce constat ne perturbe personne. Toute la communication est tournée vers la force du centre de formation. L'idée d'avoir de bons jeunes du cru, de les vendre, de les voir briller ailleurs est une force

pour l'ensemble des supporters du club. On va même un peu plus loin que la phrase de Bielsa mentionnée plus haut. Le supporter est en phase avec l'actionnaire.
Pourtant, peut-on sérieusement envisager de briller en Europe avec pour seule force un bon centre de formation ? L'exemple du Barça de la fin des années 2000 ne doit pas rendre aveugle.

Dans un milieu très concurrentiel, les clubs et leur formation peuvent rapidement voir remise en question leur place dans la hiérarchie. C'est le fameux classement des centres de formation annoncé chaque année par la FFF et évoqué plus haut. Ce classement est obtenu en additionnant différents critères tels que les contrats pros signés par des jeunes formés au club, le nombre de matchs joués par les joueurs issus du centre, les résultats des sélections, le niveau d'études et le nombre d'éducateurs. Il faut donc « faire du chiffre » et remporter des trophées dans les catégories de jeunes, d'autant que les clubs de Ligue 1 investissent entre trois et huit millions d'euros (dans le cas de Lyon par exemple) par saison dans la formation. « *Former, cela coûte cher. Quand on prend un jeune, on le forme dès 15 ans et il passe professionnel à 19 ans. Sauf que le prix de sa formation, ce n'est pas seulement sa formation à lui, mais le prix de toute sa génération*, constate Jean-Michel Larqué. *Prenons par exemple les enfants nés en 2002 et qui ont aujourd'hui 15 ans. Si on en repère dix et qu'on les forme pendant cinq ans, la probabilité est que deux d'entre eux sortiront professionnels. Mais le prix de la formation de ces deux contrats n'est pas la formation des deux qui vont au bout, mais des dix que vous avez formés.* » Yacine Hamened pointe lui la standardisation des joueurs formés pour être performants très vite chez les jeunes : « *On pense que c'est indispensable de gagner la Coupe Gambardella ou le championnat de France des moins de 17 ans. Mais quand on regarde Nice qui a gagné la Gambardella en 2012, combien de joueurs sont sortis ? Rennes a été l'un des meilleurs centres de formation pendant dix ans. Mais où sont leurs joueurs aujourd'hui ? On s'est aussi voilé la face sous prétexte que nos joueurs étaient vendus. Il faut aussi savoir pourquoi ils partent. Est-ce que les Allemands ou les Espagnols quittent leur championnat ? Très peu. Les clubs étrangers nous prennent nos joueurs car ils ont un bon rapport qualité-prix et que nos clubs ne sont pas capables de leur offrir de bons contrats. Il ne faut pas se dire : "Si nos joueurs partent, c'est qu'ils sont les meilleurs". Non, il y a d'autres paramètres à prendre en compte.* » Sur la masse de joueurs « exportés », combien d'internationaux français peuvent se vanter d'être d'inamovibles titulaires dans les très grands clubs européens ? Hugo Lloris à Tottenham, Raphaël Varane et Karim Benzema au Real Madrid, Samuel Umtiti au Barça, Paul Pogba à Manchester United, Antoine Griezmann à l'Atletico de Madrid… Et c'est à peu près tout. Kingsley Coman et Corentin Tolisso au Bayern Munich ? Ils alternent entre une place de titulaire et une place sur le banc. Anthony Martial à Manchester United ? S'il a connu une dernière saison très compliquée, il semble bien revenir. Lucas Digne à Barcelone ? Non. Et dans cette liste, on doit retirer Griezmann, formé réellement en Espagne. Ainsi que Paul Pogba : parti très tôt, il a achevé son parcours en Angleterre puis en Italie, avant de revenir à Manchester.

Savoir si le bilan est bon ou pas n'est à la limite même pas la question. C'est l'idée que notre foot ne doit se développer

que par ce biais qui est gênante. Le sujet « jeune », « formation » est sans cesse à la une chez nous. On ne pense qu'à ça. On veut voir des jeunes partout. Le discours est intégré. Les supporters des clubs français veulent voir leurs jeunes. On ne rêve même plus de la bonne recrue étrangère qui permettra de gagner, non. On veut un ou des jeunes qui doivent devenir stars à 19 ou 20 ans et qu'on va vendre. C'est comme si voir son équipe gagner, aller en Coupe d'Europe et faire un beau parcours n'avait plus d'importance. Le supporter lillois fait un transfert d'affect depuis cinq ans sur Chelsea, là où évolue Eden Hazard. Le supporter de l'OL regarde Lacazette à Arsenal et espère le voir marquer. Il est ravi de voir que Tolisso devient titulaire au Bayern. Il exulte quand celui-ci marque contre le PSG en Ligue des Champions.
« *Le bilan de la formation est honorable mais il pourrait être meilleur* », selon Yacine Hamened : « *Quand je vois les Allemands Julian Draxler ou Leon Goretzka… On est à des années-lumière de leur intelligence de jeu. Ousmane Dembélé ou Kingsley Coman, ce sont des super joueurs techniquement. Mais par rapport aux différences qu'ils font, leur efficacité est ridicule. Pourquoi ? Parce qu'on a formé les mêmes types de joueurs. Ceux qui vous font gagner en moins de 17 ans mais à qui on ne demande pas de réfléchir.* »
Comment sortir alors de cette standardisation dont semble souffrir la formation française, source de succès sur le plan de la quantité, moins sur celui de la qualité ? « *Quand je parle de formation, je pense à l'école*, avance Yacine Hamened. *Quand vous êtes bon en mathématiques, on ne vous laisse pas faire des additions toute votre vie. À un moment, vous passez aux soustractions, puis aux multiplications et aux divisions.*

La formation, ça devrait être pareil. Un joueur doit être capable de jouer à plusieurs postes. Nous, on prend le point fort du joueur et on insiste dessus. En Allemagne, des joueurs comme Joshua Kimmich sont capables de jouer défenseur central, latéral ou milieu. Philipp Lahm peut jouer latéral pendant dix ans puis devient milieu défensif en fin de carrière et est même capable de passer d'un poste à l'autre dans le même match… On n'a pas de joueurs comme ça. Pourquoi ? En France, on pense que la formation se passe entre 12 et 15 ans et qu'après c'est terminé. Comme si c'était une fatalité. » Et si la solution venait de la base, d'une bouffée d'air pur insufflée par les formateurs ? Là aussi, en y regardant de plus près, je constate très vite que le football français, à travers la DTN, a pris de mauvais réflexes dont il sera très difficile de se départir.

UNE DTN SANS RÉELLE DIRECTION

La direction technique nationale a la responsabilité de définir une politique technique pour l'ensemble du football français. Cette politique est mise en place par les entraîneurs nationaux et les conseillers techniques régionaux (CTR). La DTN est également en charge de la formation des éducateurs. Pour obtenir le brevet d'entraîneur formateur de football (BEFF) et le brevet d'entraîneur professionnel de football (BEPF), il faut passer par une formation dispensée par les membres de la DTN à Clairefontaine. « *Il faut revoir la formation des éducateurs,* assène Yacine Hamened. *En France, on n'apprend qu'une seule façon de penser. Les formateurs ont toujours raison, ils savent comment ça se passe et on doit faire comme ils disent. Du coup, on a pris vingt ans de retard.* » Qui sont les membres de la DTN qui impulsent cette formation ? D'abord le directeur technique national, Hubert Fournier, puis les entraîneurs nationaux (Sylvain Ripoll pour les Espoirs, Francis Smerecki pour les moins de 20 ans, Lionel Rouxel pour les moins de 18 ans…). Pour travailler à la DTN et donc à la FFF dirigée par Noël Le Graët, il vaut mieux être breton, et c'est encore mieux si vous avez bossé à Guingamp. Le cas échéant, avoir fréquenté Lyon peut suffire. Aulas a l'oreille du patron du foot français.

En octobre 2017, Philippe Montanier a également rejoint la DTN, en remplacement de Guy Lacombe parti à la retraite, avec la responsabilité des équipes de France jeunes (des moins de 16 aux moins de 20 ans), la formation des futurs entraîneurs et les relations avec les fédérations étrangères. « *Personne ne vote pour le DTN ou pour décider quelle orientation on veut donner à notre football. Il n'y a aucune candidature publique,* regrette Thibaud Leplat. *Tout se fait de manière obscure. C'est une forme de copinage, de réseau. On ne sait pas bien qui décide et sur quelles bases. On ne sait pas bien quelles sont les compétences d'Hubert Fournier pour occuper ce poste-là.* » Yacine Hamened dénonce un entre-soi malsain qui sclérose la DTN : « *Aujourd'hui, Fournier est DTN. On sait comment cela s'est passé. Jean-Michel Aulas*[6]*, qui s'occupe de ça à la fédération, a mis un entraîneur qui n'avait pas de travail et qu'il avait viré de Lyon. Fournier prend un DTN adjoint en la personne de Philippe Montanier. Et quand on connaît l'histoire… Montanier, lorsqu'il était entraîneur à Boulogne (2004-2009) et que Fournier venait de finir sa carrière, qui a-t-il pris comme adjoint pour le former ? Hubert*

6. Membre du comité exécutif de la FFF en plus de son poste de président de l'OL.

Fournier. On a là un retour d'ascenseur. On n'a pas de choix par les compétences.» Un coup d'œil rapide à leurs derniers faits d'armes comme entraîneurs laisse effectivement pantois. Entraîneur du Stade Rennais depuis l'été 2013, Philippe Montanier est limogé en janvier 2016. Après quelques mois sans club, il rebondit en Angleterre, à Nottingham Forest, prestigieux double vainqueur de la Coupe d'Europe des Clubs Champions en 1979 et 1980 mais depuis retombé en deuxième division anglaise. Son expérience ne durera que six mois avant d'être à nouveau remercié. Hubert Fournier n'aura lui passé qu'une saison et demie à l'Olympique Lyonnais avant d'être démis de ses fonctions en décembre 2015 et remplacé par Bruno Génésio. Pour ces entraîneurs sans point de chute et en échec, la DTN apparaît donc sans doute comme un bâton de maréchal bien pratique. «*Pour parler crûment, chacun a une part du gâteau et on se fait croquer entre amis et connaissances mais on ne veut pas ouvrir aux autres*», confirme Yacine Hamened, éducateur diplômé de la FFF qui peut observer de l'intérieur ce système vicié.

L'autre écueil constaté dans le système mis en place est la perte de contact des cadres avec le terrain et les réalités d'un football qui évolue plus vite que les méthodes encore utilisées par la DTN. Si Philippe Montanier et Hubert Fournier ont récemment dirigé des équipes professionnelles – avec la réussite que l'on connaît –, quid des autres ? «*Quand vous êtes conseiller technique départemental, vous n'entraînez pas ou très peu. Vous passez conseiller technique régional au bout de plusieurs années d'ancienneté et vous n'entraînez toujours pas. Quand vous passez cadre de la DTN, vous n'entraînez toujours pas. À l'époque, j'avais dit qu'un formateur doit rester à son poste pendant quatre ans avant de retourner sur le terrain,* s'emporte Yacine Hamened. *Car les problématiques changent. Aujourd'hui, le foot va très vite. Quatre ans, c'est le maximum ! On ne peut pas garder des formateurs comme Francis Smerecki ou Pierre Mankowski*[7] *qui sont restés en place pendant quinze ans. Ils n'ont plus aucun lien quotidien avec le terrain.* » Un danger dans un milieu où les mentalités évoluent très vite. Certains entraîneurs de clubs ont d'ailleurs reconnu le fossé générationnel qui s'était creusé entre eux et les jeunes joueurs. Lors de son second passage à la tête du PSG (2000-2003), Luis Fernandez s'était déjà heurté à l'impossibilité de communiquer sereinement avec la nouvelle génération (Anelka, Luccin, Dalmat…). Plus tard, Jean Tigana avait avoué, lors de son passage comme entraîneur de Bordeaux (2010-2011), qu'il ne comprenait plus les joueurs d'alors et leur fonctionnement. Et on ne peut pas oublier l'épisode douloureux de Knysna, la plus grave crise qu'ait connue la sélection nationale, en pleine Coupe du monde 2010. Les joueurs de l'équipe de France, heurtés par l'exclusion de Nicolas Anelka du groupe, après une grosse altercation dans le vestiaire et des insultes proférées par l'attaquant à l'encontre du sélectionneur Raymond Domenech, décident de boycotter un entraînement et refusent de descendre du bus. La scène surréaliste, vécue en direct par des millions de téléspectateurs, provoque un scandale dans l'opinion et jusqu'au sommet de l'État. Elle symbolise les mentalités et le changement d'attitude de certains joueurs. Depuis, les responsables du football français attachent

7. Sélectionneur des Espoirs de 2014 à 2016.

une grande importance au comportement et à la mentalité affichée par les futurs joueurs professionnels dans les centres de formation et au sein des sélections de jeunes. Mais si le discours ne passe pas, comment se prémunir d'un nouveau Knysna ou de l'attitude de « starlette » qu'affichent certains joueurs qui n'ont encore rien prouvé ou gagné ?
On pourrait répondre assez simplement que c'est la force d'une institution, la verticalité dans l'exercice du pouvoir qui doit contrer la dérive. Mais le glissement du foot vers un sport individuel est dû aussi, voire principalement, à la gestion des clubs, à la faiblesse des « institutions foot ». On a face à face des jeunes joueurs rêvant d'élévation sociale et des clubs qui voient dans la rentabilité de ces jeunes leur principale source de revenus. Le jeune joueur (souvent issu d'un milieu défavorisé) et son entourage entrevoient vite l'argent que rapportera la signature d'un contrat. C'est une construction de carrière personnelle qui se met en place. Inscrire le talent d'un joueur dans un collectif, dans le but commun d'une équipe devient compliqué quand le dirigeant sait que la valeur, le capital représenté par ce joueur sont essentiels pour l'économie du club.

J'ai parlé plus haut d'un système que l'on peut assimiler à du « copinage ». Il se retrouve dans la nomination des éducateurs qui gèrent les équipes de jeunes dans les clubs. Pour être responsable d'un centre de formation ou entraîneur d'un club de l'élite, il faut détenir le fameux brevet d'entraîneur professionnel de football (BEPF). « *Ceux qui n'ont pas été pros n'ont aucune chance d'obtenir ce diplôme car il y a une quinzaine de places par an et on privilégie les anciens pros. Si je veux me présenter au BEPF, on ne m'en laissera pas la possibilité* », regrette Yacine Hamened qui pointe un « *diplôme de recyclage* » et explique également que lors des examens écrits pour l'obtention du BEPF, les copies ne sont pas cachetées. Pour éviter les risques de ne pas donner son examen à un ancien professionnel, quelles que soient ses compétences ? « *On veut quelqu'un qui a un passé et qui a "fait ses preuves". On ne veut pas de jeunes en France. Un entraîneur de 30 ans en Ligue 1, c'est impensable. Je pense que les présidents n'étudient même pas ce genre de profil. Prenons l'exemple de Saint-Étienne. Je n'ai rien contre Julien Sablé mais aujourd'hui, il n'a pas le diplôme. Maintenant, c'est un ancien pro, joueur du club, alors on le met là avec Jean-Louis Gasset pour les diplômes* », poursuit Yacine Hamened.

Le cas d'un Julian Nagelsmann, 30 ans, entraîneur d'Hoffenheim, quatrième de Bundesliga la saison dernière, n'a donc que très peu de chances d'arriver en France. « *C'est même inimaginable chez nous. Mais il faut injecter du sang neuf* », tranche l'éducateur. De fait, pour sortir de cet immobilisme, la France aurait beaucoup à apprendre en se tournant vers ce qui se fait ou s'est fait à l'étranger. En Italie, l'entraîneur en vogue s'appelle Maurizio Sarri, à la tête de Naples. Un ancien joueur au passé glorieux avec un incroyable nombre de sélections avec la Squadra Azzurra ? Rien de tout ça. Sarri officiait comme cadre d'une agence bancaire et jouait au niveau amateur avant de gravir les échelons d'entraîneur. En Italie toujours, Arrigo Sacchi, considéré par beaucoup comme l'un des plus grands entraîneurs de l'histoire, n'a jamais été professionnel et évoluait en troisième division italienne avant de révolutionner le jeu avec le Milan des années 90. Plus proche de nous,

José Mourinho n'était que… traducteur de Bobby Robson au Portugal puis en Espagne. Des parcours incroyables mais aussi une ouverture d'esprit de la part de ceux qui leur ont donné leur première chance. « *En Espagne, en Allemagne, au Portugal, la formation est une vraie formation d'entraîneur. On ne privilégie pas le passé mais la compétence*, appuie Yacine Hamened. *C'est la raison pour laquelle des Mourinho ou Villas-Boas ont pu accéder au plus haut niveau. Joueur est un métier, entraîneur en est un autre.* »

Cette diversité – qui n'existe pas en France – aurait également l'avantage d'amener un autre discours, d'autres méthodes et une vision forcément différente de ce métier. Loin de la standardisation et de l'uniformisation pratiquées en France. « *Quand on est en formation, on nous fait comprendre qu'on a inventé le système. Les anciens professionnels savent mieux que tout le monde. Dans les hautes instances, on pense qu'on sait mieux que les autres. Quand on remonte ces problématiques, on nous entend, mais on ne nous écoute pas* », pointe Yacine Hamened. Dans les faits, très peu d'innovations, de place au risque ou à la prise d'initiative. La moindre idée « déviante » semble mal venue et iconoclaste. Une pensée lointaine héritée du premier DTN de l'histoire du football français selon Thibaud Leplat : « *C'est la face cachée de George Boulogne. Le conservatisme a tout effacé et notamment la richesse intellectuelle qu'on avait en France. Dans les années 1930-1940, les entraîneurs les plus brillants sont français. Il y a une vraie richesse intellectuelle. On éradique cette manière de penser avec Boulogne. Il l'écrit noir sur blanc : "Il faut arrêter avec les intellectuels du football, les gens qui nous font prendre des vessies pour des lanternes". La seule chose qui compte maintenant, c'est d'être plus fort que notre voisin.* »

C'est un mode de pensée prégnant dans notre foot. Une mentalité historique. On ferme la porte. On s'enferme même de l'intérieur. L'ancien joueur passe le diplôme d'entraîneur. Il est avantagé au moment de l'examen. Il connaît la personne qui le lui fait passer. Il prend un poste de coach d'une équipe. Ou d'un centre de formation, ou d'une cellule de recrutement. On recycle sans savoir si les compétences pour exercer le poste sont assimilées. S'il perd sa place, il devient consultant dans les médias. Puis revient sur le terrain. Notre foot est une machine à laver. Notre système est corporatiste. Et il n'aime pas être dérangé. En France, le président de l'UNECATEF, le syndicat des entraîneurs, s'appelle Raymond Domenech. Un homme qui a échoué partout et qui a présidé à la pire catastrophe footballistique de notre histoire.

Une seule façon de faire, un seul mode de pensée. Un moule formateur. Aucune remise en question. Le dogme semble encore avoir de beaux jours devant lui si l'on en croit la manière dont la formation des éducateurs et des entraîneurs s'opère. « *Si on nous disait "que veux-tu mettre en place ?", on pourrait réfléchir. Mais non, on nous dit "c'est comme ça que tu dois faire". Du coup, le jour de l'examen, on applique ce qu'on a fait dans la semaine. On est bridé dès l'examen. On fait simplement du copier-coller d'un exercice vu dans la semaine sans se prendre la tête* », nous explique Yacine Hamened. Une philosophie qui se répercute ensuite dans nos différentes compétitions où la règle devient de ne pas perdre avant de penser à gagner. « *Raynald Denoueix*[8] *vous explique encore comment il se faisait engueuler en arrivant*

8. Entraîneur champion de France avec Nantes en 2001 et vainqueur de la Coupe de France en 1999 et 2000.

à la DTN. On lui disait : "Raynald, tu nous emmerdes avec ton jeu et ton idée du football". C'est pour ça qu'il part en Espagne. Aujourd'hui, on le paye encore. Mais ça commence à se savoir. On se rend compte du décalage énorme entre un Didier Deschamps et un Claude Puel. Mais cette école Puel a toujours existé. C'est l'école Wenger, Batteux… Ce sont des hommes qui sont un peu en marge de la DTN, pour ne pas dire mis à l'écart parce qu'ils dérangent. Quand on se prend des peaux de banane, on n'a pas forcément envie d'avoir des bonnes relations avec la DTN. »

Début janvier 2018, *France Football* remet le titre de meilleur entraîneur français de l'année à Zinédine Zidane. C'est son deuxième titre d'affilée. Zidane entraîne le Real Madrid et n'a aucun « mentor » français. Marcelo Lippi, Carlo Ancelotti l'ont inspiré. Si on prend le palmarès depuis 1970, le constat est terrible. Quel nom est connu hors de nos frontières ? Combien de Coupes d'Europe ? Luis Fernandez en a gagné une en 1996, et Gérard Houllier une autre en 2001. Ces années-là, ils n'avaient même pas été désignés « entraîneur de l'année » par leurs pairs !

ET SI LA VÉRITÉ ÉTAIT VRAIMENT AILLEURS ?

Cette politique est-elle sans issue ? Est-on condamné à former tous les entraîneurs dans le même moule et répéter des recettes éculées ? Les solutions existent, à en croire nos interlocuteurs. Encore faut-il faire preuve d'audace et… d'ouverture d'esprit. « *Il faudrait plus aller dans des choix d'idées que d'hommes. Il faut nous projeter à moyen et long terme pour faire évoluer le football* », pose en préambule Yacine Hamened. « *Il faudrait arriver à faire remonter les expériences mises en place dans les clubs et qui sont intéressantes,* renchérit Thibaud Leplat. *Les clubs travaillent avec des universitaires ou des chercheurs quand la fédération ne veut surtout rien changer tant que cela fonctionne. Quand on discute avec les formateurs, on voit pourtant qu'il y a de très bonnes choses de faites. Les grands clubs viennent s'alimenter en France. Mais ils ne viennent pas à la DTN, ils vont à Lorient, Montpellier, Monaco, Nice… Il y a là-bas de vraies recherches. Ce qu'il se passe à la DTN n'intéresse personne.*»

Depuis quelques années, un autre mouvement de fond anime le championnat de France : l'attrait pour les techniciens étrangers. Après avoir touché le fond, après avoir tout essayé, certains dirigeants n'ont plus trouvé de solution dans notre machine à laver. Quand le PSG a commencé sa nouvelle aventure QSI, il n'a jamais été question d'être ambitieux avec un coach français. Le directeur sportif Leonardo a placé Carlo Ancelotti à la tête de l'équipe. Aucun entraîneur français ne faisait l'affaire. Seul le nom d'Arsène Wenger, fort de ses quinze ans passés sur le banc d'Arsenal, a été évoqué. En France, rien. Après Ancelotti, fraîchement accueilli par le microcosme et le corporatisme français, les dirigeants parisiens ont voulu avoir un entraîneur français. Laurent Blanc a exercé trois ans sur le banc du PSG. Il fallait un peu de France dans ce projet trop international. Les médias dans leur ensemble (le champion du monde 98 y avait beaucoup de bonnes relations) ont évidemment toujours protégé le « coach maison ». La différence de traitement du monde du foot à l'égard d'un coach français ou étranger est extraordinaire. On ne doit pas venir manger le banc du Français.

Ce corporatisme s'est toutefois peu à peu fissuré. Après Blanc, le PSG n'a pas pensé une minute à un autre entraîneur français. Il n'y en a pas. À Monaco, engagé dans un projet d'envergure internationale, c'est la même chose. Un intellectuel, Leonardo Jardim, a pris l'équipe en main après l'Italien Claudio Ranieri. Jardim s'est lui aussi heurté à des critiques d'une virulence peu commune. Il était coach étranger avant d'être coach. Ses résultats ont mis à mal des critiques rarement objectives. Étranger ne rime pas avec réussite ou qualité. Mais la tendance est lourde. À Marseille, au moment où l'Espagnol Michel arrive sur le banc, il n'est pas question de prendre un entraîneur français ! À Saint-Étienne, après les années Galtier, même idée : il nous faut un étranger. C'est pareil à Lille, pour le projet « LOSC Unlimited ». Ce n'est pas toujours raisonné et ça ne marche pas toujours. Mais il reste un constat : il n'y a plus d'entraîneur français susceptible d'intéresser nos clubs qui se veulent ambitieux. Après le départ de Bielsa de Lille en décembre 2017, il ne restait que Galtier. Une sorte de dernier des Mohicans.

Après des années de déboires et de relations tumultueuses avec ses entraîneurs, à Nantes, Kita a nommé Sergio Conceiçao puis Claudio Ranieri. Pas sûr qu'il revienne de sitôt à un membre de l'UNECATEF.

Au début de la saison 2016-2017, ils étaient six étrangers à occuper le banc d'un club de Ligue 1. Et si depuis Oscar Garcia (démissionnaire à Saint-Étienne) et Marcelo Bielsa (remercié à Lille) ont abandonné Unai Emery (Paris SG), Leonardo Jardim (Monaco), Lucien Favre (Nice) et Claudio Ranieri (Nantes), la tendance reste forte. Depuis

2000, le record d'entraîneurs étrangers n'était que de trois (2006, 2008 et 2016). Le corporatisme à la Guy Roux – qui continue épisodiquement de « massacrer » les Carlo Ancelotti, Marcelo Bielsa ou encore Unai Emery lorsqu'on lui en laisse l'occasion – s'effrite. « *Je trouve qu'il serait plus intéressant de voir ce qu'il se passe ailleurs plutôt que de se gargariser. À aucun moment on ne va voir à l'étranger mais aussi dans nos propres frontières. Il y a encore un an, François Blaquart*[9] *disait que s'il y avait des entraîneurs portugais, c'était grâce à la mode Mourinho. Il qualifie ça de mode ! Raymond Domenech l'a encore dit il y a quelques jours. C'est quand même dingue. C'est de l'ignorance sur ce qu'il se passe ailleurs. Ça fait vingt ans que la fac de Lisbonne a révolutionné sa manière d'enseigner le sport. Mourinho vient de là mais il n'est pas le seul. Les recruteurs portugais sont aussi intéressants. Ce sont des gens intelligents. Allons les voir. Ce serait intéressant de voir ce qu'il se passe en Islande par exemple. L'intelligence de la DTN aurait été de flanquer des observateurs à Marcelo Bielsa au lieu de lui mettre des bâtons dans les roues. Il aurait fallu lui coller des jeunes entraîneurs, le faire parler… Je n'aime pas le football de Claudio Ranieri mais il y a une expérience dont il faut profiter au lieu de dire qu'ils viennent manger le pain des Français. Oscar Garcia est un des types les plus intéressants mais il ne reste que trois mois à Saint-Étienne en se plaignant de l'amateurisme du club.* »

Sur le plan du football européen de clubs, la France fait figure de retardataire quant au nombre de techniciens étrangers. La saison dernière, la Premier League anglaise en comptait quatorze. Suivaient l'Allemagne (8) et l'Espagne (7). Seule

9. DTN de 2010 à 2017.

la Serie A italienne faisait exception à cette tendance avec quatre techniciens étrangers. Et si la Juve, avec un entraîneur du cru (Massimiliano Allegri) est parvenue deux fois en finale de la plus prestigieuse compétition européenne (2015, 2017), le dernier club italien à s'être imposé en Ligue des Champions est l'Inter Milan (2010) avec à sa tête un entraîneur portugais nommé… José Mourinho.

Sport le plus populaire en France, le football fait pourtant preuve, à écouter mes grands témoins, d'un enfermement coupable et d'un manque d'innovations. « *On a un réservoir extraordinaire, beaucoup de licenciés et des structures. Mais on n'a pas d'idées. Ce qui est un comble pour la France, car c'est généralement le contraire* », regrette Thibaud Leplat. Yacine Hamened tente lui une autre piste : « *Même si je pense que c'est impossible dans le foot, on devrait s'inspirer de l'athlétisme qui a mis Ghani Yalouz à la DTN, lui qui venait de la lutte et n'avait rien à voir avec l'athlétisme. On a vu les résultats : ça fonctionne. Il faut peut-être s'ouvrir. Le DTN n'entraîne pas. Il faut se servir de sa vision. En prenant des anciens professionnels, on reste dans la consanguinité. Dans les cadres techniques, qu'il y ait d'anciens pros, c'est une chose. Mais la DTN ne doit pas être obligatoirement gérée par un ancien joueur.* » En poussant encore plus loin le raisonnement, Thibaud Leplat évoque la nomination du sélectionneur de l'équipe de France : « *À l'issue de l'Euro 2016, les Belges ont fait un appel à candidature publique. Pourquoi pas chez nous ? Il ne s'agit pas de faire de la transparence pour la transparence mais que cela provoque un débat. On gagnerait à faire participer un peu tout le monde. Il n'y a pas que Noël Le Graët qui soit capable de choisir le meilleur sélectionneur pour la France.* »

RETARD ÉCONOMIQUE : ENCORE LA FAUTE À BOSMAN

Si, pour beaucoup, l'arrêt Bosman a permis à l'équipe de France de remporter la Coupe du monde 1998 – grâce, on l'a vu, à l'expérience acquise par ses internationaux dans les meilleurs clubs européens –, il a également porté un coup très rude aux clubs de l'élite. « *Il a fossilisé le foot français* », ose même Pascal Perri. Ancien journaliste, ce chroniqueur régulier des *Grandes Gueules* sur RMC intervient également comme économiste pour l'agence RMC Sport. « *Le modèle de la majorité des clubs professionnels français est dépendant de la formation. C'est tout à la fois une opportunité et une faiblesse. L'état de santé économique de nombreux clubs français dépend des bonnes ou des mauvaises générations de jeunes pousses* », explique celui qui est également l'auteur d'un ouvrage intitulé *Ne tirez pas sur le foot*[10]. « *La situation du moment est le reflet du big bang de l'arrêt Bosman* », confirme Vincent Chaudel. Directeur communication et marketing chez Wavestone, une société de conseil en management, ce fin connaisseur de la chose économique me retrace la chronologie ayant conduit à cette brutale déflagration : « *Avant cet arrêt, nous avons des oppositions de modèles nationaux entre l'Espagne, l'Italie, la France et les Pays-Bas par exemple. Le modèle français est traditionnellement un modèle de trading, de formation et de revente. Les centres de formation compensent les revenus que les clubs n'ont pas dans les tribunes ou sur le maillot et les écrans. Et puis arrive l'arrêt Bosman qui dit que le football doit vivre avec les règles de la société. Bosman amène une opposition de portefeuilles : "Dis-moi combien tu as dans ta poche, je te dirai combien de grands joueurs tu peux avoir et quelle ambition*

10. Éditions Jean-Claude Lattès.

sportive tu peux assumer". Il est là, le big bang de l'arrêt Bosman. Le football mondial peut se mettre en place.» Les meilleurs joueurs se déplacent vers les championnats les plus riches et, dans ces compétitions, vers les clubs les plus riches. Un exode massif confirmé par les chiffres. En 1995, la part de joueurs étrangers dans les cinq championnats majeurs (Angleterre, Allemagne, Espagne, France et Italie) est de 14,7 %. Elle passe à 35,6 % en 2000. Et, en octobre 2017, selon un rapport de l'Observatoire du Football, elle représente 47,4 % des effectifs. « *La France n'était pas le championnat le mieux placé pour profiter de la liberté de circulation des joueurs. En Europe, depuis Bosman, il y a des clubs éleveurs et des clubs chasseurs. En France, le modèle économique et fiscal est défavorable aux entreprises. L'écart entre salaire net et salaire brut est le plus élevé d'Europe* », expose Pascal Perri. En perdant ses meilleurs joueurs, saison après saison, et en ne parvenant pas à lutter efficacement sur le marché des transferts, les clubs français s'affaiblissent sportivement. « *En revanche, ça a stimulé l'économie des centres de formation*, remarque Thibaud Leplat. *C'est Arsenal qui finance le centre de formation de Lorient. C'est la Premier League qui finance la Ligue 1. Le rêve de n'importe quel club est de vendre un joueur à Arsenal.* » Cette instabilité empêche néanmoins les clubs français de construire sur la durée. Toujours selon une étude de l'Observatoire du Football, la France comptait 42,4 % de nouvelles recrues sur l'année en cours, confirmant l'accélération de la mobilité des joueurs sur le marché des transferts. Des joueurs qui partent de plus en plus jeunes à l'étranger. Lors de la saison 2016-2017, l'OGC Nice possédait l'effectif le plus jeune d'Europe avec une moyenne d'âge de 24 ans, fruit d'une politique sportive décidée par la force des choses. « *La formation, c'est notre pétrole et c'est un carburant précieux qu'il faut absolument entretenir*, avance Pascal Perri. *Nous avons une vraie maîtrise de l'ingénierie sportive, un savoir-faire reconnu dans la transmission des savoirs et des connaissances techniques. Nous pouvons nous adosser à des centres de formation efficients. Il faut garder cet avantage car c'est notre vraie plus-value. Il faut même la cultiver car les autres grands clubs européens se sont positionnés sur ce marché des savoirs.* » Mais la conséquence la plus importante de l'arrêt Bosman est sans doute le passage du pouvoir du club et de ses dirigeants au joueur et à son agent. Et ce même si l'article 20 du *Règlement du statut et des transferts des joueurs* de la FIFA protège les clubs formateurs en obligeant les clubs acheteurs à payer une indemnité de formation à l'ancien club ou aux anciens clubs formateurs. « *Contrairement aux sports américains où le système est plus fort que l'individu, où les présidents de franchise décident d'une règle et d'un contrat, dans le football, si le joueur décide de se fâcher avec son club, il trouvera toujours un autre président capable de lui donner un salaire et du temps de jeu. Regardez l'exemple d'Aurier*[11] *! Si le PSG l'avait licencié, un grand club l'aurait pris pour zéro le lendemain* », remarque Vincent Chaudel. « *L'arrêt Bosman donne clairement le pouvoir aux footballeurs. Il en fait les maîtres du jeu. Les agents de joueurs ont beaucoup profité de cette nouvelle liberté* », acquiesce Pascal Perri. Les cotes explosent, boostées par une demande de plus en plus forte, y compris pour des joueurs moyens.

Mais une fois ces constats posés, la vérité n'est-elle pas que le football français n'a pas essayé de se construire son propre modèle, et qu'il s'est contenté de subir les événements ?

---

11. Serge Aurier fut pris en flagrant délit d'insultes envers son entraîneur de l'époque, Laurent Blanc, sur le réseau social Périscope.

Au lieu de pleurer pendant des années sur l'argent qu'ils n'avaient pas, nos dirigeants n'auraient-il pas dû tout faire pour bien gérer celui qu'ils avaient ? Si on en revient aux résultats en Coupe d'Europe, eu égard à ses moyens, le football français est, on l'a vu, largement en déficit !

QUELLES PISTES POUR COMBLER LE RETARD ?

La nouvelle réforme de la Ligue des Champions entrera en vigueur à partir de la saison 2018-2019. Mise en place en concertation avec les clubs européens (ECA), elle prévoit notamment d'offrir quatre places directement qualificatives aux quatre championnats ayant le meilleur coefficient UEFA. Dans les faits, elle privilégie les grands clubs anglais, allemands, espagnols et italiens en leur offrant une garantie supplémentaire de disputer la plus prestigieuse des compétitions européennes – et de s'assurer les revenus conséquents qui vont avec – au détriment des autres championnats. Actuelle cinquième au coefficient UEFA, la France n'a que ses yeux pour pleurer et doit se contenter d'un 2+1. Deux clubs iront directement en Ligue des Champions, un troisième devra disputer un tour de barrage. C'est logique et c'est même bien eu égard à nos résultats en Coupe d'Europe.

Si l'on considère nos résultats et notre histoire, se retrouver derrière ces quatre pays est absolument logique. Le seul souci, c'est que les choses seront figées jusqu'en 2021. Difficile de matérialiser un progrès dans ces conditions. L'Italie, dont beaucoup de clubs historiques sont mal en point (Milan, Inter), se voit en revanche offrir une belle opportunité de se redresser.

En attendant de savoir si nos clubs seront mieux gérés et leur modèle sportif mieux pensé (formation, coaching, recrutement), continuons d'explorer les pistes d'amélioration avec un regard d'économiste.
En 1995, date de l'arrêt Bosman, les clubs français occupaient la deuxième place du classement UEFA. « *La décision rendue dans l'affaire Bosman a eu des conséquences lourdes. Elle a renforcé les championnats qui bénéficiaient d'un environnement social et fiscal plus souple*, constate Pascal Perri. *À l'exception du PSG, qui est du point de vue d'un économiste un club extraterritorial ou si vous préférez un club offshore, les clubs français ne sont pas en mesure de rivaliser pour attirer de très grands joueurs.* » Selon une étude du cabinet d'audit KPMG réalisée en 2017, un million d'euros de rémunération nette pour un footballeur coûte 1,9 millions à un club allemand et sensiblement la même chose en Espagne (1,91). En Italie, il en coûtera 1,97 millions à un club italien. En Angleterre, toujours pour un million d'euros net, il faudra débourser 2,12 millions d'euros. En France, il en coûtera… 2,74 millions d'euros à un club de Ligue 1. « *C'est un point essentiel. On peut avoir les meilleurs joueurs du monde, si nos clubs ne sont pas capables de les payer au prix du marché (européen), ils partiront*, regrette Pascal Perri. *Le sport professionnel doit être considéré comme les autres spectacles qui bénéficient d'une fiscalité et d'un environnement social incitatifs. L'État a tout à y gagner car les footballeurs sont de bons contribuables. Contrairement aux tennismen ou aux cyclistes, ils sont assignés à résidence et payent leurs impôts en France.* »
Une mesure a particulièrement crispé le football français ces dernières années : la taxe à 75 %. Lors de la campagne présidentielle de 2012, François Hollande promet un taux

d'imposition de 75 % pour la part des revenus dépassant un million d'euros par an. Après plusieurs polémiques, l'impôt, impopulaire auprès des entreprises dont les clubs de football, sera définitivement enterré en 2015. Entre-temps, la taxe aura coûté environ 80 millions d'euros aux clubs français. « *La tartufferie de la taxe à 75 % a renforcé les plus riches et accablé les moins bien lotis*, critique Pascal Perri. *En économie, l'incitation est plus puissante que la contrainte et les postures idéologiques sont contre-productives. La question est de savoir si on fait de la politique ou si on privilégie les règles de bonne gestion.* » Vincent Chaudel travaille depuis longtemps sur la problématique économique du football français. Au début des années 2000, il a notamment participé à la réflexion sur la création du droit à l'image collectif (DIC). « *C'était un bon dispositif qui permettait de rattraper un peu notre retard sur nos voisins et de tenir compte d'une réalité toute simple. Du temps de Kopa, on payait un joueur pour qu'il s'entraîne et qu'il joue. Rien d'autre. Le lien de subordination était le salaire. Du temps de Ronaldinho, on le payait pour qu'il s'entraîne, pour qu'il joue et pour exploiter son image. Là-dessus, il n'y a pas de lien de subordination. Cela doit être soumis à TVA et impôt sur le revenu mais pas soumis à des charges sociales ou patronales. Nous avions mis trois ou quatre ans à le faire passer au niveau de l'Assemblée nationale. Et sur une démarche démagogique de deux ou trois députés, on a chassé les niches fiscales. Et ils ont fait sauter le DIC en 2010.* » Et d'étendre la réflexion à un système de pensée qui dépasse le simple cadre du football. « *On avait fait un premier pas. Après, le système social et fiscal français est plus important que chez nos voisins. C'est aussi l'illustration de notre vision de la société, plus protectrice que les Britanniques par exemple. Qu'on ait des charges plus importantes ne me gêne pas. Mais qu'on n'accepte pas l'évolution de la société que les autres pays ont acceptée, c'est plus problématique. Il ne faut pas évoluer dans quelque chose de dogmatique* », prévient Vincent Chaudel.

Une vision égalitaire qui se prolonge dans la répartition des droits TV. Depuis la renégociation initiée par Frédéric Thiriez, l'ancien président de la LFP, ces droits, on l'a vu, ont atteint la somme de 726 millions d'euros par saison sur la période 2016-2020 pour la Ligue 1. Une augmentation de 23 % par rapport au cycle 2012-2016 mais une somme encore largement inférieure à nos voisins européens. En 2017-2018, les chaînes britanniques débourseront 2,35 milliards d'euros pour la Premier League. En Bundesliga, il en coûtera 1,15 milliards d'euros aux diffuseurs allemands tandis que l'Espagne (un milliard d'euros) et l'Italie (945 millions d'euros) restent assez nettement devant la Ligue 1. En France, les droits audiovisuels sont répartis en fonction de quatre critères : la part fixe, la licence club (5,46 millions d'euros pour chaque club de L1), le classement sportif de la saison et des cinq dernières et la notoriété sur les cinq derniers exercices. En 2016-2017, Monaco, champion, a ainsi reçu 42 millions d'euros. Le PSG, deuxième de L1, a touché l'équivalent de 58 millions d'euros. À titre de comparaison, Chelsea, champion d'Angleterre, a touché la modeste somme de… 177 millions d'euros. Sunderland, dernier de Premier League et donc relégué, aura perçu 116 millions d'euros. « *La France a appliqué son idéal égalitariste à une activité fondée au contraire sur la compétition,* observe Pascal Perri. *Les droits TV sont répartis de façon très équitable. Les Espagnols sont revenus sur le principe de négociations de gré à gré mais le Real Madrid et le FC Barcelone ont bâti leur suprématie dans leur propre championnat en bénéficiant d'une distribution avantageuse des droits audiovisuels nationaux. L'Angleterre, elle, s'appuie sur un modèle très libéral. La Premier League est une entreprise privée qui a beaucoup insisté sur l'attractivité du spectacle.* » Avec l'arrivée d'un nouvel acteur – SFR Sport –, la France compte désormais, avec Canal+ et beIN Sports, trois concurrents sur le marché des droits TV sportifs. La Ligue espère cette fois franchir la barre symbolique du milliard d'euros par saison.

Si j'ai déjà dit plus haut ce que je pensais de la gouvernance des clubs français, mes échanges avec les économistes du sport rencontrés me confortent dans ma première analyse. Par manque d'imagination, par paresse intellectuelle ou simplement par incompétence, certains présidents ont freiné des développements économiques possibles. « *Pour moi, le football est une industrie mais il n'est pas toujours perçu comme tel, y compris par les dirigeants des clubs. Une entreprise ne devrait pas avoir vocation à perdre de l'argent,* remarque Pascal Perri. *C'est pourtant ce qu'acceptent les dirigeants qui abandonnent leurs comptes courants en fin d'année pour équilibrer leurs budgets. Un club de foot n'est pas ou ne devrait pas être une danseuse. C'est une entreprise avec ses valeurs de marque, ses outils de production et sa politique commerciale. La dimension économique manque.* » C'est entendu, le PSG ne boxe pas dans la même catégorie financière que ses concurrents nationaux. Avec un budget annoncé de 540 millions d'euros pour la saison 2017-2018, le PSG contraint les autres clubs à disputer un autre championnat au niveau financier. Mais Lyon (240 millions d'euros), Monaco (170 millions d'euros) et l'OM (120 millions d'euros) ont tout de même les moyens de leurs ambitions. À condition d'être imaginatifs. « *Dans tous les business, ce sont les contraintes qui vous poussent à être plus compétitifs*, sourit Vincent Chaudel. *Les concurrents du PSG peuvent être créatifs. Soit un club a le même pouvoir financier et économique et joue sur le même terrain, soit il peut prendre un positionnement différent. L'Atletico de Madrid est un club qui se dit que le collectif et la grinta vont permettre de compenser l'écart de talents. C'est un troisième larron assumé derrière le duo Real/Barça ! C'est un positionnement alternatif. Le patron de l'OM, Frank McCourt, a de l'argent mais pas autant que le PSG. À lui de se trouver un modèle, une histoire à raconter.* »

L'autre piste de développement concerne les stades. Contrairement aux grands clubs européens, les clubs français ne sont pas propriétaires de leur outil de travail, préférant, pour la très grande majorité, en être locataires. Une position qui les prive de l'intéressement sur l'exploitation de leur stade. Depuis quelques années, c'est le système des partenariats public-privé (PPP), importé de Grande-Bretagne, qui semble à la mode. Cela a par exemple été le cas à Marseille, Nice, Bordeaux et Lille lors de la rénovation d'un stade déjà existant ou de la construction d'un nouveau stade. Ce contrat permet aux collectivités endettées d'éviter un investissement direct, pris en charge par un partenaire privé, tout en poursuivant une politique de construction. Revers de la médaille, le partenaire privé – souvent un géant du BTP – se voit confier ensuite la gestion de l'enceinte pour un long bail (trente ans en général). L'agglomération est alors contrainte de lui verser un loyer et une rétribution pour ses prestations. À Lyon, Jean-Michel Aulas a choisi une autre voie en faisant construire le premier stade entièrement financé par des fonds privés à hauteur de 450 millions d'euros dont 150 millions de fonds propres pour le club rhodanien. « *Ce modèle est vertueux car il permet aux supporters de base, les fans dont on a besoin, de pouvoir bénéficier d'une infrastructure qui est financée par les entreprises sans avoir à payer le vrai coût de la place. [...] L'un des leviers de croissance est également le développement du business center, des activités périphériques* », déclare en juillet 2016 le président lyonnais dans *Lyon Capitale*. Un centre de loisirs, un musée, un hôtel et des bureaux locatifs autour du stade sont sortis de terre ou en cours de construction. Séduits par ce modèle, Waldemar Kita, président du FC Nantes, et Johanna Rolland, présidente de Nantes Métropole, annonçaient en septembre dernier le lancement d'études de construction d'un nouveau stade sur un financement 100 % privé.

Posséder son stade, un pas supplémentaire vers l'accroissement de revenus ? À la condition importante de le remplir correctement. En janvier 2018, après vingt-deux journées, les stades de L1 affichaient une affluence moyenne de 21 700 spectateurs, en hausse de 7 % par rapport à la saison dernière, pour un taux de remplissage moyen de 69,8 %. Loin, très loin encore des enceintes anglaises (38 247 spectateurs en moyenne) ou allemandes (44 782 spectateurs en moyenne) qui frôlent ou dépassent les 90 % de remplissage. « *Les clubs sont confrontés à un défi majeur : attirer du public dans les stades. Il faut repenser l'expérience spectateur en qualifiant les demandes. Tout le monde ne vient pas au stade pour y vivre la même expérience*, remarque Pascal Perri qui a consacré un long travail académique et universitaire à qualifier les demandes (fans, familles, visiteurs, hommes d'affaires, jeunes, etc.). *Il faut passer du quantitatif au qualitatif, ce que certains clubs de L1 ont commencé à faire. Ré-enchanter le stade comme lieu de spectacle, penser aux jeunes qui veulent partager une expérience digitale, proposer comme en Allemagne des conditions de confort acceptables par les familles (et les épouses), stimuler le spectacle (en offrant des bonus offensifs). J'observe tout de même que le foot français se "premiumise". Les services dans les stades sont parfois plus développés (mise à disposition d'un service Wifi gratuit par exemple au Groupama Stadium de Lyon). La consommation de spectacle sportif a changé. Elle est plus exigeante. Les clubs se mettent au marketing, c'est un bon début.* »

NEYMAR, MEILLEUR AMBASSADEUR DU FOOT FRANÇAIS ?

Août 2017. L'onde de choc dépasse le simple cadre du championnat de France. Neymar, le futur meilleur joueur du monde – pour beaucoup déjà sur le podium avec Lionel Messi et Cristiano Ronaldo –, pose ses valises à Paris. L'impensable s'est produit. Le Paris Saint-Germain a payé les 222 millions d'euros de la clause libératoire du Brésilien au FC Barcelone. Si la fascination de compter dans ses rangs pareille star l'emporte en Ligue 1, quelques voix discordantes se font jour parmi les clubs français. Jean-Michel Aulas, jamais langue de bois et toujours en quête d'une polémique, regrette sur RMC une « *orientation dangereuse pour le football français* ». Pourtant, à la Ligue de Football Professionnel, on se félicite de l'arrivée de la star dans son championnat. Et on la comprend. « *Neymar à Paris, c'est une triple bonne affaire : pour le spectacle, pour Paris et pour l'État et les organismes publics qui encaissent quoi qu'il arrive des impôts et des contributions sociales élevés*, relève Pascal Perri. *Je préfère voir Neymar à Paris qu'à Barcelone ou Londres.*

Le football produit de la croissance et du bien-être. Nous avons toutes les raisons de nous réjouir quand de grands champions font le choix de la France.» Et les effets bénéfiques pourraient se faire sentir très rapidement sur le plan économique. À commencer par une croissance rapide des droits TV de la Ligue 1 à l'international, aujourd'hui à des années-lumière de ceux de la Premier League anglaise (plus d'un milliard d'euros par exercice) ou de la Liga espagnole (650 millions d'euros perçus par saison). La Ligue s'est engagée avec beIN Sports jusqu'à la fin de la saison 2023-2024 contre un minimum garanti de 80 millions d'euros par saison (soit 480 millions d'euros au total jusqu'en 2024) et 50 % des revenus négociés par beIN Sports au-delà de cette somme. «*Avec Neymar mais aussi Mbappé, le PSG est aujourd'hui une locomotive qui tire tout le système et le marketing sportif français vers le haut*», se réjouit Vincent Chaudel. Et les chiffres l'attestent. Selon une récente étude du cabinet EY, les quarante-trois clubs pros ont généré un chiffre d'affaire de 2,1 milliards d'euros sur la saison 2015-2016, en augmentation de 490 % par rapport à la saison 2010-2011. À l'attaque du président lyonnais qui craint une absence de compétition, l'économiste préfère présenter les arguments vertueux d'une telle arrivée dans notre chère Ligue 1 : « *La domination du PSG ne vide pas les tribunes mais au contraire elle les remplit. Regardez l'Allemagne. On sait dès le départ que c'est un championnat à 18 clubs et que c'est le Bayern qui va être champion à la fin. La sur-domination d'une équipe au niveau national n'est pas grave car elle est remise en cause au niveau continental. En France, on a longtemps voulu avoir une compétition égalitaire au niveau du résultat et des droits TV pour lisser les budgets. Cela a réellement rendu la compétition incertaine. Certaines saisons, le PSG et l'OM ont failli descendre. Une L1 sans le PSG ou l'OM, ce n'est pas une bonne nouvelle du tout. Demandez aux Écossais avec les Rangers et le Celtic.»* Le cas Neymar n'est-il finalement pas le symbole de la schizophrénie du football français qui regarde avec envie et gourmandise ses voisins tout en souhaitant conserver un modèle le plus égalitaire possible ? « *C'est comme si on voulait que le lion et la biche partent en vacances ensemble. Il y a toujours eu des puissants et des faibles. Il faut que la fiscalité du football de clubs s'adapte à l'évolution de la société* », assène Vincent Chaudel.

Plutôt que d'imposer des contraintes, tous mes interlocuteurs prônent un système incitatif sur le plan sportif comme économique. Une libération des énergies, en quelque sorte. Plus d'ouverture sur les méthodes venues de l'étranger pour la DTN, plus de diversité dans l'enseignement et la formation des éducateurs, plus de créativité pour le développement et l'optimisation des ressources (marketing, billetterie, droits TV). Le football français a longtemps fait preuve d'arrogance et de certitudes qui ont depuis volé en éclats. Le train du football mondialisé ne repassera pas et le fossé pourrait définitivement se creuser à terme, faisant définitivement basculer le foot français en sélection et en clubs en deuxième division.

CYCLISME
L'ÉTERNELLE ATTENTE DU RENOUVEAU

« *Trente-deux ans, c'est trop long.* » Avec le ton qui lui est propre, Bernard Hinault dresse le constat. Implacable. Le quintuple vainqueur du Tour de France n'en peut plus d'attendre un successeur français au palmarès de la Grande Boucle. Trente-deux ans donc qu'aucun Français n'est parvenu à ramener le maillot jaune sur les Champs-Élysées. Alors, quand il est invité l'été dernier par *L'Équipe* à disserter en compagnie de Bernard Thévenet et Lucien Aimar sur les raisons de l'échec français, le Blaireau tire la sonnette d'alarme. «*J'ai toujours souhaité connaître au plus vite mon successeur [...] Car nous trois, les derniers vainqueurs français du Tour encore en vie, nous ne sommes pas propriétaires de ce privilège.* » Le numéro du Breton, chafouin et connaisseur, est certes bien rodé, mais le temps file et aucun de ses compatriotes n'a semblé en mesure de s'ériger en vainqueur du Tour depuis son cinquième et dernier succès en 1985.

Dotée d'environ 120 000 licenciés (72 000 sur route, le reste partagé entre le VTT et le BMX) répartis dans 2590 clubs, la France est pourtant une incontestable terre de vélo. D'autant qu'on estime à plus de 20 millions le nombre de « pratiquants ». À l'heure où les plus hautes instances du cyclisme mondial exportent des courses dans des pays « exotiques » (Chine, Qatar...) qui montrent un intérêt limité à la petite reine, la France continue d'inscrire parmi les plus belles courses du monde au calendrier de l'Union cycliste internationale (UCI) le Tour évidemment mais aussi Paris-Roubaix, Paris-Nice ou encore Le Dauphiné. Et ce n'est pas la vague actuelle du vélo plus urbain qui démentira cette tendance.

Pourtant, dans les années 2000, le nombre de Français à avoir inscrit leur nom au palmarès d'un des cinq Monuments du cyclisme[12] se compte sur les doigts d'une main. Victorieux de Milan-San Remo en 2016, Arnaud Démare doit en effet se sentir bien seul. Il faut remonter aux années 90 pour trouver trace de noms français inscrits au palmarès de ces courses prestigieuses : Laurent Jalabert (Milan-San Remo 1995 et Tour de Lombardie 1997), Frédéric Guesdon (Paris-Roubaix 1997) ou Jacky Durand (Tour des Flandres 1992). Sur les Grands Tours et les championnats du monde, ce n'est pas plus réjouissant. Jalabert s'impose sur le Tour d'Espagne en 1995, alors que Laurent Brochard (1997) et Luc Leblanc (1994) restent à ce jour les derniers champions du monde français depuis... Bernard Hinault (encore lui !) en 1980. Et dire que dans le même temps Colombiens, Australiens, Kazakhs, Suédois, Slovaques, Polonais ou encore Norvégiens se sont illustrés sur ces mêmes courses. Mince consolation, les victoires d'étapes ou la quête des maillots distinctifs ont offert à leur porteur (Laurent

12. Milan-San Remo, Tour des Flandres, Paris-Roubaix, Liège-Bastogne-Liège, Tour de Lombardie.

Jalabert, Richard Virenque, Thomas Voeckler...) une réelle popularité. Nos coureurs sont célèbres et aimés mais restent des seconds couteaux. À croire qu'ils se contentent de ça. Signe d'un renoncement à voir plus haut ?

Ces dix dernières années, à défaut de gagner le Tour, on se contente donc de joies ponctuelles. Le malin puncheur Thomas Voeckler ravive l'enthousiasme des amateurs, notamment en 2011 lorsqu'il finit quatrième du Tour remporté par Cadel Evans. Son panache remet un peu de baume au cœur à un pays fracassé par l'affaire Festina et écœuré par les années Armstrong. Dans son sillage, des coureurs comme Pierre Rolland émergent. Thibaud Pinot, Warren Barguil, Romain Bardet sont désormais les potentiels à suivre. C'est sur eux que repose l'espoir d'un vrai renouveau. Ce dernier, deuxième du Tour en 2016, troisième l'année suivante, est évidemment une des meilleures chances actuelles. Warren Barguil a, lui, démontré une réelle classe dans les étapes de montagne. Son maillot à pois est une belle promesse pour l'avenir. Quant à Thibaud Pinot, quatrième du Tour d'Italie 2017 pour sa première participation, il semble s'être fait une raison sur le Tour sans pour autant tirer le ban sur un palmarès qui ne demande qu'à s'étoffer. Des potentiels forts et des équipes françaises qui reprennent confiance après l'onde de choc provoquée en 1998 par l'affaire Festina et son « héros » malgré lui, Richard Virenque. Un temps frileux, les sponsors sont désormais prêts à de nouveau associer leur nom à une discipline toujours plus soupçonnée que les autres et mise à mal par la succession d'affaires dévoilées ces vingt dernières années. Preuve que certains signaux sont au vert, on retrouve parmi les plus anciens sponsors du peloton des entreprises française : Cofidis (21 ans de partenariat), la Française des Jeux (21 ans) et AG2R La Mondiale (20 ans). Des sociétés qui se servent du Tour de France pour accroître leur notoriété. C'est d'ailleurs délibérément que j'axerai mon analyse sur la Grande Boucle, tant son importance vampirise le monde du cyclisme sur route d'abord, mais également sur piste ou par rapport au VTT ou au BMX. Car si la France s'est souvent illustrée par le passé dans les autres disciplines du vélo (et notamment sur piste où les pistards se classent deuxièmes au tableau des médailles françaises olympiques derrière l'escrime), le Tour demeure l'événement majeur annuel pour les amoureux (ou non) de vélo.

LE CYCLISME FRANÇAIS ET LES RAVAGES DU DOPAGE

Tour de France 1998. L'affaire Festina éclate. Dans son sillage, celui qui s'est invité dans de nombreux foyers et dans le cœur des supporters devient le symbole d'un système gangrené par le dopage. Richard Virenque est raillé, moqué, accusé de tous les maux. Tous les amateurs de cyclisme se souviennent du septuple vainqueur du maillot à pois, en larmes dans son hôtel, en compagnie de ses coéquipiers et promettant de faire éclater la vérité au grand jour. La vérité ? Elle n'éclatera véritablement qu'en 2000 lorsque le grimpeur français avouera finalement s'être dopé au terme d'un long feuilleton médiatico-judiciaire. Mais rembobinons de quelques mois. Tour de France 1997, l'équipe est déjà au sommet avec un Virenque vainqueur du maillot à pois et 2e du général, Dufaux, 9e, une 3e place au classement par équipes, et surtout quatre victoires d'étape qui auront le don d'enchanter le public autant que de faire grincer les dents dans le peloton. Et pourtant, tout le monde ferme les yeux. À commencer par l'organisation, se rappelle Pierre Carrey, journaliste à *Libération*. « *Leblanc dit dans des ouvrages sortis a posteriori qu'il n'avait pas connaissance des ravages de l'EPO. Cela ne l'avait pas empêché d'écrire une lettre à l'UCI, en 1997, dans laquelle il commençait à se plaindre parce qu'il entendait des choses...* » Un an plus tard, l'organisation ferme toujours les yeux et quand l'affaire éclate, le public prend fait et cause pour Virenque et sa bande, réfute toute idée de dopage, et vilipende des journalistes accusés de tirer sur le héros national... Tous les ingrédients sont réunis pour vivre une crise sans précédent sur la plus grande course du monde.

Mais l'affaire Festina est-elle le point de départ des liaisons dangereuses entre le cyclisme et le dopage ? Un peu trop facile ! « *Le vélo naît avec le dopage* », balance Pierre Carrey. Tout juste trentenaire, aussi réservé que sa plume est acérée, le spécialiste du cyclisme me reçoit au siège de *Libération*. En encyclopédiste sympathique à la passion maso pour la petite reine, il remonte plus de cent ans en arrière pour trouver trace des premiers « cas » (on ne parle pas encore d'« affaires ») de dopage. « *Cela doit dater de 1891. Un coureur qui s'appelait Lipton a pris de la strychnine.* » L'hypocrisie se poursuit quand Henri Desgrange, inventeur du Tour en 1903, affirme dans ses livres qu'il est contre le dopage. Que penser alors quand il précise dans ses écrits que les contrats qui lient son organisation avec les coureurs du Tour ne prévoient pas de fournir les produits dopants ?

« *Cela veut bien dire qu'il en connaît l'existence mais qu'il s'en lave les mains* », poursuit Carrey.
Quelle différence donc entre les années 1900 et 1998 ? Le cyclisme opère son virage politique, économique et culturel. Dans les années 80 et 90, le vélo devient un sport capitaliste. Jusqu'à présent, le Tour de France est une épreuve absolument folklorique. On arrive dans des villes, à la montagne ou à la mer. Les villages départ n'existent pas. Les coureurs se changent sur le capot des voitures. Carrey enchaîne : « *Les caciques des années 80 prétendent que le vélo a dégénéré dans les années 90. C'est faux ! Le vélo dégénère depuis le début. Mais il se trouve que le dopage surmédicalisé des années 90 trouve justement son origine dans celui des années 80. Cyrille Guimard, directeur sportif de l'équipe Renault, a fait suivre tous ses coureurs du point de vue médical à l'hôpital de Nantes avec le professeur Ginet. C'était la première fois qu'une équipe était suivie de cette manière. Les années 80, c'est le moment où la figure du médecin au sein des équipes va remplacer la figure du soigneur, du gourou.* »

On pense donc toucher le fond en 1998 avec l'affaire Festina. Ouf! Le berger a rattrapé les vilaines brebis égarées. Le cyclisme va pouvoir repartir sur des bases saines. D'autant que les États-Unis et le public du Tour se trouvent un nouveau héros. Un Texan champion du monde en 1993 et qui se remet à peine d'un cancer des testicules. Surnommé le « Boss » pour sa faculté à maîtriser le peloton d'une main de fer, Lance Armstrong enchaîne sept Tours entre 1999 et 2005… L'Américain est au sommet. Intouchable. Idole des politiques tels Sarkozy ou Bush. Invité sur le tapis rouge du très populaire Michel Drucker !

Et gare à ceux qui ont l'outrecuidance de se mettre au travers de la route de l'Américain. Pour eux, aucune chance d'exister dans le peloton. Aucun bon de sortie accordé dans les échappées. L'enfer. C'est ce qu'a connu Christophe Bassons. Désormais âgé de 43 ans, il a longtemps revêtu (tout seul) les habits de Don Quichotte du peloton. Six saisons passées dans les rangs professionnels et une retraite à 26 ans, usé par un statut incompatible avec l'omerta générale. Véritable bête noire de Lance Armstrong, il encaissera même un élégant « *Fuck you* » lancé par L.A. Et comme rien n'arrive par hasard, Bassons est aujourd'hui reconverti dans la lutte antidopage en France. À 50 % avec l'Agence française de lutte contre le dopage, en organisant des contrôles, et à 50 % comme conseiller interrégional antidopage avec des prérogatives de police judiciaire. Brocardé, montré du doigt, borduré, on l'imagine remonté. Et pourtant, par Skype, celui qui continue de pratiquer intensément le sport, notamment le VTT, livre sa vision de la pratique cycliste et sportive. Avec mesure. « *Il faut sanctionner s'il y a vraiment une grosse triche, une volonté réelle de tricher. Après, on a tous droit à l'erreur à un moment donné. Je suis contre le bannissement de l'athlète. Je dis souvent que la lutte contre le dopage a tué davantage que le dopage ces vingt dernières années. Quand on regarde la liste des décès, la majorité sont ceux d'athlètes contrôlés positifs. Ils ont été rejetés, sont rentrés dans la toxicomanie et ils se sont suicidés. Pantani, Jimenez, Vandenbroucke…* » Armstrong n'en est lui pas arrivé là. Tout juste nous a-t-il gratifiés d'aveux pathétiques dans le talk-show de la star américaine Oprah Winfrey en 2013. Aujourd'hui, il se bat avec la justice américaine qui l'accuse de s'être parjuré quand il avouait sous serment ne pas s'être dopé. Son autre bataille judiciaire l'oppose à ses sponsors, floués et qui demandent réparation. Il risque la ruine… Mais doit-on le plaindre? C'est une autre question… En attendant son nom ne figure plus au palmarès du Tour.

Bien loin de l'image véhiculée par Lance Armstrong, les cyclistes français ont tenté d'exister aux côtés de l'incroyable mécanique dictée par son équipe, l'US Postal. Des équipes étrangères gangrénées par le dopage et des Français tout propres ? Raisonnement trop simpliste. Pierre Carrey s'est longuement penché sur la question. « *Un médecin d'équipe française m'a un jour expliqué que, lorsqu'il est arrivé, il a demandé à ses coureurs de ne plus prendre d'EPO. Ils ont alors demandé : "D'accord, mais le reste, est-ce qu'on peut ?" Il a dit : "Pour le moment, oui". Parce qu'il ne pouvait pas les sevrer d'un coup. Ensuite, il leur a fait arrêter tout ce qui était hormones de croissance. Puis les piqûres de fer qui, à l'époque, n'étaient pas interdites mais qui peuvent amener jusqu'à l'hémochromatose*[13]*. Pour finir, il leur a demandé d'arrêter avec les corticoïdes. Mais là, il s'est heurté à une résistance parce que les corticoïdes font partie d'une classe de médicaments extrêmement répandue en France, et pas seulement parmi les cyclistes. Et, à partir de 1999, un certain nombre de coureurs français, de toute bonne foi, pensent et prétendent faire du vélo sans dopage parce qu'ils pensent que les corticoïdes ne sont pas du dopage. Un certain nombre de coureurs, français notamment, pourraient mettre leur main sur un détecteur de mensonges, ça ne sonnerait jamais lorsqu'ils prétendent ne pas recourir au dopage. Pour eux, ce n'est pas du dopage, ils emploient d'autres mots : faire le métier, faire des soins.*

13. Surcharge en fer dans l'organisme entraînant à terme des lésions sur certains organes vitaux.

Dans certains cas, ils disent bricoler. Mais bricolage, c'est gentil. Tout ce registre sémantique entre en opposition avec l'artillerie lourde : les tricheurs, les bandits. Non, ce ne sont pas des bandits, ces gens qui bricolent. Et on en est là encore aujourd'hui. »
Christophe Bassons serait presque sur la même longueur d'ondes que le journaliste de *Libé*. « *Il y a un point important à soulever, c'est ce qu'on appelle la démarche dopante. Quand j'entends un sportif dire "je veux être à 120 %", je trouve déjà ça inquiétant. Car on franchit un pas important. Et j'ai une position très tranchée par rapport à ça. Pour moi, on passe de l'autre côté. Ce n'est pas facile à tenir car tout le monde ne va pas dans le même sens. Et quand tu tiens ce genre de position et que la majorité est contre toi, c'est plus difficile. Malheureusement, on est dans un système où chacun va trouver son intérêt parce que c'est la gagne finale, la médaille olympique qui font venir l'argent dans une fédération, à un athlète, à un gouvernement. Le jour où ce qui fera venir les sponsors, ce sera le fair-play, les vraies valeurs d'éthique et d'honnêteté, tout s'inversera. Ce n'est pas utopique. J'y crois vraiment. Si on commence à médiatiser le sport différemment, on peut changer les valeurs.* »
En écoutant ses propos, je comprends mieux pourquoi Bassons a tenté (et réussi en décembre 2013) d'entrer en contact avec son ennemi d'hier. « *Les gens ont été surpris que je veuille échanger avec Armstrong. Ils ont été surpris que je ne sois pas plus méchant avec lui. Je cherchais juste à comprendre. Je n'ai pas envie qu'on le retrouve un jour pendu dans sa chambre. Quand on est costaud, on peut aussi descendre très bas. Du jour au lendemain, tu es rejeté, les gens peuvent faire des conneries.* » Dans la loi Buffet de 1999 apparaissait en très bonne place la notion de protection du sportif. Une règle pas toujours appliquée. Il n'y a qu'à étudier

le cas Laurent Roux. Roux a fait huit mois de prison. « *C'est sûr qu'il a fait une connerie, il le reconnaît. Mais, à un moment donné, personne ne l'a aidé, personne n'a pris ce risque,* regrette Bassons. *Je suis sûr que c'est une personne qui pourrait peut-être apporter beaucoup au cyclisme aujourd'hui. Il a une expérience, une analyse de ce qu'il a fait. Mais aujourd'hui, il ne fait pas bon rôder avec Laurent Roux. Je trouve ça triste parce que ce sont des expériences de vie qui, parfois, peuvent être difficiles, mais qui peuvent permettre d'avoir une réflexion hyper intéressante pour les générations actuelles et pour faire évoluer le milieu du cyclisme. À côté de ça, on reste dans un milieu organisé avec des personnes qui ont vécu dans l'hypocrisie et le mensonge toute leur vie, et qui se sont fait passer pour des saints. Alors que finalement, ils n'ont pas été meilleurs. Mais aujourd'hui, ces gens ont des postes de directeurs sportifs. Et ce sont eux qui mènent le cyclisme dans une totale hypocrisie, sans jamais avoir à assumer leur passé. Pire encore, ce sont des consultants télé que l'on voit, qui n'ont jamais assumé leur passé et qui sont payés souvent par des chaînes publiques.* » Le tir est direct. Et semble laisser peu de chances aux actuels dirigeants du cyclisme français et international.

Voilà comment les Français se retrouvent dans le viseur de nos grands témoins. Jamais le dernier pour allumer la première mèche, Pierre Carrey ne se cache pas. « *Le génie marketing du cyclisme français en 1999, avec des personnes telles que Roger Legeay (directeur sportif de Gan et Crédit Agricole), un excellent communicant, c'est de faire croire que la France va être meilleure que les autres dans le combat. C'est vrai parce que c'est le moment où on va mettre en place le suivi longitudinal, l'ancêtre du passeport biologique. Le suivi longitudinal ne va assurément pas dissuader le coureur de se doper, il va le dissuader de se doper beaucoup et toute l'année. À partir de là, le dopage va diminuer en France en intensité et en nature. La France a effectivement été l'une des premières nations de vélo à faire un effort. C'est mensonger de dire que le cyclisme tricolore a pratiqué un vélo propre, mais ça serait injuste de ne pas concéder qu'il a effectivement fait des efforts.* »

Marc Madiot, actuel président de la Ligue nationale de cyclisme et directeur sportif de la Française des Jeux, botte lui en touche. Même s'il reconnaît les effets du passeport biologique, ce document électronique recensant tous les contrôles antidopage subis par les coureurs. Mis en place en 2008 dans le cyclisme, avant d'être généralisé à d'autres sports, il permet notamment, grâce à des marqueurs, de signaler toutes variations anormales et toute violation de la règlementation antidopage. « *Aujourd'hui, cela fonctionne quand même beaucoup mieux avec le passeport biologique et la géolocalisation. On est quand même le seul sport où des coureurs sont contrôlés 24 heures sur 24, 365 jours par an. Les autres, le foot ou le rugby, n'ont pas ça. C'est un facteur de sécurité et un label de garantie.* »

Et les chiffres lui donnent raison. Dans le dernier rapport d'activité 2016 de l'Agence française de lutte contre le dopage, il apparaît que le cyclisme (935 contrôles) est le deuxième sport le plus contrôlé après l'athlétisme (1524 prélèvements). Le rugby (à sept, à treize et à quinze) a été contrôlé à 879 reprises. Le football « seulement » 558 fois. En se penchant de plus près, on remarque que 205 de ces 935 contrôles sont des analyses sanguines contre 171 pour les athlètes. À eux seuls, les contrôles sanguins du cyclisme représentent près de 30 % des contrôles de sang opérés par l'agence. Et les retours anormaux d'analyses se situent aux alentours des 2 %. Moins que le rugby et la majorité des sports de combat.

Tentons notre chance avec un autre grand nom du vélo français, Jean-René Bernaudeau, le manitou du cyclisme vendéen, patron de l'équipe Direct Énergie. Rendez-vous est pris avec lui au Chalet des Îles, dans le bois de Boulogne, où il doit préparer la fête de fin de carrière de Thomas Voeckler. L'air est frais en cette fin d'après-midi d'avril 2017. Comme je suis en avance, je vois arriver le meilleur jeune du Tour 1979 accompagné de sa collaboratrice, Corine, qui va régler les détails de la future réception. « JR » rembobine : « *Ma politique a toujours été la suivante : si on gagne, on fait la fête, si on ne gagne pas, ce n'est pas une défaite. Vous allez porter le maillot, vous n'allez pas tricher. On n'a jamais été dans les arrangements, pas une fois. Et puis le scandale Festina est arrivé. À l'époque, j'allais laisser tomber le cyclisme. Pour moi, c'était soit un scandale soit un mort. Ç'a été un scandale. Il fallait que quelque chose bouge. Un sponsor a finalement tapé à notre porte. C'était la société Bonjour qui voulait de la notoriété spontanée. Et pour ça, le vélo était numéro un. L'équipe professionnelle est née à ce moment-là et depuis, on n'a pas changé une virgule. Je sais qui est chez moi. Si le coureur arrive de Vendée U*[14]*, je sais que l'éducation qu'on lui a donnée me permet de dire : "On ne trichera pas". Mon système n'est pas infaillible. Mais je te jure que si demain il y a un problème chez nous, il faut l'écrire, si demain un coureur devait faire une bêtise, je peux affirmer qu'il ne pourra pas rentrer dans sa chambre et je n'aurai rien à faire. Le groupe l'exclura violemment. Je pense que je n'aurai rien à lui dire et que ce sera fait avant. J'en suis persuadé parce que ce sont*

14. L'antichambre de la cellule professionnelle.

comme mes enfants. J'en ai beaucoup dans l'encadrement qui ont été coureurs pros ou amateurs, qui se sont fait voler des victoires. Et je sais aussi qu'il y a des équipes où certains ont embrassé leurs coureurs qui avaient eu de gros problèmes. Et ça n'est pas normal.» Le discours a de quoi être rassurant. Mais il n'empêchera pas les « cas isolés » de venir mettre en péril l'avenir des structures montées par les managers français. Lloyd Mondory et Sylvain Georges n'ont-ils pas été récemment pris dans les mailles du filet, obligeant Vincent Lavenu, au bord des larmes, à auto-suspendre son équipe AG2R-La Mondiale sur le Dauphiné en 2013 ? Preuve que la vigilance n'empêche pas les écarts de conduite. Y compris du côté des managers, dont le parcours peut parfois laisser perplexe ? « *Aujourd'hui, il y a quand même une bande de sexagénaires qui tiennent le cyclisme, qui tiennent beaucoup d'équipes, à l'image de Vincent Lavenu, Marc Madiot, Patrick Lefevere. Sans parler du cas de l'Italie. Il faut attendre que certains managers partent pour qu'il y ait un changement de mentalité. Ils sont tellement ancrés dans leur mentalité de la tricherie. Ils ont tellement vécu, ils ont tellement couvert* », prévient ainsi Antoine Vayer.

Ancien entraîneur chez Festina, spécialiste du dopage, auteur et chroniqueur, Vayer fait la part des choses. Impliqué dans le milieu du cyclisme depuis trente ans, il est en contact régulier avec certains coureurs actuels. Forcément, il a observé des choses. Très critique envers le monde du vélo, il livre ici une confession qui me ferait penser que les choses vont dans le bon sens. Et quand le discours est délivré par celui qui s'est toujours placé en première ligne de la lutte antidopage, le message paraît d'autant plus crédible. « *Il y a quand même du changement.*

Les performances ont baissé. On n'assistera plus à des envolées comme avant. Le vélo va pouvoir retrouver une certaine crédibilité. Une certaine, car ce n'est pas contrôlé partout. Le cyclisme n'a pas fait sa révolution – parce que c'est une révolution longue et qu'il faut changer les mentalités – mais c'est évident qu'il est sur la bonne voie. J'ai connu le pire. L'hypocrisie totale. Avant, pour être dans le milieu, il fallait vraiment être un menteur professionnel. C'était la qualité première. Maintenant, il y a des mecs sains. Des mecs qui ne veulent plus se doper. C'est ça la grande nouvelle ! Il y a des mecs à qui on dit : "Tiens, tu as fini huitième du Tour l'année dernière, on va te donner ça et tu vas gagner". Ils disent non. Avant, un bon coureur cycliste, c'était une bonne tête brûlée. Un peu à la Virenque. Mais maintenant, ce ne sont plus trop les qualités qui sont mises en avant pour réussir. Et ce n'est pas plus mal. Aujourd'hui, on a un bon nombre de coureurs, en France et à l'étranger, qui sont intellectuellement aboutis, qui ont fait des études et qui font du vélo. Et qui dépassent de loin leur encadrement au niveau de leur capacité intellectuelle. Ils parlent plusieurs langues, ont des pôles d'intérêts assez vastes. C'est le cas d'un coureur comme Guillaume Martin. Et il n'y a pas que lui.»
Habituellement tout aussi critique, Pierre Carrey sent une véritable progression attribuée à la fois au séisme des années passées, mais aussi à l'évolution des profils des coureurs. « *Sur la posologie, ça s'est calmé. Il y a moins de coureurs qui prennent des produits. Les produits sont moins lourds et sont consommés moins souvent. Mais c'est une petite rivière souterraine dont les réminiscences peuvent rejaillir. Le point important aujourd'hui, c'est que l'on peut être assez serein parce qu'il y a des coureurs qui, eux, refusent le dopage. Après, la question, c'est : "Comment on sait s'ils n'en prennent pas ?" Eh bien là, c'est de l'ordre de la foi religieuse. On me pose souvent la question :*

"Tu crois en Romain Bardet ?" Et ce n'est pas évident pour un journaliste. C'est une question gênante, parce que la question ce n'est pas ce que tu crois, c'est : "Est-ce que tu sais s'il se dope ou non ?" Et quand on répond : "Oui, j'y crois !", on admet l'idée que c'est un champ irrationnel et on admet l'idée qu'on est comme un croyant dans une cathédrale. Il y a finalement deux écoles, celle de la présomption d'innocence et celle de la suspicion légitime.» Aujourd'hui, la plupart des cyclistes qui ont connu l'affaire Festina dans leur adolescence se sont remis en question. Ils ont changé leur pratique et leur comportement. Une évolution également liée à la sociologie des coureurs cyclistes. Les coureurs cyclistes ne sont plus vraiment des fils d'ouvriers ou des fils de paysans. De plus en plus, quand on discute avec eux, on se rend compte que ce sont soit des fils de coureurs, soit des gars qui se sont mis au vélo sans que les parents aient pratiqué. Carrey embraye : « *C'est la fameuse génération Y, classe moyenne, voire CSP+. La conjonction des deux donne des coureurs malins, vifs, cultivés, et qui veulent savoir évidemment ce qu'ils font et les médicaments qu'on leur donne. Ce sont des questions qu'on ne posait pas du tout avant. Bardet est complètement là-dedans, Pinot aussi. Je les connais depuis qu'ils ont 18 ans, on est très proches. Et je vois l'évolution des cheminements, des comportements. Nous avons des discussions jusqu'à pas d'heure, parfois dans un cadre privé. Ils peuvent être désabusés et découragés même, parce qu'ils sont battus ou ont été battus par des coureurs avec des casiers judiciaires sportifs.»*

UNE CONCURRENCE ACCRUE ET DISTORDUE

Les chiffres sont parfois plus parlants que les mots. Alors faisons un peu de mathématiques. Lors du Tour de France

2017, 22 équipes de 9 coureurs ont été alignées au départ pour un total de 198 dossards. Parmi eux figuraient 39 Français. En 1985, lors de la dernière victoire d'un Tricolore dans le Tour, celle de Bernard Hinault donc, 18 formations de 10 coureurs étaient au rendez-vous pour un total de 180 concurrents. Les Français représentaient alors un contingent de 45 unités. En 32 ans, le peloton s'est donc étoffé mais les Français ont été étouffés, passant de 25 % à un peu moins de 20 %. Regardons de plus près la liste de départ de l'édition 2017 du Tour : trois équipes américaines, une australienne, une kazakhe, une britannique, une des Émirats arabes unis, une sud-africaine et une bahreïnie. La mondialisation du sport est donc passée par là. Jean-René Bernaudeau se remémore l'époque où il était coureur et la différence avec le cyclisme actuel : « *Quand on me parle d'un Français vainqueur du Tour, je repense à mon époque. Le mur de Berlin n'était pas tombé. Il y avait un Australien avec Phil Anderson et un Américain, Jonathan Boyer. C'est tout. Les Espagnols aimaient la Vuelta, les Italiens le Giro. Aujourd'hui, le Tour est le baromètre. Il est devenu gigantesque : la télévision, les médias, tout a évolué. Ça représente 6000 personnes ambulantes. Quand je faisais le Tour de France comme coureur et que j'ai été maillot jaune, on couchait au lycée de Luchon. Je ne regrette rien et je ne dis pas que ce n'était pas bien. Mais il y a une évolution. Quand je fais troisième aux championnats du monde 1979, les mecs de l'équipe de France m'avaient oublié et je suis rentré à vélo à l'hôtel.* » Plus de coureurs étrangers et surtout plus d'intérêt pour le Tour de France. Car si les Espagnols restent tournés vers la Vuelta (cinq victoires sur les dix dernières années) et les Italiens vers le Giro (quatre victoires sur la même période), tous savent que la notoriété mondiale se gagne sur la Grande Boucle. Et là où les Français étaient les seuls à s'illustrer il y a une trentaine d'années, ils ont vu débarquer une nouvelle concurrence aussi féroce qu'inattendue. Et au contraire, si l'on excepte Thibaud Pinot sur le Tour d'Italie en 2017, peu de nos compatriotes se sont mis à chasser des victoires sur des classements généraux en terres étrangères…

Les très grosses épreuves attisent donc tous les appétits, voraces évidemment. Participer au Tour de France est un must et peut représenter une très grosse opportunité pour une équipe cycliste. « *Le Tour est vital. Il m'a permis d'exister,* se souvient Jean-René Bernaudeau. *Il a permis à Thomas Voeckler d'exister et par conséquent de faire vivre un projet global. Moi qui ai sous ma responsabilité une centaine de personnes, avec l'équipe amateur, le sport études et le reste, s'il n'y pas un moteur devant pour tirer…* »

Cela ne fonctionne pas, tout simplement. Toutes les équipes se battent pour en être. Et dans ce concert international, une des réalités patentes est que les Français ont du mal à tenir le choc dans la course à l'armement financier. « *Au niveau social, c'est le même problème que les entreprises. Avec les charges, cela nous coûte 30 à 40 % plus cher qu'à l'étranger* », détaille Marc Madiot, le patron de la Française des Jeux qui se bat depuis des années, dans son style de défenseur de la nation, pour rendre aux pays historiques du cyclisme (France, Italie, Belgique…) leurs lettres de noblesse. « *On ressent cette différence quand il s'agit d'avoir les meilleurs coureurs du monde dans nos équipes. On arrive encore à maintenir les bons coureurs en France mais pour combien de temps ? C'est la vraie question. On le sent bien au moment de faire les budgets. On a des bons coureurs mais on n'a pas que des bons coureurs.* » Question budget, par rapport à une équipe qui peut jouer la gagne sur le Tour, la Française des Jeux serait ainsi à 50 % au-dessous, avec des charges supérieures. « *Je pense que, pour la sécurité du coureur, la couverture sociale, l'assistance, c'est sûrement mieux,* reconnaît Marc Madiot. *Mais, en même temps, en termes de compétitivité, on est en infériorité, c'est clair. On est presque à 13 ou 14 millions d'euros, soit un budget de 30 millions chargés. Les autres grosses équipes sont à plus de 20 millions d'euros*[15]*. Et avec les charges en moins. Par exemple, pour un coureur belge ou résidant en Belgique, les charges sont plafonnées quel que soit le niveau du contrat du coureur. Tout ça joue. Je ne dis pas que c'est le modèle idéal mais ça influe sur la compétitivité de nos équipes.* » Un avis partagé par Jean-René Bernaudeau : « *Tu as des types qui embauchent mes coureurs pour le double de salaire…* » Dans ces cas-là, il est très difficile de lutter dans un système, pour le cas de Bernaudeau, familial avec une forte valeur sociale et formatrice. « *Il faudrait au moins que l'on puisse mettre en place des indemnités de formation, par exemple. Même si c'est symbolique au début. Moi j'ai proposé, il y a dix ans, la somme globale de 5000 € : 4000 € pour le dernier club et 1000 € pour le premier. Il faut que cette reconnaissance existe.* »

LE CYCLISME, UN MILIEU PRÉCAIRE ET ÉCONOMIQUEMENT VIOLENT

Lors de l'édition 2017 du Tour de France, le Français Sylvain Chavanel s'est offert sa dix-septième participation à la Grande Boucle. Un record. Sport où la maturité n'est pas un handicap, le cyclisme souffre tout de même

---

15. L'équipe britannique Sky a même dévoilé un budget de 35 millions en 2016.

d'une instabilité certaine qui ne permet pas toujours cette longévité. Surtout chez les sans-grades. Et cela joue forcément sur les performances. « *C'est un milieu hyper-précaire,* souffle Antoine Vayer. *Aussi bien au niveau des équipes qu'au niveau des coureurs. Si on regarde dans le détail, toutes les équipes peuvent disparaître dans deux ou trois ans. Alors évidemment, il y a des sponsors qui restent longtemps comme AG2R. Mais rien ne dit que tout va durer. Et pour les coureurs, c'est exactement pareil. Les gars ont des contrats d'un ou deux ans, un peu plus pour les meilleurs.* » Et les salaires sont hétérogènes. Pierre Carrey : « *Je connais un cycliste qui est dans la même équipe française depuis six ou sept ans et touche 3000 € par mois. Ce qui doit être un tout petit peu plus que le minimum syndical à ce niveau-là. Un équipier solide qui est plutôt bien payé va toucher 8 à 10 000 €. Le salaire des très grands coureurs a augmenté depuis quelques années. Mais comme le budget de l'équipe n'a pas progressé dans les mêmes proportions, une partie des salaires moyens et petits a été amputée. C'est un des plus gros non-dits du fonctionnement actuel du vélo. Beaucoup de salaires ont été baissés pour permettre de payer cher un certain nombre de sportifs.* » Les sommes peuvent s'envoler pour les leaders et les superstars. Plus de 5 millions d'euros par an pour Christopher Froome, Alberto Contador, jeune retraité, ou encore Peter Sagan, et 4 millions d'euros par an pour un Vincenzo Nibali qui roule pour la formation bahreïnie Merida. Chez Cofidis, en partant du postulat que 80 % des courses se terminaient au sprint, on a fait le pari en 2015 d'engager l'un des meilleurs spécialistes français. Nacer Bouhanni émarge à 1,3 millions par an. À son palmarès figurent notamment le titre de champion de France 2012 et trois victoires sur le Tour d'Italie 2014 alors qu'il roulait

pour la FDJ. Cofidis attend encore de récupérer les fruits de son (lourd) investissement.
« *Pour celui qui est à 3000 € par mois depuis un moment, c'est une humiliation,* continue Pierre Carrey. *On est dans un hyper-capitalisme. Ce qui fait tenir, c'est un peu de plaisir, parce que la passion s'émousse dans ces conditions. Et c'est aussi la peur, pas toujours fondée, de ne pouvoir rien faire d'autre. Car beaucoup de coureurs sont dans le vélo depuis l'adolescence. Certains ont parfois été déscolarisés (même si le nombre de scolarisés a beaucoup progressé). Alors les gars s'accrochent.* » Chez Direct Énergie, Jean-René Bernaudeau prône un développement sur le long terme. « *On offre un programme aux coureurs. D'abord via le sport-études qui reçoit des centaines de candidatures tous les ans. Le type qui va être champion du monde junior chez nous va avoir le même traitement que celui qui est champion de Vendée car on offre autre chose. Notamment dans le développement. Ce sont des gamins brillants, avec des BTS ou de hautes études. Et à côté, je leur demande de se construire avec des proches, des gens qui vont les aider à voir sur le long terme comme un avocat, un comptable. Je ne veux pas que ce soit les jeux du cirque : on aime, on applaudit et on tue. Non, quand les coureurs arrêtent, je veux qu'ils aient une situation. Je veux pouvoir boire une bonne bouteille de vin chez eux quand tout est fini et reparler des meilleurs moments de leur carrière. Et puis globalement je préfère donner 800 € de plus à un coureur qui a une famille plutôt que 10 % à un agent. On n'est pas à la foire aux bestiaux. C'est une question de logique intellectuelle.* » Entrer dans l'écurie Bernaudeau fait en effet rêver un grand nombre de coureurs. La formation des cyclistes reste fragile et intégrer la structure de « JR » est aujourd'hui un premier pas vers le professionnalisme, tant Bernaudeau a montré son expérience en la matière.

La situation des organisateurs de courses n'est guère plus enviable. La plupart des courses cyclistes de poids en France (Tour de France, Paris-Roubaix, Dauphiné, Paris-Nice, etc.) sont organisées par un opérateur privé, Amaury Sport Organisation. ASO rafle le gros du pactole financier : diffusé dans 190 pays, le Tour s'est installé comme un mastodonte du petit écran capable de rassembler chaque année 3,5 milliards de téléspectateurs. Loin, très loin du quotidien des autres courses, gérées par des bénévoles dans des associations pas toujours adossées à des clubs et aujourd'hui souvent confrontées à des difficultés financières. « *C'est de plus en plus difficile d'organiser des compétitions,* déplore Marc Madiot, patron de la Française des Jeux et qui endosse là le costume de président de la Ligue nationale de cyclisme (LNC). *Pour avoir des coureurs et des équipes, il faut aussi qu'il y ait des courses. Et les courses, pour bon nombre, elles sont en danger, il faut être clair. Une grande majorité des courses du calendrier professionnel est organisée par des associations bénévoles. Tout peut être remis en cause et s'arrêter à tout moment. Un organisateur a de nombreuses contraintes et responsabilités : normes de sécurité, frais de police… Et comme la formation passe par la qualité et le nombre de nos organisations, si la pyramide s'effondre au niveau des organisations, on n'aura plus d'équipes et plus de coureurs.* » Faut-il pour autant reprocher à ASO sa mainmise ? Madiot, encore : « *ASO organise des courses mais pas la majorité des courses en France. Mais c'est le seul opérateur privé.* » Pour moins de langue de bois, je me tourne vers Jean-René Bernaudeau, qui botte en touche plus finement : « *ASO est une entreprise commerciale bien gérée*[16]*. Et nous sommes*

16. On parle d'un chiffre d'affaires du Tour avoisinant les 100 millions d'euros.

des acteurs de la pièce qui est jouée. Mais les acteurs ont besoin de vivre aussi et aujourd'hui, il y a moyen de faire des choses assez sympas qui ne coûtent pas cher. Je pense qu'ASO sera à l'écoute de toutes les propositions qu'on leur amènera, mais il faut avoir un interlocuteur qui soit du côté des acteurs. Ils sont les propriétaires d'une pièce de théâtre, la plus belle. Et il y a moyen de faire des belles choses. » Pour plus de franchise, il faut décidément se tourner vers Pierre Carrey. Le journaliste de *Libé* y va plus directement : « *Le modèle économique repose aujourd'hui sur une prédation du groupe ASO sur l'ensemble du cyclisme et en particulier sur les fonds publics alloués aux organisations d'événements sportifs. ASO a repris les grandes courses qui marchent et laisse tomber celles qui fonctionnent moins bien. Notamment le Tour de l'Avenir qu'ils ont donné en délégation à une association parce que ce n'est pas rentable. Ils ont même fermé le Critérium International qui avait lieu en Corse parce que la Corse a arrêté de financer. En revanche, ces derniers mois, ils se sont déployés en Allemagne, en Asie et en Amérique du Sud. Ils ont aussi le Critérium de Shanghai. Aujourd'hui, ASO demande énormément d'argent à l'État ou aux collectivités. D'abord par les cotisations des villes-étapes. Ensuite par la redevance de la télévision pour la couverture du Tour. Et ASO refuse de publier ces chiffres et de partager l'argent. Bon, ils partagent un peu quand même car ils ont bien conscience de siphonner les caisses de l'État. Quand on parle en off avec certains responsables, ils en ont conscience. Et ils ont très peur. Ils se rendent compte que, sans épreuves amateurs ou épreuves professionnelles d'un plus petit niveau, sans équipes (qui ont aussi besoin de cet argent public), il ne sera plus possible de renouveler le peloton. Ils voient bien que leur système est un système à court terme. Alors ils redistribuent un peu au monde amateur via la fédération française.* » Au niveau international, la grogne existe aussi. Les équipes réclament une meilleure répartition des richesses, ce qui donna lieu à de sérieuses tensions entre ASO et l'Union cycliste internationale (UCI). « *Ça montre l'extrême faiblesse de l'organisation politique du vélo, ainsi que la totale non-représentativité des cyclistes au sein des différentes instances. Ils ne font jamais entendre leur voix. Ils ont un syndicat en papier crépon, que ce soit en France ou à l'international. Idem pour la sécurité, lorsqu'il y a un accident : ils n'y arrivent pas. Ils ne se font pas entendre* », conclut Marc Madiot.

UNE AUDACE À CONFIRMER

Animateurs du Tour 2017 pour le général mais aussi les étapes et les maillots, les Français Romain Bardet, Warren Barguil, Lilian Calmejane, Arnaud Démare et autres ont démontré une attitude plus qu'enthousiasmante pour l'amateur de vélo. La victoire d'Arnaud Démare sur Milan-San Remo en 2016 et les quelques bons coups des Tricolores par-ci par-là donnent tout de même une impression de réel renouveau. « *Le cyclisme français est en phase ascendante, il va plutôt bien mais il reste dans une situation fragile,* estime Marc Madiot. *Il est dans une phase de développement parce qu'il y a des bons coureurs, des équipes qui tiennent la route. Mais tout est rendu précaire parce qu'une équipe peut s'arrêter rapidement même si ce n'est pas le cas en ce moment. On a beaucoup de jeunes coureurs ou en pleine force de l'âge qui arrivent sur le plus haut niveau.* » Certains brillent d'ailleurs sous la coupe de Madiot, même si le Graal n'a pas encore été atteint. Se contente-t-on parfois de seulement montrer le maillot ?

« À la Française des Jeux, on a une relation de confiance avec le sponsor. L'actionnaire, ce n'est pas moi. Donc à partir de là, tout est simplifié. J'ai un sponsor bien structuré. Je suis dans ses locaux et je bénéficie de tous les services. Le partenaire n'a pas d'exigence particulière par rapport aux résultats. Ce qu'il veut, c'est que ce soit clean et carré. C'est l'image. Après, il y a les bonnes années et les moins bonnes années. C'est important, vital, de faire bonne figure, de montrer le maillot mais le résultat final compte aussi. Si on ne gagnait aucune course, le sponsor se poserait des questions. Moi, je rêve de gagner de grandes courses. Je ne sais pas si on y parviendra, mais on essaye. Après, il y a aussi une question de génétique. Vous pouvez faire ce que vous voulez, si vous n'avez pas le talent pour, vous ne gagnez pas ! C'est un peu comme au foot, vous allez au Real Madrid ou au Portugal, il y a Ronaldo. Il n'y a pas de Ronaldo en France. Et en vélo, c'est pareil. »

Amateur de panache, Jean-René Bernaudeau se réjouit de voir Romain Bardet, pourtant membre d'une équipe concurrente de la sienne, incarner ce renouveau tant attendu. Une image, celle du Tour 2016, illustre son propos : *« Quand Bardet a "désobéi" et est parti avec son copain Cherel, ça a été un grand bonheur. Il est allé chercher l'étape et le podium. Et pour moi, ç'a été le meilleur moment de cette édition alors que ça n'est pas mon équipe. Moi j'imagine les gens devant la télé qui se font chier avec les scenarii à la con, l'oreillette à la con, etc. Il faut que Bardet fasse rêver. »*

HINAULT PAS TENDRE AVEC LES COUREURS FRANÇAIS

La question brûle toutes les langues des amoureux du cyclisme : le successeur de Bernard Hinault est-il né ?

« *Après Festina, il y a eu un trou,* analyse Pierre Carrey. *On nous a vendu n'importe quoi. On nous a vendu Jérôme Coppel et Rémy Di Grégorio. Ça a été comme ça pendant un moment. Et puis de bons coureurs sont arrivés. Pinot, c'est un bon coureur, 3e du Tour 2014, bien dans le Tour de Lombardie, capable d'aller attaquer les meilleurs dans des courses à étapes. On ne voyait pas ça avant. Pinot, il ne se dérobe pas. Bardet, pareil. Il a fait 2e du Tour en 2016 et 3e en 2017 en attaquant Froome. C'est la première fois depuis longtemps qu'un Français, au jarret, est capable de gêner un maillot jaune. Juste avant eux, il y a eu Jean-Christophe Péraud (2e en 2014), même s'il était un peu plus âgé (37 ans). Et d'autres coureurs arrivent. Je pense notamment à David Gaudu (Française des Jeux). On sent que quelque chose est en train de se produire. Il y a de nouveau un espoir. Et puis ils ont des belles personnalités. Ce sont des gens attachants. Avant, ils avaient peut-être des belles personnalités mais ils ne savaient pas le transmettre parce qu'ils étaient complètement handicapés de la parole.* » À cela s'ajoute une réelle volonté de se démarquer du « c'était mieux avant ». Les jeunes coureurs supportent de moins en moins Bernard Hinault, parce que son disque est rayé. Depuis des années, il martèle que les jeunes Français ne s'entraînent pas. Le regretté Laurent Fignon tenait d'ailleurs le même discours. « *On sait que Bernard Hinault, du temps de sa carrière, ne s'entraînait pas,* dévoile Pierre Carrey. *Il aime bien dire aussi que les coureurs n'attaquent pas. Mais les Français passent leur temps à attaquer aujourd'hui. Son discours tombe complètement à plat. Ils n'ont pas de respect pour lui. Au contraire, ça les met en colère.* » Et si Bernard Hinault était finalement heureux d'être le dernier et d'avoir fermé la porte derrière lui ? « *Il adoucit le discours quand il y a un micro. Mais il est odieux quand il parle en petit comité. Il dit que ce sont tous des nases. C'est complètement insultant pour les coureurs d'aujourd'hui*», déplore le spécialiste vélo de *Libération*. Antoine Vayer abonde dans le même sens : « *Les Français sont de très bons cyclistes et l'impact du dopage a pesé dans les résultats. Dans les années 90, les Français se sont mis à jour avec un temps de retard. Et puis ils ont été attrapés. Il y a eu un grand traumatisme. Après, il y a toujours des gens qui se dopent, à la marge, car cela peut payer. Mais l'entraînement, ça paye aussi. Les équipes s'interrogent et travaillent aussi sur tout ce qui n'est pas dopant : les effets de l'altitude, l'optimisation du matériel, de la psychologie, de la nutrition. Ce sont beaucoup de choses qui n'étaient pas explorées avant mais qui font que le niveau de performance, pour des gars qui s'entraînent bien, qui sont bien suivis, et qui sont bons au départ, augmente. Et pendant ce temps, ceux qui se dopaient à mort ne peuvent plus le faire et leurs performances descendent. À partir de là, on a un resserrement des performances, et tout redevient possible pour des mecs qui ne se dopent pas.*»

Comment évoquer Bernard Hinault, le Tour de France et la France du cyclisme sans passer un coup de téléphone à Cyrille Guimard ? Guimard, en tant que directeur sportif, c'est sept victoires sur le Tour, deux sur la Vuelta et quatre sur le Giro. Entre autres. Car Guimard, c'est aussi Bernard Hinault, Laurent Fignon, Lucien Van Impe, Greg LeMond... À 70 ans, il a même été appelé à la rescousse pour prendre en main l'équipe de France lors des derniers Mondiaux. À peine de retour de Bergen (Norvège) et avec ce ton qui lui est propre, le « Druide » embraye immédiatement quand on lui demande pourquoi aucun Français n'est parvenu à succéder à Hinault. Implacable. « *Parce qu'aucun n'a eu le talent ni le potentiel de le faire. Neymar, c'est 220 millions ! Et avec ces sommes en jeu, les gamins veulent aller au foot. Celui qui avait les moyens de gagner le Tour est peut-être parti sur un autre sport. Qu'est-ce qu'on fait alors ? On exerce une dictature et on fait passer un test de potentiel à tous les mômes pour savoir vers quel sport les diriger, ou on les laisse aller vers le sport qui les attire ?»* Volontairement provocateur, je lui demande alors s'il y a moins d'enfants qui se dirigent vers le cyclisme. *« Il n'y en a pas moins qu'à l'époque de Bernard Hinault. Au Luxembourg, ils sont 300 000 et ils sortent deux vainqueurs potentiels au même moment avec les frères Schleck. On a des gamins avec le potentiel ou on ne l'a pas. Et puis il y a quarante ans, on est tombé sur une génération exceptionnelle entre 1975 et 1985, on gagne 9 Tours avec Thévenet, Fignon et Hinault.»* Les Français seraient-ils réduits à faire de la figuration dans les Grands Tours ? Ou du moins à se battre pour les podiums ? *« On a des coureurs qui sont sur le podium depuis trois ou quatre ans,* synthétise Guimard. *Pinot, Bardet, Péraud… Ils sont là pour jouer le top 5. Un jour, ça va bien finir par rigoler. Il va se passer quelque chose. Et puis il y a du "matos" avec les espoirs. On peut citer Valentin Madouas, Benjamin Thomas, Thomas Cosnefroy, tout récent champion du monde espoirs… Mais nos programmes ne sont pas au niveau des étrangers, et notamment celui de la Sky. Tu donnes le même budget à Pineau ou Madiot, il te fait la Sky ! La formation AG2R-La Mondiale de Lavenu, c'est la moitié du budget de Sky alors qu'il possède l'un des meilleurs coureurs français avec Romain Bardet. C'est la course à l'armement.»*

En termes d'armement, ce sont souvent les plus forts qui gagnent. Ou les plus ingénieux. Après la période noire durant laquelle les « potions magiques » ont envahi les gourdes des cyclistes, le dopage mécanique a fait son apparition dans les pelotons. Première à tomber, la Belge Femke Van den Driessche lors des Mondiaux de cyclo-cross en janvier 2016. En octobre, c'est lors d'une compétition amateur dans le Périgord que le premier cas français est détecté. Le coupable avouera sur-le-champ. Dans les rangs des professionnels masculins, aucun cas n'a pour le moment été détecté. Mais les vidéos qui tournent sur internet, ou encore les suspicions qui ont longtemps accompagné le Suisse Fabian Cancellara, laissent penser que cette nouvelle forme de triche n'est pas l'exclusivité du cyclo-cross ou du monde amateur.

Soyons ingénieux autrement. Et armons-nous… de patience. Structurons nos équipes, renforçons notre formation, protégeons nos courses amateurs, et notre Tour reviendra. Le cyclisme français semble avoir les atouts pour « rigoler » de nouveau.

BASKET-BALL
MERCI CÉLINE, MERCI TONY

«*Au revoir et merci, monsieur Parker*», titrait *Le Parisien* le 18 août 2016. Quelques mois plus tard, le même quotidien dressait, avec «*L'éternelle capitaine des Braqueuses*», le parcours de la charismatique basketteuse Céline Dumerc, sur le point de quitter les parquets internationaux. Les hommages auront été unanimes mais les deux sorties diamétralement opposées pour Tony Parker (181 sélections) et Céline Dumerc (262 sélections), après respectivement seize et quatorze années sous le maillot national. Le premier met un terme à sa carrière avec les Bleus aux J.O. de Rio sur une triste sixième place. La seconde part sur une médaille d'argent à l'Euro 2017, après une finale perdue face à l'Espagne. Mais ces adieux sont les symboles d'un basket français qui clôt un chapitre important de son histoire. Les deux meneurs de jeu ont en effet tiré très haut la discipline au niveau international et fait passer, chacun à leur manière, le basket français dans une autre dimension. Pas tout à fait dans les mêmes proportions, certes. Mais difficile de ne pas faire de parallèle entre les deux capitaines au charisme et à la détermination essentiels à une discipline qui, en France, vibre essentiellement ces dernières années par ses équipes nationales.

Depuis 1999, les faits d'armes des Bleu(e)s ont en effet été légion (14 médailles internationales). Au sommet, l'année

2013 couronnée d'un titre de champion d'Europe pour Parker & co et d'une médaille d'argent pour la bande de Dumerc. Dans les très beaux coups du basket féminin français figurent également les titres de championnes d'Europe en 2001 et 2009, trois autres médailles d'argent (1999, 2013 et 2015) dans cette même compétition, mais aussi celle acquise aux J.O. de Londres en 2012, au terme d'une campagne folle (seulement battues en finale par les États-Unis). Chez les hommes, l'argent de 2011 à l'Euro, celui de 2000 aux J.O. de Sydney et le bronze de 2014 au Mondial font aussi partie des très grands moments. « *Ce sont les plus belles années des Bleus* », selon Claude Bergeaud, l'ancien sélectionneur national (2003-2007). Et pourtant, sur la même période, les succès des clubs français lors des joutes continentales n'ont, eux, pas suivi. Pour trouver trace d'un club masculin vainqueur de la plus relevée des compétitions européennes, il faut remonter à Limoges en… 1993. Chez les femmes, l'attente est moins longue puisque le dernier titre d'une équipe tricolore est l'œuvre de Valenciennes en 2004.

Pourtant, comme le rappelle subtilement Jean-Pierre Siutat, le président de la fédération, « *la France occupe actuellement la quatrième place au ranking international entre les garçons, les filles et les jeunes. Et en termes de puissance actuelle, la fédération française peut se targuer d'être top 3 ou 4. Avec les États-Unis devant puis nous, l'Espagne et la Turquie peut-être.* » Forte de 661 025 licenciés (chiffres 2016-2017), la FFBB peut s'appuyer sur environ 4 740 clubs à travers le territoire mais affiche des bilans historiques cumulés moins flamboyants. Aux États-Unis, avec un système de référencement certes différent en termes de pratiquants, le chiffre de 4,1 millions de personnes évoluant dans les différentes ligues américaines est avancé par la SFIA[17]. Au Brésil, 102 000 licenciés sont dénombrés pour 720 clubs. Dans un monde globalisé, où il suffit de quelques partenaires et d'un playground pour jouer, la France tient une position intéressante mais connaît également certaines limites dans son rayonnement. Plongée au cœur du basket français.

LES ÉQUIPES NATIONALES, VITRINES BRILLANTES MAIS FRAGILES

On l'a vu, les deux équipes de France masculine et féminine ont réalisé depuis 1999 des performances remarquables, avec une accélération entre 2012 et 2016. Dans son bureau du XIIIe arrondissement, à quelques doubles pas de la Bibliothèque François-Mitterrand, Jean-Pierre Siutat, président de la FFBB depuis 2010, est tel qu'on le voit toujours dans les médias et sur les événements de sa discipline : visage de celui qui travaille beaucoup, précis et accueillant, le tout dans un costume net. Esprit basket. Il me reçoit avec sympathie et détaille le quasi sans-faute des siens depuis sa prise de pouvoir : « *Si on regarde les critères objectifs sur les dernières années, on a deux qualifications pour les deux équipes de France aux J.O. sur cette période. Et comparativement à d'autres disciplines, ça n'est pas une mince affaire de se qualifier pour les Jeux. On a fait partie des quatre nations qui l'ont réussi. Le deuxième critère est le palmarès. Nous avons obtenu quatre médailles avec les filles et quatre avec les garçons. Dont un titre de champion d'Europe pour les garçons,*

---

17. Sport and Fitness Industry Association.

ce qui n'était jamais arrivé. On a enfin organisé des événements internationaux de premier plan comme l'Euro féminin (2013) et l'Euro masculin (2015), avec des affluences record. Et nous avons quasiment doublé le budget de la fédération et fait grandir le nombre de licenciés. »

Des résultats intrinsèques excellents que l'ancien sélectionneur de l'équipe de France et actuel technicien de Boulazac, Claude Bergeaud, inscrit lui dans une période plus large. « *La période sportive que l'on vient de vivre est la plus belle de notre histoire. On en reparlera peut-être comme d'une époque bénie dans quelques décennies,* m'explique-t-il au téléphone avec son accent ariégeois. *Si le début de l'aventure sportive se situe lors de l'Euro 2005, avec le bronze remporté ensemble, je pense que ce sont les J.O. de Barcelone en 1992 et la "Dream Team" américaine qui ont été un déclencheur pour la génération Parker. Le basket a explosé aux yeux du très grand public et des jeunes en particulier à ce moment-là. Ils se sont dit : "Pourquoi pas nous ?" Attention, ce n'était pas de l'arrogance. C'était plutôt l'ambition de se dire que c'était possible de rejoindre la NBA, et d'aller chercher ce qui se fait de mieux en Europe. Tariq Abdul-Wahad a été le premier Français à jouer dans le championnat américain en 1997. Ça a débloqué des choses. Et puis il ne faut surtout pas oublier la génération des joueurs de 2000. Fred Weis, Laurent Sciarra et les autres étaient de très grands joueurs. Ces mecs-là n'avaient pas de limite. Je pense que la génération suivante, celle de Tony Parker, a été le produit d'un contexte socioculturel : les J.O., la NBA à la télévision et une ouverture sur le monde différente, y compris par le sport. Il y a eu une volonté d'accomplissement personnel et une ambition individuelle très forte. Peut-être qu'avant, le phénomène de bande était plus fort et plus festif, avec des gars à l'ancienne qui avaient plus de mal à partir. Mais là, ça a été différent, tout en conservant cet attachement à l'équipe de France. Il n'y a pas d'opposition entre les deux. Et cela a donné une très belle image du basket français.* »

Chambreur au possible, l'immense Fred Weis (100 sélections tout rond), qui poursuit sa vie de dingue de basket comme consultant sur SFR Sport et RMC et à travers sa marque textile dédiée à son sport de cœur, me fait une petite leçon sous l'arceau. La loi du plus grand est toujours la meilleure. « *Ce que vient de faire cette équipe sur toutes ces années est très fort mais… je crois que notre médaille des J.O. de 2000 était pas mal non plus, non ? Ils ont été champions d'Europe avec une équipe très talentueuse, mais on a été deuxièmes du monde* », s'amuse-t-il. « *Pour moi, Antoine Rigaudeau est le meilleur joueur de l'histoire du basket français. Mais il est évident que Tony Parker a eu un impact énorme sur cette équipe. Antoine n'a jamais eu son tempérament par exemple. Et TP a entraîné tout le monde avec lui. À un moment, les mecs de la NBA ne voulaient plus venir. Tony a dit : "Si, si, on y va". Les médailles gagnées, c'est 50 % Tony et 50 % le reste de l'équipe. J'ai joué avec les deux générations, celle d'avant et celle-ci. Les vieux râlaient tout le temps même s'ils étaient prêts à tout pour gagner alors que TP, ça a été : "On veut gagner, on va gagner". Avec l'état d'esprit à l'américaine. Ça a changé l'image générale.* »

Tony Parker retraité international avec quelques autres (Florent Piétrus, Mickaël Gelabale, etc.), de nouvelles lames se présentent désormais sous les ordres de Vincent Collet, le sélectionneur national, avec des profils disparates entre carriérisme forcené et tradition du maillot bleu. Une grande majorité veut tout de même maintenir exigence et rayonnement de l'équipe de France. Nando de Colo (158 sélections), nouveau patron désigné, a déjà fait un sacré tour de la planète basket en passant par la France, l'Espagne, la NBA et aujourd'hui la Russie, au CSKA Moscou, où il a notamment remporté l'Euroligue. Le détenteur des trois métaux à l'Euro (argent en 2011, or en 2013 et bronze en 2015) se livre sur cette vitrine qu'il fréquente depuis dix ans : « *C'est très bien ce que l'on a fait jusqu'à maintenant. On a eu des médailles, on a fait évoluer le basket français. Mais sans oublier tout ça, il faut repartir de zéro et que chacun sache pourquoi il est en équipe de France. Il faut retrouver notre jeu. Faire aussi évoluer les choses car on n'a plus les mêmes joueurs. Cette équipe peut continuer à aller très haut. On a des joueurs qui évoluent en NBA et en Euroligue. Il y a le potentiel pour aller encore chercher des titres même si toutes les équipes qui sont dans le dernier carré possèdent des joueurs du même calibre. C'est important de continuer pour l'image du basket. Et il ne faut pas juste venir en équipe de France pour prouver qu'on sait jouer. Il faut envisager un avenir commun et continuer à le construire.* » Un vœu pieux qu'il va être bien difficile d'exaucer avec la mise en place du nouveau calendrier international et l'apparition de fenêtres réservées pendant la saison aux sélections sur quatre créneaux (novembre, février, juin et septembre). Ces rencontres seront qualificatives pour le championnat du monde 2019. Problème, la NBA, dont la saison s'étire d'octobre à juin, a déjà annoncé qu'elle ne libérerait pas ses joueurs en novembre et février. De son côté, l'Euroligue, en conflit avec la FIBA[18] sur les compétitions

18. Fédération Internationale de Basket.

de clubs, a laissé le choix aux formations qui disputent sa compétition de libérer ou non les internationaux. Tout en mettant en place un calendrier copieux au moment de ces fameuses fenêtres… Avec un contingent de vingt-six joueurs évoluant en Euroligue et en NBA, la France risque donc de voir sa sélection décimée au moment des matchs décisifs. Pour pallier ces potentielles futures défections, la FFBB a mis en place un « Team France Basket » et va devoir élargir le groupe des potentiels sélectionnés à des joueurs de niveau plus faible et qui devront sans doute s'effacer lors des grandes compétitions et le retour des têtes d'affiche. Sans casse pour le moment puisque ces Bleus totalement new-look (10 joueurs de Pro A sur 13 sélectionnés) ont remporté, en novembre dernier, leurs deux premières rencontres qualificatives au Mondial 2019 contre la Belgique (70-59) et la Bosnie-Herzégovine (84-65). Mais qu'en sera-t-il quand la pente et le niveau adverse s'élèveront ? Un casse-tête auquel s'ajoute la volonté de certains joueurs de prioriser leurs futures signatures de contrats. « *Si on veut stabiliser la sélection pour le prochain Mondial et les J.O., c'est à partir de maintenant qu'il faut remettre les choses à plat*, assène Nando de Colo. *Il n'est pas forcément question de redéfinir les rôles. Ça ne sert à rien par exemple de dire qu'untel est un leader et pas un autre. On sait qu'il faut une hiérarchie, on a tous une expérience de l'équipe de France et du basket en général. On connaît nos forces et nos faiblesses. Il faut juste faire le maximum pour l'équipe de France. Certains n'ont pas de problème avec ça. L'été dernier, Edwin Jackson sortait d'une saison à plus de 20 points de moyenne dans le championnat espagnol et il s'est mis au service de l'équipe de France. C'est bien, ça fait évoluer les choses. Et je pense qu'on pourra aller chercher des résultats encore meilleurs si on marche comme ça. Avec beaucoup de rigueur, avec une équipe et un staff général motivés pour aller chercher plus dans le futur.* »

Soutien revendiqué de Vincent Collet, l'actuel sélectionneur, Claude Bergeaud est tranchant concernant l'image et la relation des internationaux à l'équipe de France : « *Il faut que les joueurs et joueuses, quand ils sont appelés en équipe de France, n'oublient pas ce qu'est une fédération qui investit sur eux. Certains ont la mémoire courte. Je ne pense pas à Joakim Noah, qui a fait sa vie depuis longtemps hors de France, mais certains vont et viennent trop : Kevin Séraphin, Johan Petro ou encore Alexis Ajinça. D'ailleurs quand on voit les blessures, les absents et le reste, Vincent Collet fait un très bon travail. Il trouve toujours des solutions et relance des gars.* » Concernant les filles, l'écho sur les « Braqueuses » est le même pour Syra Sylla, rédactrice en chef du site Ladyhoop.com : « *On a clairement eu nos plus belles années avec la bande de Céline Dumerc qui a ramené pas mal de médailles. Même s'il ne faut pas oublier ce qui a été fait avant. Mais d'un point de vue européen, avec les jeunes talents qui arrivent chez nous, je ne vois pas comment on ne pourrait pas prétendre à des podiums à chaque fois dans les années à venir. Après, il faut se donner les moyens et être capables aussi de se dire : "On y va pour gagner une médaille." En France, on a encore cette habitude de dire : "On va reconstruire, on va y aller progressivement et peut-être aller chercher une médaille." Il n'y a peut-être qu'une Sandrine Gruda ou une Isabelle Yacoubou qui seront aussi cash.* » Les Bleu(e)s se placent donc comme des prétendants importants à chaque compétition. Mais les obstacles sont nombreux entre difficulté à monter des groupes stables, une concurrence internationale de plus en plus relevée – avec notamment depuis les années 90 l'éclatement du bloc de l'Est et la multiplication des sélections issues de l'ex-Yougoslavie et de l'ex-Russie – et des joueurs privilégiant parfois leur carrière en club à celle en sélection.

LA PRO A, « UN CHAMPIONNAT DE TROISIÈME DIVISION » ?

À l'image du football et de l'OM en Ligue des Champions, les garçons du basket n'ont plus remporté la plus prestigieuse des compétitions européennes depuis un quart de siècle (Limoges en 1993) alors que l'équipe nationale n'a jamais été aussi forte. Certes, Nanterre s'est illustré la saison passée en remportant la FIBA Europe Cup (4e rang européen) et Monaco a tenu son rang dans la Basketball Champions League (3e rang européen). Mais les clubs français sont des victimes collatérales de la guerre ouverte que se livrent la FIBA et l'Euroligue depuis deux saisons. Préparez l'aspirine et le mal de crâne pour la tentative de clarification qui va suivre. Quatre compétitions européennes regroupant 104 clubs cohabitent aujourd'hui. D'un côté l'Euroligue (C1) et l'Eurocoupe (C2 – C3), portées par l'organisation Euroligue dirigée par le Catalan Jordi Bertomeu. Pour l'Euroligue (C1), la logique est claire : une Ligue quasi fermée avec onze places garanties sur seize participants choisis sur critères économiques et invitations. Vous êtes déjà perdu ? C'est normal. Et la suite ne va rien arranger. Dans cette lutte pour le contrôle des coupes d'Europe, la FIBA a lancé ses propres compétitions : la Basketball Champions League (C2 – C3), qui met en avant un modèle fondé sur le mérite sportif, et l'Europe Cup (C4), qui invite certains participants sur dossier… Au milieu de cette guerre de tranchées, la fédération française a choisi de suivre la FIBA et de privilégier les compétitions organisées par cette dernière. En clair, le champion de France n'a actuellement par exemple pas accès à l'Euroligue (C1). Ce qui n'empêche pourtant pas certains clubs français (ASVEL, Levallois, Limoges) de participer à l'Eurocoupe (C2 – C3) sous drapeau Euroligue. On vous avait prévenus ! Difficile dans ces conditions pour les clubs français de se frotter aux meilleurs et de progresser dans la hiérarchie continentale.

Dans un café près de Saint-Placide, j'ai rendez-vous avec Rémi Reverchon. Journaliste spécialiste basket sur beIN Sports, il a vécu aux États-Unis et connaît très bien le basket européen. Son profil nous offre une vue panoramique sur la problématique. Entre deux gorgées d'un thé glacé alors que l'été s'est durablement installé sur Paris et que les rues se font plus calmes, délaissées qu'elles sont par les vacanciers, il m'explique : « *Le championnat français semble être dans une phase de stagnation qui me désespère un peu, pour être honnête. Je trouve que ça n'avance pas. La petite étincelle d'espoir vient de l'ASVEL, avec le projet de Tony Parker et de Nicolas Batum qui doit pouvoir ouvrir une porte à court terme vers l'Europe. Mais aujourd'hui, notre championnat, la Pro A, à l'échelle européenne, et je vais être gentil, est un championnat de troisième division. En termes de sport-business, la première division européenne, ce serait l'Espagne, même si elle faiblit un peu ces temps-ci, la Russie et la Turquie. Ce sont les trois grosses locomotives. Ensuite, il y a une deuxième division dans laquelle on pourrait retrouver l'Allemagne qui progresse sans arrêt, l'Italie qui est toujours là, et des pays un peu émergents. Et la France arrive derrière dans un troisième chapeau. Être présent en Euroligue (C1), on n'en parle pas. L'Eurocoupe (C2 – C3), à part un coup d'éclat de Strasbourg il y a deux ans*[19]*, il n'y a rien pour les Français et on n'existe qu'à partir de la troisième division européenne.* » À cela s'ajoute une remarque importante de Claude Bergeaud : « *À l'étranger, et je le sais par des amis qui sont en Espagne ou en Turquie par exemple, il n'y a pas de reconnaissance du travail de fond fait en France. Le travail des techniciens n'est pas respecté comme il pourrait l'être car on est jugé seulement sur nos résultats. Et ce qui est certain, c'est que sur la scène européenne, on n'est quasiment pas présent.* » Ce n'est certainement pas un hasard si aucun entraîneur français n'exerce actuellement dans un grand championnat européen. Et en cinquante ans, ils ne sont que trois à avoir exporté leur talent au haut niveau continental : Robert Busnel (Real Madrid, 1965-66), Michel Gomez (PAOK Salonique, 1996-97) et Greg Beugnot (Varese, 2002-03). Absents des grosses compétitions européennes de clubs, les coachs français n'ont jamais l'occasion de montrer leur véritable valeur. Seul Vincent Collet, l'actuel sélectionneur des Bleus et entraîneur de Strasbourg, semble jouir d'une (relative) considération. Moins radical sur cette question, même s'il a des reproches à faire à la Pro A, Fred Weis abonde sur le projet de l'ASVEL et y voit une source de motivation pour les autres équipes : « *Ce qui fonctionne bien, c'est qu'il y a de plus en plus de clubs qui ont de l'ambition. Il y a l'influence de Tony, oui, mais les autres travaillent aussi. Tout le monde commence à se dire : "Ok, on peut faire autrement".*

---

19. Défaite en finale face aux Turcs de Galatasaray.

Le projet de Strasbourg, c'est intéressant, Chalon avance, Nanterre travaille beaucoup malgré un budget limité. Il y a du potentiel et une grosse envie dans le basket français.»

Dans ce contexte, les ambitions de Tony Parker avec l'ASVEL redonnent un souffle d'espoir au basket français de clubs. Entré au capital du club en 2009, le meneur des San Antonio Spurs en est devenu le président en 2014 en rachetant les parts de Gilles Moretton. Depuis mars 2017, il a été rejoint par Nicolas Batum, international français et joueur des Charlotte Hornets, entré lui aussi au capital du club et nommé directeur des opérations basket. Lorsque TP prend la présidence, le budget de l'ASVEL est de 5,2 millions d'euros (quatrième de Pro A) et la masse salariale de l'ordre de 1,6 millions d'euros. Trois ans plus tard, le club annonce un budget de 7,3 millions d'euros (premier de Pro A) et 2,3 millions d'euros de masse salariale. Champion de France en 2016, l'ASVEL devrait profiter d'une nouvelle salle à l'horizon 2020-2021. L'Arena, 100 % privée, accueillerait 10 500 spectateurs en configuration basket et 12 000 en configuration spectacle, pour un projet estimé à 60-70 millions d'euros. Un pas supplémentaire vers une augmentation de budget de l'ASVEL et la barre des dix millions d'euros. « *C'est le minimum pour exister en Euroligue. Et à 12 ou 13 millions, tu dois pouvoir commencer à en embêter quelques-uns et te dire que tu peux atteindre régulièrement le top 8* », estimait dans le magazine *Basket* en avril 2017 Gaëtan Müller, ami de Tony Parker et président délégué de l'ASVEL. Car tout l'enjeu, pour le club cornaqué par TP, se trouve là : intégrer à terme la plus prestigieuse des compétitions continentales. Dans cette optique, Tony

Parker a déjà choisi d'aligner son équipe en Eurocoupe (C2 – C3), antichambre de l'Euroligue. Et Jordi Bertomeu, qui entretient d'excellentes relations avec l'ancien meneur des Bleus, a déjà annoncé qu'en cas d'extension de seize à dix-huit équipes en Euroligue, un strapontin serait sans doute réservé à la France. L'ASVEL et son charismatique dirigeant seraient, aux dires du président de l'Euroligue, en pole position sur ce dossier stratégique sur le plan sportif et économique. Jordi Bertomeu a d'ailleurs envoyé un signal fort en novembre 2017 en se rendant à Villeurbanne pour constater par lui-même l'avancement du projet dirigé par Tony Parker. Un dossier «*très spécial*» déclarait-il alors dans le quotidien *Le Progrès*: «*Il y a deux aspects. L'un, avec la nouvelle salle, est assez traditionnel. L'autre, avec l'académie, est unique. C'est ce qui fait la différence avec le reste des projets en Europe. C'est très novateur, social. J'aime beaucoup cette vision des choses.*» Prudentes, la Ligue Nationale de Basket-Ball et la FFBB ont déjà annoncé qu'elles privilégiaient la Basketball Champions League (C2 – C3), organisée par la FIBA, mais qu'elles n'interdiraient pas l'accès d'un club français à l'Euroligue (C1). Difficile d'insulter l'avenir...

En attendant des lendemains heureux pour les clubs français, le potentiel et l'envie ne suffisent pas, pour le moment, pour aller plus haut en termes de résultats. La faute en partie, selon Claude Bergeaud, à la structuration et à l'histoire du basket en France: «*Nous sommes un sport de préfectures et de villes moyennes. Il ne faut pas le contester ou s'en excuser. Le basket français est né dans les villes moyennes et cela tient au fait que, pour bâtir un effectif, on n'est pas obligé d'avoir d'énormes ressources. C'est le cas dans les Landes que je connais bien ou dans des zones rurales. Dans tous les villages, il est aisé de monter une équipe. Le basket est un sport de proximité, on est près des autres, et c'est aussi peut-être pour cela que l'on est moins présent dans les grandes villes. Sur ce plan, on est un peu comme le handball même s'il existe des exceptions comme Paris ou Nantes notamment. Mais le fait d'être présent surtout dans des villes moyennes implique qu'à un moment, on a une butée dans le bassin économique. Et comme dans le même temps, on possède une visibilité relative à la télévision, c'est difficile d'attirer des très gros partenaires. Aller chercher un partenaire majeur à 300 000 €, c'est assez difficile aujourd'hui par exemple.»* Avec un budget moyen situé entre 4,5 et 5 millions d'euros pour les clubs de Pro A, le basket français est bien loin du CSKA Moscou, le club le plus riche d'Europe, dont le budget est estimé aux alentours des 40 millions d'euros. Claude Bergeaud poursuit : «*Je pense aussi que la structuration des clubs n'est pas optimale. Par exemple, bien souvent, les dirigeants investissent plus sur les joueurs que sur leurs salariés, même si des labels ont été mis en place pour obliger à se structurer. Je pense que les dirigeants des clubs français, présidents et autres, feraient bien de prendre quinze jours de vacances de l'autre côté de l'Atlantique pour réaliser un circuit dans différents clubs de NBA, histoire de voir comment les choses fonctionnent. L'idée n'est pas de copier ce qui se fait ailleurs mais d'analyser et catalyser les bonnes idées.*»

Confronté à cette situation problématique, Jean-Pierre Siutat donne quelques perspectives de réflexion et avance plusieurs facteurs à prendre en compte concernant la compétitivité du basket français : « *Le premier, c'est évidemment d'avoir en tête que l'Europe est inégale sur le plan fiscal et sur le plan social. On essaye de se battre pour combler cela, mais si vous avez cent euros pour payer quelqu'un, il aura moins chez nous que dans d'autres pays où les charges sont moindres. Automatiquement, c'est inégal. Mais il ne faut pas se tromper de débat. Nous sommes en train de protéger le système pyramidal des compétitions à l'européenne. Il y a des championnats nationaux et les meilleurs se qualifient pour les compétitions européennes. Et si on ne fait pas attention, on risque de glisser vers un format américain, c'est-à-dire une ligue fermée regroupant des sociétés engagées dans une compétition pour faire de l'argent. Mais derrière ça, vous n'avez rien. Il n'y a plus de championnats. Aux États-Unis, il n'y a pas, mettons, de championnat de l'Arkansas. Si on veut ça en Europe, il faut le dire, mais ça ira à l'encontre de notre raison d'être. Car la genèse et la raison d'être d'une fédération, c'est une délégation de service pour deux grandes missions : préparer nos équipes nationales et animer nos territoires. Mais si on n'a pas de clubs, on ne peut pas le faire. Ce qui est fou, c'est qu'en France, personne ne veut prendre position là-dessus. Et même en Europe, on ne prend pas position. Je peux comprendre qu'il faille protéger la liberté d'entreprendre, mais il faut aussi respecter les équipes nationales et ce qui permet de les faire grandir. Après, je ne dis pas que l'Euroligue en elle-même n'est pas belle à voir. Le niveau est très bon et il y a pas mal d'équipes qui pourraient évoluer en NBA. Mais il faut une harmonisation des calendriers, un respect des équipes nationales et de tous les championnats.* »

En dehors de l'aspect organisationnel, un autre point important limite aussi, selon Nando de Colo, le développement du basket français, et surtout celui de ses équipes de haut de tableau. Cela paraît assez simple dit comme ça : « *Ce qui manque au basket français pour figurer plus haut encore, c'est non seulement la médiatisation mais aussi la régularité. C'est assez rare de voir un club champion plusieurs années consécutives ou même de réaliser le doublé par exemple. Du coup, les clubs ne sont peut-être pas respectés à leur juste valeur aujourd'hui.* » Preuve que la Pro A souffre d'une exposition moindre, depuis 2012 le championnat de France a changé de diffuseur à cinq reprises (Sport+ et Canal+ Sport puis Ma Chaîne Sport, L'Équipe 21 et enfin SFR Sport). La diffusion de quelques rencontres en clair sur Numéro 23 par le groupe NextRadioTV ne pallie que partiellement l'absence de mise en avant. « *Je veux bien interroger mille personnes, il n'y en a pas une qui me dira qui est en tête du championnat de France, et pas une qui me donnera deux joueurs du cinq majeur d'une équipe,* estime, dans le numéro de mars 2017 du magazine *Basket*, Charles Biétry, ancien directeur des sports de Canal+ et beIN Sports et président du PSG Basket avec lequel il remporta le titre de champion en 1997. *Malheureusement, le championnat se joue dans l'anonymat.*» « *Les formats jouent aussi*, complète Nando De Colo. *Dans les années 2000, Le Mans et Pau avaient des "tickets" de trois ans en Euroligue afin de se construire au fil des années. C'est comme ça qu'une grande équipe se forme.* » Chez les filles, la philosophie ne semble pas si éloignée, même si Bourges, tête d'affiche depuis plus de vingt ans, a disputé dix-sept finales, pour neuf titres, depuis la création de la LFB en 1998-1999. « *Selon les discours tenus, une joueuse pourra préférer aller dans un club plutôt qu'un autre si on lui propose une reconversion ou la perspective de construire sur plusieurs années*, explique Syra Sylla. *Ce n'est pas le chèque qui motive en premier car il y a moins d'argent. On le voit avec quelqu'un comme Céline Dumerc qui a quitté Bourges pour Landes Basket. Les talents sont plus éparpillés du coup, ce qui fait que l'on est moins doté pour performer sur le plan européen. Quant aux joueuses étrangères, ce seront elles aussi des profils qui s'inscrivent dans la durée. Les filles aiment rester longtemps au même endroit.* » Moins d'argent en jeu, c'est aussi moins de concurrence internationale. Les coupes européennes de basket féminin sont d'ailleurs restées sous l'autorité de la FIBA.

NBA ET EUROLIGUE, LA TROP FORTE ATTRACTION

Draft 2017. La magie opère une fois de plus pour un Frenchy : Frank Ntilikina, dix-huit ans, est choisi en huitième position par les Knicks de New York. Au cours de l'été, Guerschon Yabusele, vingt et un ans, et Yakuba Ouattara, vingt-cinq ans, signent respectivement aux Boston Celtics et aux Brooklyn Nets, portant à treize le total de Français en NBA. Soit le troisième contingent de joueurs après les États-Unis et le Canada. Dans le même temps, ce sont treize autres Français et pas des moindres – Nando de Colo, Thomas Heurtel, Kevin Séraphin… – qui disputeront l'Euroligue, soit quasiment deux fois plus que la saison passée. Vingt-six joueurs majeurs évoluent donc ailleurs que dans le championnat français. Après le rêve américain que Tony Parker a rendu des plus palpables, les possibilités européennes attisent aussi les appétits d'un grand nombre de joueurs formés en France, par conviction, comme tremplin ou comme repli. « *Aujourd'hui, les basketteurs français n'ont jamais été aussi forts, on n'a jamais produit autant de talents. On domine l'Euroligue, on a des Français dans tous les grands clubs et on est très présents en NBA* », glisse Rémi Reverchon. « *Mais la NBA est notre principal problème*, enchaîne Fred

Weis, qui a été à deux doigts de jouer pour les Knicks (drafté en 1999). *D'un côté, c'est super parce que ça permet au grand public de connaître et d'aimer le basket. Mais le basket, ce n'est pas que des mecs super athlétiques qui courent dans tous les sens. Et puis il y a des purges. Il ne faut pas croire que tout est comme les "highlights" qui circulent sur les réseaux sociaux. Mais la puissance est telle que c'est ce que voient et veulent les jeunes. Je voudrais qu'ils regardent un peu plus l'Euroligue, qui est plus tactique. Tous les gars sont aussi capables de dunker dans cette compétition. Mais s'ils le font, c'est parce que c'est utile. La NBA, c'est un blockbuster que tu regardes en mangeant du popcorn, alors que l'Euroligue est un film d'auteur. Je suis plus films d'auteur. À choisir, je préfère commenter dix matchs d'Euroligue que vingt matchs de NBA.*»

Jean-Pierre Siutat abonde dans le sens de Fred Weis : « *Le souci de l'attractivité de la NBA, on le connaît. Il faut vivre avec. C'est très bien de l'avoir parce que c'est quand même, pour notre sport, un vecteur de communication et un rayonnement extraordinaire. Mais ça a aussi ses travers. Quand je vais voir nos jeunes de quinze ans et moins et que je pose la question de l'avenir ou du rêve de chacun, les filles me répondent qu'elles veulent jouer pour l'équipe de France. Les garçons, eux, veulent aller en NBA. Je veux rester positif*: *on a beaucoup d'athlètes de qualité, on a un beau système de détection et de formation. On a quelques territoires de champions comme les Antilles par exemple. On a su mettre en place une bonne organisation pour les mener jusqu'au vaisseau amiral qu'est l'INSEP mais aussi en clubs. Après, mon seul regret, c'est qu'on ne puisse pas voir évoluer ces jeunes plus longtemps avant qu'ils ne partent, en NBA ou ailleurs. Ils partent à dix-huit ou dix-neuf ans… Ce qui serait bien, c'est de les garder chez nous jusqu'à vingt-deux ans.* » Un phénomène

de précocité qui ne touche pas que la France. Dans les anciennes générations européennes, Drazen Petrovic (Croate), Arvydas Sabonis (Lituanien) et Toni Kukoc (Croate) brillaient dans ce qu'on appelait encore la Ligue des Champions et accomplissaient de grandes carrières en Europe avant de partir en NBA. « *Mais aujourd'hui, avec le nouveau contrat télé de la NBA, si vous signez un contrat longue durée, vous avez la garantie de devenir riche,* remarque le président de la FFBB. *C'est humain de partir. D'aucuns disent que c'est la faute des agents. Mais si l'agent ne propose pas ce genre de possibilités, aller en NBA ou ailleurs, c'est celui d'à côté qui le fera.* »
S'ajoute à cela le fait qu'évoluer en Pro A n'est pas toujours facile pour les Français. « *L'an passé, mon coéquipier serbe au CSKA Moscou, Milos Teodosic, me demandait pourquoi nous étions autant obligés de nous exporter pour montrer au grand public notre valeur,* se souvient Nando de Colo, révélé à Cholet. *En Pro A, la plupart du temps, on n'ose pas mettre les Français en avant. Peut-être qu'on ne prend pas assez le risque de les faire jouer. Peut-être qu'il faudrait que les clubs donnent leur chance à deux ou trois jeunes par saison. Et les mettre vraiment sur le devant de la scène. De mon temps, quand j'ai démarré avec Cholet, la confiance allait plutôt à des Américains sortis d'universités qu'à nos propres joueurs. Quand j'ai commencé à jouer en pro, on avait l'impression que cette vision des choses avait un peu changé. Il m'a fallu un changement de coach pour avoir vraiment ma chance. Nicolas Batum jouait avec Le Mans, il y en avait quelques autres aussi. Peut-être que les coachs se sont dit qu'ils pouvaient faire confiance aux jeunes Français. Mais je vois que depuis quelques années, on est retombé dans ces travers.* » La preuve en chiffres. Sur la saison 2016-2017,

ils étaient soixante-dix-sept Américains à évoluer en Pro A contre... quarante-quatre dans la Liga ACB espagnole, réputée la plus forte en Europe. Relation de cause à effet ? Depuis 2010, les clubs ibériques ont atteint quatre fois la finale de l'Euroligue pour deux victoires (Barcelone en 2010 et le Real Madrid en 2015).

Technicien rompu au périlleux exercice de la composition d'équipe et de la pression des résultats immédiats, Claude Bergeaud donne son point de vue : « *Pour un coach qui a le choix entre un jeune Français, payé à un salaire minimum garanti à l'issue de sa formation, et un Américain qui a vingt-six ou vingt-sept ans, qui a joué en NCAA*[20] *et possède un peu d'expérience dans un autre championnat européen, il n'y a pas photo ! C'est l'étranger qui va être privilégié. En Pro A, on peut arriver à des feuilles de match avec six joueurs étrangers et seulement quatre joueurs formés localement (JFL). Et bien souvent, les joueurs formés localement ne jouent presque pas. Du coup, cela a aussi un impact sur l'identité des équipes, leur durée dans le temps et la relation qui peut s'installer avec le public. Certains étrangers qui viennent en Pro A n'apportent strictement rien. Ils viennent jouer, gagner leur vie et repartent comme ils sont arrivés. Le marché est comme ça. On ne peut pas critiquer des gens qui viennent gagner leur vie honnêtement, mais c'est un constat, une réalité. Et pour avoir été consultant, il y a quelque chose qui est symptomatique de cela : quand on va en bord de terrain ou faire des interviews dans les tribunes, on ne trouve aucun ancien joueur à interviewer. Le joueur formé au club et historique de ce même club, ça n'existe quasiment plus. Il n'y a pas ou peu de joueurs charismatiques qui restent dans le championnat.* »

---

20. Championnat universitaire américain.

La fin de l'amateurisme date de 1987 et l'arrêt Bosman de 1995. Depuis, la Ligue Nationale de Basket a tenté d'endiguer ces effets pervers en introduisant les Joueurs Formés Localement (JFL) en 2010-11 – l'équivalent des JIFF dans le rugby français. Cette mesure limite le nombre de joueurs non-JFL à cinq en Pro A et trois en Pro B. « *Il y a un avant et un après Bosman. Les équipes constituées de huit Français et deux Américains, c'est fini. On a beau rêver, ça n'arrivera plus jamais*, constate Jean-Pierre Siutat. *D'autant qu'on parle maintenant de joueurs formés localement et même plus de nationalité. Ce qui veut dire que la fenêtre pour nos jeunes peut se refermer assez vite. Il faut donc qu'il y ait une volonté des présidents et des entraîneurs de lancer des jeunes joueurs qui méritent de jouer. Je sais que ça n'est pas simple puisque derrière il y a l'obligation de résultat. Il y a également le fait que c'est plus facile d'aller chercher un étranger. Les États-Unis produisent des joueurs de qualité, quasiment – pardon du terme – à la chaîne. C'est vraiment impressionnant. C'est une difficulté que les autres sports n'ont pas.* » Du côté des filles, les talents français semblent avoir un peu plus de place, là aussi car les tentations et les sommes en jeu sont bien moindres. « *La formation est assez efficace chez nous. Les centres de formation des clubs fonctionnent bien, tout comme l'INSEP*, se réjouit Syra Sylla. *Les filles ont peut-être un peu plus leur chance que les garçons. Les jeunes jouent avec les pros et les transitions se font plus facilement. Il y a aussi quelques filles qui jouent à l'étranger, moins de dix environ. C'est un bon signe car cela montre que l'on travaille bien. Les grands clubs viennent chercher ces compétences.* » Et des clubs se structurent chaque jour un peu plus. Sous l'impulsion – encore et toujours – de Tony Parker, le Lyon ASVEL féminin a réussi le joli coup de la saison 2017-2018 en rapatriant l'intérieure Sandrine Gruda (30 ans, 163 sélections), de retour dans le championnat de France dix ans après son départ de Valenciennes et des aventures sportives aux États-Unis, en Russie et en Turquie. L'internationale est depuis repartie en Turquie, dans le club de Yakin Dogu, mais sa courte pige française a fait l'effet d'un coup de projecteur pour le basket féminin.

DE NOMBREUX CHANTIERS À ATTAQUER

Capable de fournir de très grands joueurs qui s'exportent remarquablement bien, plutôt régulièrement compétitifs avec les équipes nationales, les basketteurs français n'ont comme gros souci actuel que le développement de leurs championnats et l'accès à une meilleure exposition au niveau européen. Pas une mince affaire tout de même. Et de nombreux chantiers, au sens propre comme au figuré, doivent permettre d'améliorer la situation. Mais cela implique de prendre des décisions fortes. « *Aujourd'hui, la clé dans le sport, ce sont les infrastructures. Et là-dessus, on est vraiment très en retard*, analyse Rémi Reverchon. *Aux États-Unis, j'étais dans une fac du fin fond du Colorado, une petite ville de 80 000 personnes dont 13 000 étudiants. La salle de basket était superbe, flambant neuve, et pouvait accueillir 8 000 personnes. Et c'était blindé les soirs de match. En France, toutes les salles sont vieilles. Bercy a été rénové, c'est bien mais c'est quasiment tout. Dans n'importe quel autre pays, en Allemagne ou en Angleterre, il y a des salles qui surpassent ça. À Istanbul, ils ont quatre salles aux standards NBA.* »

Un triste héritage dû à plusieurs facteurs. Dans les années 1980 et 1990, les clubs dominants (Limoges, Pau-Orthez,

Antibes) représentent, comme le disait Claude Bergeaud, ce fameux « *sport de préfectures et de villes moyennes* ». Avec en conséquence des salles de petite taille, qui ont depuis mal vieilli. Sous l'impulsion de Jack Lang, alors ministre de la Culture, l'État français privilégie une politique de création de salles adaptées aux spectacles et à la musique à l'extérieur ou aux abords des villes. Le concept des « zéniths » voit le jour au détriment des salles de sport de grande taille. Depuis, le sport français rattrape doucement son retard. En 2010, le rapport de la commission « Arenas 2015 », présidée par Daniel Costantini, ancien sélectionneur de l'équipe de France de handball, soulignait l'urgence de la situation. À cette date, notre pays se classait à hauteur de nations comme la Lettonie, la Lituanie et l'Irlande au nombre de salles de 10 000 places. Depuis, plusieurs enceintes sont sorties de terre ; mais aucun club de basket n'est concerné. « *Chaque fois que l'on propose des événements calibrés, on a du monde,* constate pourtant Jean-Pierre Siutat. *Comme à Bercy avec les matchs de Coupe de France. Mais derrière, c'est plus difficile. Si on arrive à construire quelques salles de 8 à 10 000 places, nos clubs pourront s'appuyer sur des budgets de huit à dix millions d'euros. Ça permettra de passer un cap. Aujourd'hui, c'est notre principale lacune.* »

Et ressurgit le « serpent de mer » d'un grand club parisien, locomotive du basket français au niveau européen. Depuis l'arrêt du PSG Basket (détenu par Canal+) à la fin des années 90, le basket parisien a vivoté à travers plusieurs projets, dont celui du Paris Levallois. Aujourd'hui, la Mairie de Paris a retiré son soutien financier, laissant la ville de Levallois reprendre seule le flambeau. En attendant un renouveau avec le projet du Paris Basket Avenir, promu en N2 et qui pourrait recevoir le soutien financier de l'Américain

David Kahn, ancien directeur des opérations basket des Minnesota Timberwolves (NBA). Avec l'attribution des Jeux Olympiques de 2024 à Paris, la construction d'une salle de taille intermédiaire (8 000 places) près de Bercy, destinée à accueillir le basket et la lutte, a été envisagée. Un projet déjà remis en cause, en tout cas sur le site prévu à cet effet. La Mairie de Paris réfléchirait à un plan B, en priorité intra-muros, mais également dans le Grand Paris. « *Pour autant, il ne s'agit pas de construire des salles immenses partout, il faut pouvoir les remplir. Mais il faut des salles adaptées au sport business,* reprend Rémi Reverchon. *Il faut des loges pour les partenaires, des salons VIP et des salles connectées. En France, dans la plupart des salles, tu ne peux pas mettre une photo sur Twitter ou Facebook. Au Stade de France, la 4G, sur un match de foot, tu ne l'as pas. Il faut avoir une vision des salles pour 2030-2040 et pas version 1945.* »
Un travail qui doit également s'effectuer au niveau marketing pour sortir le basket français de son image, longtemps entretenue, de « sport rural et de hangar ». « *Il faudrait pouvoir uniformiser beaucoup de choses, comme les parquets, par exemple. Le même pour tout le monde avec le nom de la ville dans le rond central, ce serait bien ! Au niveau des maillots, c'est pareil. La majorité sont quand même dégueulasses,* se désole Rémi Reverchon. *Aujourd'hui, lorsque vous allumez la télé, vous tombez sur un match de basket et vous ne savez pas qui joue. Il y a huit sponsors qui prennent toute la place sur le maillot. Et en plus vous avez des Américains que vous ne connaissez pas car ils ont déjà changé trois fois d'équipe. Certaines équipes finissent la saison en ayant utilisé vingt-six ou vingt-sept joueurs. Il faut mettre des limites. À un moment donné, vous avez un joueur blessé, vous piochez dans votre centre de formation.* »

Et si finalement le salut passait par plus de stabilité et d'audace pour le basket français ? Nando de Colo n'est pas loin de le penser : « *La différence entre Cholet, où j'ai éclos, et le CSKA Moscou, où je suis maintenant, outre la question budgétaire qui joue beaucoup, c'est la capacité à travailler dans le temps. Même si de l'histoire de chacun dépend sa carrière, je pense qu'il faut vraiment que les clubs français donnent plus leur chance aux jeunes joueurs. Car si on leur accorde cette confiance, ils resteront peut-être un peu plus, une saison ou deux. Et cela permettra de bâtir des effectifs plus performants. Il faut travailler sur plusieurs années. C'est difficile de gagner un championnat mais il ne faut pas changer quand tout ne marche pas comme prévu. C'est là où l'on pêche peut-être en France. L'ASVEL fait ça bien par exemple. Ils font le maximum pour garder leurs meilleurs joueurs et sont capables de casser un peu leur porte-monnaie quand c'est nécessaire.* »

Les défis ne manquent donc pas pour le basket français. Fort d'une base solide, il présente le paradoxe de faire les beaux jours du basket européen et américain en s'appauvrissant sportivement dans son championnat domestique. Le chemin sera long vers un meilleur équilibre. « *Ce qui m'attriste, c'est qu'on a du mal à avoir une vision sur le long terme*, regrette Rémi Reverchon. *Quand on voit qu'en 2000, on fait quand même médaille d'argent aux J.O. et qu'on n'a pas capitalisé dessus, c'est ennuyeux. La boxe, après les J.O. 2016, a su créer un énorme buzz, faire venir de nouveaux pratiquants.* » Les seuls bons résultats de l'équipe de France ne suffiront donc pas. Il n'y aura eu qu'un seul Tony Parker. La France en a conscience. À charge maintenant pour elle de faire les bons choix pour développer le quatrième sport de France en nombre de licenciés.

NATATION
EN EAUX TROUBLES

Tête légèrement penchée en arrière, bouche ouverte, yeux fermés. Et ce titre : « *Laure olympique* ». Ce 16 août 2004, *L'Équipe* a logiquement choisi Laure Manaudou pour illustrer sa une. La jeune femme n'a que 17 ans : elle vient d'être sacrée championne olympique du 400 m nage libre. Une première pour une nageuse française. Cinquante-deux ans après Jean Boiteux à Helsinki, il s'agit seulement de la deuxième médaille d'or glanée par la natation française. Depuis, cinq nouveaux titres sont venus enrichir l'armoire à trophées de la fédération. Cinq titres en trois olympiades quand il avait fallu une centaine d'années pour en glaner deux. De là à dire que Laure Manaudou a servi d'élément déclencheur, il n'y a qu'un pas que j'effectue sans problème. Car Laure Manaudou est le symbole de la réussite française dans les bassins. Triple médaillée olympique (une de chaque couleur), triple championne du monde, nonuple championne d'Europe en petit et en grand bassin et… 58 fois championne de France ! Derrière la réussite de la native de Villeurbanne se cache un homme. Cheveux long lâchés, bagues, colliers, tongs, bermuda, débardeur… Ce coach, c'est Philippe Lucas. Cet éleveur de champions ne se distingue pas seulement par son look. Il n'y a qu'à l'entendre avec sa gouaille et ses phrases directives envers ses nageurs pour comprendre que le personnage n'a rien à voir avec les entraîneurs que l'on croise au bord des bassin. À eux deux, ils vont relancer la machine et ouvrir de nouvelles perspectives pour la natation française. Mais pas seulement. Elle devient notamment l'égérie du groupe Pinault et loue son image à Lancel. Lui devient un personnage médiatique de premier plan. Il refuse Koh-Lanta, il est sollicité comme conseiller du PSG en 2008, il intègre la bande de *Touche pas à mon poste* de Cyril Hanouna avant de claquer la porte quelques semaines plus tard. Et surtout, il continue de coacher des nageurs à succès, lui qui enlèvera l'or à Rio en 2016 sur le 10 km en eau libre avec la Néerlandaise Sharon van Rouwendaal avant de voir sa nageuse française, Aurélie Muller, un temps en argent dans la même course, finalement disqualifiée. Mais c'est bien avec Laure Manaudou, qu'il voit débarquer à Melun en 2000 et qu'il accueille chez lui, qu'il connaîtra son apogée. « *La médaille n'arrive pas comme une récompense,* explique-t-il dans un portrait que lui consacre *Libération* en 2005. *Plutôt comme un soulagement. Il y a tellement de conflits… Ce n'est pas l'entraînement qui est dur, c'est le fait d'avoir à gérer des humains. Quand tu veux des résultats, il faut savoir les supporter. C'est un métier. Mais c'est usant. […] Mon travail, je l'aime, c'est ma passion, mais je me fous de ce que pensent les autres. Trois médailles aux Jeux, ce n'est pas le fruit du hasard. À un moment, il faut qu'ils ferment leur gueule.* »

Manaudou et Lucas apportent le coup de projecteur. Derrière, c'est une génération qui en profite. Une génération de talents (on ne réussit pas en natation sans travail, ni talent), mais une génération qui succombe vite aux excès.

Champion olympique et champion du monde, Amaury Leveaux fait partie de cette génération. Celle qui a connu les hauts et les bas. Le Belfortain s'est lâché dans un livre[21] dans lequel il balance à tout va. « *Certains d'entre nous ne crachent pas sur un petit rail de temps en temps. Pour d'autres, ce n'est plus un rail, c'est carrément une autoroute couverte de poudre blanche sur laquelle ils glissent à vitesse grand C, comme Cocaïne. C'est cool, la coke. C'est fun. C'est tendance. Les artistes en prennent, les gens du show-biz aussi, pourquoi pas les sportifs ? Et puis, il ne faut pas se voiler la face : c'est un produit dopant. Un euphorisant qui donne le sentiment d'être invincible et jamais fatigué, de repousser ses limites et de se transformer en un guerrier prêt à tous les combats [...] Les amateurs de natation et les supporters de l'équipe de France seraient étonnés de découvrir tout ce qui se passe en coulisses, avant ou après une compétition. Car leur comportement est pour certains loin d'être aussi lisse que leur musculature.* » Des excès, des couvertures de magazines people, des sportifs dépassant largement le cadre de leur discipline, la natation française a tout connu dans les années 2000. Le pire et le meilleur. Car depuis les retraites de Manaudou, Bernard, Agnel, Gilot notamment et le décès tragique de Camille Muffat dans un accident d'hélicoptère, la relève peine à pointer le bout de son nez. La réaction est attendue. Et vite…

RIO, UNE NATATION FRANÇAISE QUI COULE À PIC

L'heure est grave. À l'issue d'une semaine de compétition, la Fédération Française de Natation vient dresser le bilan

---

21. *Sexe, drogue et natation*, Fayard, 2015.

des Jeux Olympiques de Rio qu'elle termine aussi piteusement en termes de résultats que d'image. La natation, ce sont ces huit jours de compétition qui ouvrent les Jeux avant que l'athlétisme ne prenne le relais. Et habituellement, les réunions internationales commencent bien pour les équipes de France puisque le programme place le relais 4x100 m nage libre dès l'ouverture du programme. De quoi donner le ton, car depuis la médaille d'argent des Jeux de 2008, c'est souvent l'or qui pend autour du cou des nageurs bleus, doubles champions du monde 2013 et 2015, triples champions d'Europe 2012, 2014 et 2016 et champions olympiques 2012. À Rio, comme un signe prémonitoire, le relais n'est plus la finale inaugurale, mais est placé le deuxième jour. C'est donc au bizuth Jordan Pothain que revient la tâche d'ouvrir le bal sur le 400 m nage libre. Les choses commencent bien avec un record personnel en séries : une 8ᵉ place synonyme de qualification pour la finale… pour finalement terminer en queue de poisson, dernier à 4 secondes de son temps des séries ! Champion olympique et du monde en titre, le 4x100 m nage libre (Mehdy Metella, Fabien Gilot, Florent Manaudou et Jérémy Stravius) ne monte « que » sur la deuxième marche. Après la cacophonie du 4x200, sur laquelle on reviendra, la seule façon de ne pas totalement perdre la face pour la FFN est de voir Florent Manaudou, ultra-favori de la distance, revenir avec une médaille d'or sur le 50 m nage libre. Malheureusement, le petit frère de Laure doit se contenter de la médaille d'argent. Manaudou voit le vétéran américain Anthony Ervin (35 ans) lui passer devant pour un centième. Le sprinteur français aura été l'un des seuls à tenir son rang. Et c'est la voix sanglotante,

mais tout en dignité, qu'il tentera d'explique cet « échec » une fois la course terminée.
Le dernier à nager, Damien Joly, plein de promesses la veille en séries du 1500 m, passe complètement à côté de sa finale le lendemain : 7e. (Maigre) bilan : deux médailles d'argent pour le relais 4x100 m et Florent Manaudou sur 50 m. À y regarder de plus près, d'autres chiffres donnent encore plus le tournis : 9 finalistes, 3 demi-finalistes, 3 records personnels, 2 records de France mais surtout 18 éliminations en séries !

On attendait avec impatience les explications de la fédération sur ce visage lamentable affiché par l'équipe de France. La scène se passe dans la salle de presse officielle de la piscine olympique de Rio. L'ambiance est électrique. Ils sont six à prendre place derrière la table et les micros de la salle de conférence de presse. De gauche à droite : Fabien Gilot et Coralie Balmy présents en tant que capitaines pour « représenter les nageurs », le DTN Jacques Favre, le président de la fédération Francis Luyce, le responsable de la natation course et eau libre sur ces Jeux Stéphane Lecat et l'entraîneur en chef de l'équipe de France Romain Barnier. Les mâchoires sont serrées. Luyce est livide. Barnier a le regard noir. Le plus touché par la situation semble être Stéphane Lecat. Face à eux, les journalistes français et deux anciennes gloires de la natation française : Laure Manaudou et Alain Bernard. La première est consultante pour France Télévisions, le second pour Canal+. Tout se passe dans une ambiance oscillant entre le surréaliste et le pathétique, voire le grotesque.
Romain Barnier prend la parole. Le directeur des équipes de France allume à tout-va. Au lance-flammes. Tout le

monde en prend pour son grade. Et qu'importe s'il faut charger un double champion olympique. « *Le dernier coup de gueule, il est pour toi, Alain. J'ai été extrêmement déçu par ta sortie médiatique en milieu de semaine. J'aurais été extrêmement déçu qu'un athlète dont j'ai eu la responsabilité agisse comme ça. Je tiens à te le dire devant le parterre de tes collègues, parce qu'aujourd'hui je ne considère pas que nous fassions partie de la même famille de la natation. Je ne partage pas ta vision. Mon avis, c'est qu'un ancien nageur protège l'équipe de France, coûte que coûte.* » La fameuse « famille »... Édifiant !

Dans le viseur de Barnier, les « reproches » publics d'Alain Bernard sur la manière dont l'encadrement de l'équipe de France a géré la composition du relais 4x200 m. Alain Bernard reproche pêle-mêle l'amateurisme de l'encadrement de l'équipe de France, du DTN, et la mainmise des Marseillais avec Romain Barnier en tête de gondole. Rien que ça...

9 août 2016. Yannick Agnel, loin de son niveau pendant la compétition et éliminé dès les séries du 200 m nage libre deux jours auparavant, est accusé publiquement par certains de ses partenaires du relais, Jordan Pothain en tête, de les avoir lâchés en raison d'un problème de santé. En série, le 4x200 m est en effet sorti de la compétition sur un piteux quatorzième temps alors qu'un réel espoir de médaille existait. Agnel, l'« intello » des bassins, double champion olympique à vingt ans, deux titres mondiaux en grand bassin et nombre d'autres breloques à son actif, qui a annoncé deux jours plus tôt qu'il prendrait sa retraite à l'issue des Jeux, se justifie à son tour. Même malade, il assure lors d'une conférence de presse qu'il voulait

défendre les chances collectives : « *Ceux qui me connaissent savent que je n'ai jamais lâché ni abandonné personne, et encore moins mon équipe. C'est la DTN qui a fait le choix de mettre Damien Joly à ma place. Souffrant ou pas, je voulais nager. Même à 40 de fièvre, je me serais défoncé.* » Le brouillard est total. Quand on se plonge dans les coulisses plusieurs mois après, on s'aperçoit que la DTN naviguait totalement à vue entre discrétion, amateurisme et déclarations inaudibles.

Un an plus tard, lors des Mondiaux 2017 de Budapest, Camille Lacourt s'offre un dernier titre sur 50 m dos, le troisième consécutif avant de tirer sa révérence. Mehdy Metella se pare lui de bronze en 100 m nage libre. C'est finalement de l'eau libre que viennent les bonnes surprises. Souvent considérée comme un parent pauvre (« *La FFN en parle plus quand le bassin va moins bien* », dixit le journaliste Franck Ballanger), elle revient de Hongrie avec six médailles dont quatre titres. L'époque dorée, pas si lointaine, au cours de laquelle Laure Manaudou, Alain Bernard, Frédérick Bousquet, Fabien Gilot, Amaury Leveaux et les autres faisaient trembler les chronos et les bassins, est bel est bien close.

Présente historiquement dans un second peloton de nations dans les classements internationaux au nombre de médailles – neuvième nation aux Mondiaux, treizième aux J.O. et septième aux Europe –, la France possède pourtant environ 300 000 licenciés (50 000 seraient compétiteurs) répartis dans 1300 clubs (chiffres 2015) alors que les États-Unis (numéro un mondial) peuvent compter sur un minimum de 400 000 pratiquants réguliers référencés dans 3100 clubs et que l'Australie (numéro deux aux J.O.) en recense 100 000 dans 1100 structures. Au regard de ces chiffres et des derniers résultats sportifs, d'aucuns pensent, comme Franck Ballanger, un des spécialistes natation du groupe Radio France, que la situation actuelle va durer un petit moment : « *On est parti pour une traversée du désert qui pourrait durer, peut-être, jusqu'à Paris 2024...* » Les enjeux sont posés. Comment la France a-t-elle pu se classer troisième meilleure nation aux J.O. en 2012 et être aujourd'hui à ce point larguée ? La génération Laure Manaudou a-t-elle vraiment été la première à briller autant ? Quel futur pour la discipline ? Les questions ne manquent pas.

CLAUDE FAUQUET, LE RÉVOLUTIONNAIRE PLACIDE

J.O. d'Athènes, 15 août 2004. La natation française moderne vit l'un de ses plus beaux moments sportifs et médiatiques. En finale du 400 m nage libre, Laure Manaudou, dix-sept ans, décroche l'or. Avec de l'argent sur 800 m nage libre et du bronze sur 100 m dos, la jeune femme qui s'entraîne à Melun sous les ordres de Philippe Lucas éclipse non seulement tous ses autres camarades de bassin (Malia Metella en argent sur 50 m nage libre, Solenne Figuès en bronze sur 200 m nage libre ou encore Hugues Duboscq en bronze sur 100 m brasse) mais aussi le reste des athlètes tricolores présents en Grèce. La France a une nouvelle reine du sport. Et c'est une déflagration ! Mais... « *la natation n'a pas explosé avec Laure en France, elle a ré-explosé.* » De sa voix singulière, Franck Ballanger est formel. Nous le rencontrons aux Ondes, la brasserie qui fait l'angle de la rue Gros et de l'avenue de Versailles, en face de la ronde Maison de la

Radio, dans l'ouest parisien. Après une matinée bousculée par l'actualité, le maître ès natation me tend la perche au bord de la piscine. « *C'est dans le milieu des années 1980 puis 1990 que c'est redevenu intéressant en France. Il y avait des nageurs de très haut niveau. Quelqu'un comme Catherine Plewinski aurait dû être championne du monde. Mais elle ne l'a pas été parce qu'en face, il y avait des gens qui marchaient avec trois hélices dans le cul* (sic). *Elle avait les Allemandes de l'Est chargées jusqu'à l'os et les Chinoises qui buvaient du sang de tortue. Franck Esposito aussi, très jeune, il est troisième des J.O. de Barcelone en 92. Ce n'était pas rien quand même, surtout qu'il évoluait en papillon où les Français ne brillaient pas tellement. Et puis il y a eu Roxana Maracineanu. Ça a été le vrai démarrage. Quand tu parles de ça avec Philippe Lucas par exemple, il te dit : "Sans Caron*[22]*, Plewinski*[23]*, Maracineanu*[24] *ou Esposito*[25]*, il n'y aurait jamais eu Manaudou." L'histoire veut d'ailleurs que Laure ait envoyé, quand elle avait dix ou onze ans, une lettre à Roxana pour lui dire : "Ça, ce sont mes chronos. Qu'est-ce que tu me donnes comme conseils ?" Laure avait été très vexée parce que Roxana ne lui avait pas répondu. Mais en fait, Roxana n'avait pas répondu parce qu'elle avait honte… Les chronos de Laure étaient tellement bons qu'il n'y avait pas de conseils à lui donner. Et Laure s'est servie de ça. Et quand tu as ce genre de modèle et qu'ensuite tu nages contre lui…* »

---

22. Christine Caron, dite Kiki Caron, double médaillée d'argent aux Jeux de 1964 et 1968 et considérée comme une pionnière dans la natation française.

23. Médaillée de bronze aux Jeux de 1988, quintuple championne d'Europe.

24. Première championne du monde de l'histoire de la natation française en 1998 et vice-championne olympique en 2000.

25. Vice-champion du monde en 1998.

Et si le renouveau de la natation française était l'œuvre d'un professeur d'EPS qui se lie d'amitié avec Marc Begotti, entraîneur de Plewinski et d'Esposito ? Cadre technique à la FFN, puis DTN et enfin directeur général adjoint de l'INSEP, Claude Fauquet a révolutionné en profondeur la natation française. De passage à Paris, il me donne rendez-vous dans le XXe arrondissement de Paris, au café Les Foudres, un peu après le petit-déjeuner. En avance, je sirote un jus d'orange pressé en l'attendant, au soleil, profitant du calme relatif de la petite place Martin-Nadaud. Avec discrétion, Claude Fauquet ne tarde pas à arriver. Nous nous lançons dans un retour en arrière et une discussion passionnante. Fauquet commence comme conseiller technique adjoint de la fédération en Picardie pendant vingt ans. Jeune et nouvellement arrivé dans la région, il hérite de la direction technique nationale les missions dont les autres ne veulent pas. C'est la règle du jeu. Patrice Prokop, le DTN, lui demande alors de préparer des formateurs pour les maîtres-nageurs. Le poste devient progressivement celui d'un éducateur. « *C'est à cette occasion que j'ai rencontré Marc Begotti. Il a été séduit par ma vision de la natation. Tout de suite est née cette envie de voir ce que l'on pourrait faire ensemble en terme d'entraînement, ce que l'on pourrait apporter au milieu. J'étais plutôt à contre-culture de ce qui se faisait. Comme dans beaucoup de milieux sportifs, on entendait des : "On ne peut pas y arriver car ils sont tous dopés." Nous, on s'est dit que si on acceptait ça, on justifiait le dopage. On a voulu montrer qu'on pouvait y arriver. Catherine Plewinski l'a montré même si elle n'a pas été championne olympique. Elle a battu les Allemandes de l'Est à quelques reprises.* » Progressivement, dans un milieu où les Français qui parvenaient à se hisser en finale étaient regardés aussi étrangement que des danseurs de claquettes sur le sable et où l'exception était la norme, Claude Fauquet fait ses preuves et est remarqué. Au point de devenir directeur des équipes de France au milieu des années 1990 puis DTN en 2001. La méthode Fauquet ? « *Il n'y en avait pas,* assure l'intéressé. *Je suis arrivé avec des convictions qui sont nées de l'analyse du milieu dans lequel j'exerçais. La plus profonde était qu'on ne créait pas assez les conditions permettant de "rendre les gens meilleurs" alors que le potentiel était là. Il y avait une crise de confiance. Je pensais que c'était possible d'arriver au plus haut niveau, de gagner des titres. Et j'ai réfléchi aux moyens de créer les bonnes circonstances pour que cette confiance arrive et que chacun se dise : "Pourquoi pas nous ?" Je pense donc qu'il n'y a pas de méthode Fauquet parce que ce n'est pas exportable, parce que cela s'est construit dans un milieu singulier qui était la FFN, avec des personnes singulières autour de moi. Des gens qui m'ont beaucoup aidé pour qu'on conduise ensemble les réformes nécessaires. S'il y avait eu une méthode, il aurait suffi de l'appliquer et de voir si ça marchait. Il ne suffit pas de dire : "Il y a X et Y, ce sont des nageurs d'exception, on va avoir des résultats". Ça ne marche pas comme ça. Il faut construire une relation entre l'institution et l'expression personnelle des gens qui conduisent des actions. C'est ce que l'on va appeler, à la fin, la culture. On crée ainsi les conditions de la performance, la culture de celle-ci et de l'excellence. Dans le même temps, on ne peut pas demander à un gamin de s'entraîner plusieurs fois par jour tandis que nous, responsables, on ne va venir à la fédération que deux ou trois fois, régler quelques problèmes et voyager au fil des déplacements. Il faut qu'à tous les niveaux de l'organisation, l'expression de l'exigence soit présente.* »

Arrivé à la tête de l'équipe de France en 1994, Fauquet observe l'échec des Mondiaux de la même année mais aussi celui des J.O. d'Atlanta deux ans plus tard. Il agit : les nageurs sont classés par série selon les performances. Une façon de « dire la vérité » dans un milieu où l'on se contente parfois d'une place en finale comme simple Graal. Dans la foulée, et c'est sans doute l'un des fondements de la réussite future, des minima BEAUCOUP plus stricts sont mis en place. Seule la capacité à entrer en finale d'une grande compétition permettra d'y prendre part. Cette réforme fait l'effet d'un tremblement de terre à la FFN. Pourtant incontournable en équipe de France, Roxana Maracineanu n'avait pu défendre son titre de championne du monde, acquis en 1998, lors des Mondiaux de 2001 à Fukuoka, pour quelques millièmes. Un moment forcément dur pour le coach de l'intéressée, le placide Lionel Horter qui, au téléphone, se souvient de ces années de vaches maigres pour la natation française malgré une exigence déjà bien présente : « *Avec Roxana, ça a vraiment bien marché à partir de 1997. On était déjà très pointus sur le management, le travail. Mais pourtant, on était des clochards de la natation mondiale.* » Les années passent et l'inflexibilité de Claude Fauquet reste. Petit à petit, une nouvelle génération de nageurs va éclore sur les efforts d'une base qui va pousser les meilleurs vers le haut. Et grâce à un état d'esprit incarné par le duo Manaudou/Lucas. « *Laure a dépucelé la natation française. Et elle a été capable d'enchaîner. Ça a tout changé* », affirme, avec sa gouaille habituelle, le coach passionné au look de biker. Double champion olympique[26], Alain Bernard a fait

26. 100 m nage libre à Pékin en 2008 et 4x100 m à Londres en 2012.

partie de la seconde vague de champions arrivés dans le sillage de Laure Manaudou. «*Je suis persuadé que sans une personnalité comme Claude Fauquet, quelqu'un qui assume ses choix, la natation française n'aurait pas pu vivre des moments comme ça. Il a tapé du poing sur la table et ça a obligé tout le monde à travailler autrement, plus fort et mieux. Tout a explosé en 2004 à Athènes. Il y a eu Laure bien sûr, mais aussi Hugues Duboscq, Solenne Figuès et Malia Metella. Ça a permis de nous décomplexer tous. Moi je faisais des rassemblements avec eux et quand c'est arrivé, je me rappelle m'être dit : "En fait, c'est possible. Lui, il est là, pas à l'autre bout du monde et il y arrive. Pourquoi pas moi ?" C'est parti de là. Denis Auguin, mon entraîneur, me le répétait mais je n'y croyais pas. Je me souviens par exemple que je progressais à l'entraînement mais ça ne se traduisait pas en compétition.*»

DES CHAPELLES AUSSI DIVERSES QUE LES MÉTHODES ET LES MOYENS

Claude Fauquet parti en 2008, la natation française profite du travail de son bâtisseur. J.O. de Londres, 29 juillet 2012. Sur la plus haute marche du podium du 400 m nage libre, la regrettée Camille Muffat est rayonnante. Huit ans après Laure Manaudou, une autre Française s'impose donc dans la même exigeante discipline. Pur produit des années Fauquet, la championne entraînée par Fabrice Pellerin porte surtout l'empreinte de son coach. Celui qui aura aussi permis à Yannick Agnel (200 m et 4x100 m) et Clément Lefert (4x100 m) de remporter le plus précieux des métaux lors de la compétition. Tout n'est pourtant pas rose avec Fabrice Pellerin. Ses méthodes sont controversées. Même dans

le premier cercle de ses nageurs. Le père de Yannick Agnel, au moment du départ de son fils vers les États-Unis, s'offusque ainsi dans les colonnes du *Midi Libre* de ses méthodes à la dure : « *Que ce soit clair, Fabrice Pellerin ne s'est jamais occupé de Yannick en dehors de l'entraînement. Alors, quand il parle de chaleur humaine, c'est révoltant.* »
Le technicien est pourtant l'un des plus pointus et exigeants dans son domaine. Dans un milieu où les résultats se construisent dans la douleur, le cas de Pellerin ne fait pas figure d'exception. Sur ces mêmes J.O. 2012, Florent Manaudou triomphe en ayant été entraîné par l'Anglais James Gibson, rentré depuis au pays. Le tout sous le regard de Romain Barnier, manager du Cercle des Nageurs de Marseille, tandis qu'Amaury Leveaux, dans les relais 4x100 m en or et 4x200 m en argent, est dirigé par Philippe Lucas. « *Je pense qu'on a quelques-uns des meilleurs entraîneurs du monde,* soutient le journaliste Franck Ballanger. *Comme Denis Auguin, Michel Chrétien, Romain Barnier, Richard Martinez ou encore Fabrice Pellerin. Il y en a plein. Des gens fantastiques, reconnus au niveau international et qui, avec rien, font des champions. Un système différent des États-Unis où c'est plus décontracté, où l'on responsabilise plus les athlètes. "Up to you", comme on dit, car là-bas tu as des dizaines de médaillés d'or.* »
L'envers de cette situation, c'est qu'il y a presque autant de techniques et d'approches que de couples entraîneur/entraîné. Ce qui fait instantanément penser à l'athlétisme. Ainsi Romain Barnier, qui a nagé en université américaine, serait plutôt dans le positivisme et l'émulation que l'on retrouve dans le sport outre-Atlantique ; Philippe Lucas dans une vision plus laborieuse de la discipline où la caisse et un mental de fer doivent primer ; Fabrice Pellerin, lui,

est un spécialiste de la kinésiologie[27]. Alain Bernard : « *Il y a beaucoup de chapelles dans la natation française. Et c'est très chasse gardée, comme on dit. C'est de bonne guerre : chacun a sa stratégie, sa planification et ses objectifs. Toulouse, Marseille, Nice, Font-Romeu, Antibes, Mulhouse… Tout est éclaté avec des pôles France, des clubs. Mais il n'y a pas assez d'échanges. Il faudrait que les entraîneurs se parlent plus. Quand j'étais gamin mais que je n'avais pas le niveau pour être sélectionné en équipe de France, je me rappelle qu'il y avait des rassemblements dans lesquels les Franck Esposito, Simon Dufour, Solenne Figuès se retrouvaient. Il y avait aussi des rassemblements par spécialité. Je trouve que c'est dommage que ça se soit arrêté car il n'y a rien de mieux que le partage d'expérience et de compétence. Mais ça n'est pas simple car on peut avoir des entraîneurs qui se renferment dans leurs pôles ou leurs clubs. Ils ne se voient que lorsqu'il y a les compétitions. Et comme leurs nageurs sont en concurrence, il n'y a pas plus d'affinités. Ils savent que s'ils ont deux nageurs qualifiés, ils iront en équipe de France par exemple. L'autre, s'il n'en a pas, il n'ira pas.* » Des performances des athlètes et des médailles dépendront aussi, évidemment, les dotations financières, le nerf de la guerre.

À l'inverse d'autres disciplines qui possèdent des centres nationaux dédiés, point de repères fédéraux. La natation française s'appuie sur des pôles France disséminés dans le pays. Mais certains nageurs peuvent aussi évoluer dans des clubs qui sont « indépendants », même s'ils perçoivent des aides. Alain Bernard : « *Le modèle du judo, pour un athlète, c'est d'arriver à l'INSEP. Quand tu y es, tu as une chance d'être*

---

27. Étude des mouvements du corps humain.

en équipe de France. Nous, on est plus éparpillés, on est du coup moins exigeants que cela. On ne peut pas se permettre de tout centraliser pour former une équipe de France.» Ce qui implique des modes de fonctionnement pas toujours évidents et parfois des jalousies en termes de moyens. Certains ont à disposition des piscines en lien avec leur municipalité quand d'autres sont plus dépendants de projets qu'ils montent. «*À Nice, Fabrice Pellerin s'est fait construire sa piscine qui est dédiée à la compétition. Il peut y faire ce qu'il veut. À Mulhouse, le club gère la piscine avec des nageurs de compétition et du grand public. À Marseille, le Cercle des Nageurs est une institution,* constate Franck Ballanger. *Et puis il y a Philippe Lucas qui va d'une piscine à l'autre. C'est un cas à part, lui aussi. Il est plus dans l'idée de dire : "Donnez-moi de l'argent et je ferai ce que je sais faire, à savoir entraîner." Et puis ailleurs, il faut se lever à 5 h du matin et revenir à 19 h pour pouvoir s'entraîner parce qu'il faut attendre le départ des scolaires. Je suis allé plusieurs fois en Australie et aux États-Unis, si tu te cognes dans un lampadaire, il y a une piscine au pied ! Et avec des créneaux pour nager.*» Des piscines olympiques partout donc, et surtout des créneaux réservés au haut niveau pour les structures d'entraînement. Lionel Horter poursuit : « *Globalement, les subventions baissent, les budgets sont en réduction et quand on a plusieurs entraîneurs comme chez nous avec des jeunes, un staff élargi, ce n'est pas simple d'être performant. On tient beaucoup sur l'humain, sur les relations que l'on tisse. Le haut niveau en France, c'est ça.*»

Il semble d'ailleurs que l'ingéniosité et une détermination sans faille soient plus que nécessaires pour parvenir à faire tenir certaines structures dont les formes ne sont pas toujours cohérentes avec le très haut niveau. Vice-président du club d'Antibes, Alain Bernard parle en connaissance de cause. Au programme : aquagym, masters, synchro, water-polo, natation course, etc. Le budget annuel est d'environ un million d'euros, pour 1500 adhérents. « *Notre subvention est de 300 000 €. On a 700 000 € à aller chercher, principalement de la cotisation,* calcule Alain Bernard. *Cela commence à 150/180 € pour les premiers tarifs et ça monte jusqu'à 350/400 € pour les licences des nageurs confirmés ou des masters. On a l'équivalent d'une vingtaine de salariés à payer avec tout ça. Mais ce qu'il faut savoir, c'est qu'on évolue sous forme d'association loi 1901. Rien que cette mise en perspective fait réfléchir. Les trois-quarts des gens qui font fonctionner l'association sont des bénévoles. C'est paradoxal. Il faudrait réfléchir à un nouveau statut.* »

UNE FAMILLE DIVISÉE À RASSEMBLER

De nombreuses chapelles sportives et autant de caractères à gérer, des enjeux financiers préoccupants et une instabilité politique, les chantiers ne manquent pas. La priorité reste néanmoins de rassembler. Jeux Olympiques de Pékin, 2008. Les épreuves de natation sont terminées. Claude Fauquet peut rendre son tablier à la FFN après avoir annoncé son départ quelques mois plus tôt pour aller dispenser sa bonne parole à l'INSEP. Les nageurs français ont fait le job avec un total de six breloques dont l'or d'Alain Bernard. La natation française est « *sur de bons rails* » comme dira à l'époque le DTN, précisant qu'il se plaît « *à partir quand tout va bien* ». L'avenir dira que sa méthode ne lui survivra pas forcément. Un groupe de nageurs dans le coup, des promesses qui vont éclore et surtout une méthode éprouvée, son successeur Christian Donzé a de quoi voir venir. Même s'il ne s'inscrit pas dans la droite ligne de son prédécesseur, son action restera cohérente, jusqu'à sa mort soudaine en octobre 2012. Son bilan parle pour lui. La suite sera moins convaincante. « *L'histoire de la natation française, c'est une continuité/rupture*, éclaire justement Claude Fauquet. *La rupture, ce sont de nouvelles idées, de nouvelles façons de faire* ; *la continuité, c'est un nouveau DTN issu de l'équipe précédente. On se nourrissait à la fois de ce qu'il y avait et en même temps, ça nous servait de tremplin pour continuer à construire quelque chose. Et ça, ça s'est arrêté avec moi.* » Le fait est qu'en trois ans, entre 2012 et 2015, la FFN a vu se succéder trois DTN. Christian Donzé donc, qui est décédé, puis Lionel Horter, qui est resté deux ans et a claqué la porte pour aller entraîner Yannick Agnel, et enfin Jacques Favre, membre du Cercle des Nageurs de Marseille. Le CNM, c'est ce centre d'entraînement ultra-sélectif où seuls quelques privilégiés ont droit de cité. Sous l'impulsion de Romain Barnier, il devient rapidement le point central de la natation française. Celui que la majorité des nageurs à fort potentiel décident de rejoindre. Le CNM donne l'impression d'être ce lieu d'où les décisions importantes sont prises. Et peu importe si cela agace dans le milieu. Peu importe si cela provoque des tensions entre les nageurs au moment où ces derniers rangent leur bonnet de bain estampillé Marseille, Amiens ou Mulhouse pour prendre le bonnet de l'équipe de France et défendre une même nation dans les compétitions internationales. Les rancœurs subsistent, l'atmosphère autour de l'équipe de France s'en ressent. Et au bout de la chaîne, ce sont les résultats qui chutent. DTN de 2015 à 2017, Jacques Favre est donc issu de Marseille, tout comme Romain Barnier, d'abord entraîneur à Marseille puis intronisé directeur des équipes de France. « *Cela a créé un schisme dans le paysage,* explique Franck Ballanger. *Il y avait Marseille et les autres. Romain Barnier, c'est Lionel Horter qui l'avait nommé, contre l'avis de beaucoup, en disant : "Voyez, je prends un Marseillais." Horter était plutôt chapelle-chapelle, pas précisément un homme d'ouverture. Il n'était pas forcément fait pour ce rôle-là. Il n'est pas assez fédérateur.* » Montré du doigt, Horter détaille, sans pour autant se livrer à fond : « *Il y a eu des problèmes de gouvernance, mais il faut mettre de côté l'écume des affaires politiques. Il faut garder ce qui a marché par le passé. On a un staff d'entraîneurs qui a prouvé qu'il était capable de bien travailler. Il faut valoriser les structures et les hommes qui les composent. La jalousie et la division sont des sports très français.* » La figure de proue du Mulhouse Olympique Natation en sait quelque chose. Exposé dans ses fonctions de DTN, puis comme coach de Yannick Agnel qui cristallisa le malaise de la natation française à l'été 2016, Horter regrette ces querelles. « *Concernant Yannick, je crois que les gens ont eu la mémoire un peu courte. On est dans une société de consommation où l'on oublie très vite. Ce qui s'est passé est très injuste au regard de sa carrière.* »

Pour Franck Ballanger, le fiasco des Bleus était prévisible dès la nomination de Jacques Favre à la DTN. Et le retour à l'unité n'est pas pour demain. « *L'erreur fondamentale, c'est tout de même le président Francis Luyce qui l'a commise en n'essayant pas de fédérer dans sa propre fédération. Quand il le nomme DTN, c'est contre l'avis de son bureau directeur. C'est un acte fondateur. Ça veut dire : "Je décide tout seul et les autres, je ne m'en occupe pas." Sauf que ça ne peut pas marcher comme ça, surtout dans une association sportive. Et puis mettre tous ses œufs dans le même panier… Tous les observateurs pensaient que ce serait une grosse foirade. Aujourd'hui, les rancœurs sont très puissantes. Je pense que ça va mettre un petit moment à s'apaiser. À Rio, on a assisté à des scènes…* » L'une est particulièrement significative. « *Après l'échec de Florent Manaudou, parce qu'on peut dire que c'est un échec quand même car il est battu par un type de 35 piges, je descends des tribunes pour rejoindre la zone mixte où se déroulent les interviews d'après-course,* se souvient le journaliste de Radio-France. *Je croise quelques entraîneurs français dont un qui me dit : "C'est bien fait pour leur gueule ! Pas pour Florent, mais pour tous les autres, pour le système. Ils ne pourront même pas aller sur la photo poser avec le double champion olympique. Ils n'en ont pas, de double champion olympique." Certains souhaitaient voir Florent se planter. Pas pour Florent, personne n'avait rien contre lui. Mais les gens étaient tellement excédés de la façon dont cela se passait… Ce choix du prince de Francis Luyce, cette direction marseillo-marseillaise de la fédération… Il y avait vraiment des entraîneurs qui étaient excédés et qui souhaitaient que tout ça explose.* »

Pris dans la tourmente lors de ces Jeux de Rio, Alain Bernard apporte son éclairage : « *Avec Romain Barnier, on n'était pas d'accord sur certaines choses. Ce n'était pas très grave. Mais de là à ne pas assumer des échecs probants aux JO… Et dans une conférence de presse, m'accuser d'avoir pointé cela du doigt alors que j'étais dans mon rôle de consultant… Je pense qu'il y a des choses à assumer. On a manqué de chef pendant quatre ans. Il faut quelqu'un qui fait des choix, prend des directives et assume. Quitte à se tromper. Il faut aller au bout du truc. Claude Onesta en équipe de France de hand, quand il est arrivé, ce n'était pas tout tracé. Il a choisi son entourage, a construit son modèle qui est devenu très fort. Il a pris les joueurs qu'il voulait.*

Il a manqué une personnalité à la tête des équipes de France de natation. Quelqu'un qui serait ce que Ghani Yalouz a été à l'athlétisme. » Le nageur, soutien du nouveau président Gilles Sezionale, pourrait d'ailleurs avoir le profil. Au-delà des querelles de personnes, Claude Fauquet regrette l'état d'esprit général qui s'est dégagé pendant ces J.O. : « *Ça m'a plus que chiffonné toutes ces histoires. C'est quinze ans très intenses d'une vie professionnelle et personnelle. Quand on est sur ce genre de fonction, on donne tout son temps. On se lève le matin, on pense à un truc, on se couche le soir et on se dit : "Qu'est-ce qui va arriver demain ? Est-ce que ce qu'on fait va être remis en cause ? Est-ce qu'on va avoir des résultats ?" Parce qu'on n'est pas les acteurs. Les acteurs ce sont les athlètes et les nageurs. La question c'est : "Est-ce qu'on a créé suffisamment de confiance dans cet environnement pour que les athlètes n'aient pas la pression mais qu'ils soient dans le plaisir ?" Dans le plaisir d'exprimer tout ce qu'on construit au quotidien. Il faut avoir cette idée du plaisir et pas celle de se dire : "Attention, si on rate, ça va être une catastrophe." Car si on rate, si on est en échec, ce n'est qu'un pas de plus vers le succès.* »

UNE EXCELLENCE À RESSUSCITER

Cap désormais sur les Jeux de Paris. La natation française sera-t-elle triomphante comme à Pékin en se classant parmi les trois premières nations ? Ou sera-t-elle au fond des abysses comme à Atlanta en 1996 ? Les profils actuels comme Jordan Pothain, huitième en finale des J.O. de Rio en 400 m nage libre, ou encore Maxime Grousset, vice-champion du monde juniors 2017 sur 50 m nage libre, et la très jeune Cyrielle Duhamel, également médaillée aux Mondiaux juniors, laissent à penser qu'on pourrait rêver à la première solution. D'autant que Mehdy Metella ou Clément Mignon, parti s'entraîner en Australie, ont déjà montré la voix avec quelques succès et places d'honneur. Tout cela à condition de passer rapidement la vitesse supérieure.

Et quid de Paris ? Malgré leur jeune âge, iront-ils jusque-là ? En sept ans, beaucoup de choses peuvent arriver et une carrière au très haut niveau en natation est assez courte. Six années avec de gros résultats sont très significatives. « *Chez les jeunes, il y en a qui continuent de battre les records de leur catégorie, et notamment ceux de Camille Muffat,* s'enthousiasme Alain Bernard. *Moi je suis optimiste pour l'avenir. Il faut l'être.* » Mais il est un point qui inquiète d'autres observateurs. La détection des futures stars de la natation n'a pas été la priorité des dernières années. « *Quand j'ai été aux responsabilités, je l'ai signalé et je n'ai pas été écouté,* souligne Lionel Horter. *La fédération a lancé un projet qui était censé préparer Tokyo 2020 mais qui est devenu depuis septembre 2015 le projet Gavroche 2024,* poursuit Franck Ballanger. *Ils font une détection pyramidale, sans éjecter trop de gens parce que la base n'est finalement pas très importante. Comme il n'y a pas de masse, il ne faut surtout pas perdre un talent. Pour former, il faut dépenser de l'argent, créer des rassemblements d'entraîneurs, de nageurs. Pendant longtemps, la fédération a été un peu pingre là-dessus. Elle a préféré acheter des bureaux plutôt que d'envoyer de l'argent dans des stages.* » Menée par Denis Auguin, son ex-entraîneur, l'initiative Gavroche 2024 est bien connue d'Alain Bernard : « *Le projet a déjà permis des rassemblements. L'idée est de faire vivre ensemble ces jeunes. La dynamique collective va se créer là, plus que sur des compétitions internationales où certains sont un peu plus stressés que d'autres. Là, on tisse des liens, on échange. Certains entraîneurs peuvent échanger sur leurs compétences. Ils apprennent aussi le haut niveau car ils sont en devenir. Il y a aussi l'idée de permettre aux jeunes de rencontrer des médaillés. Il faut une transmission de savoirs.»* Plus tranché sur la détection en France, Philippe Lucas revient sur son expérience : « *En France, ça ne détecte pas assez. C'est le hasard complet. Laure, je l'ai remarquée aux championnats de France quand elle avait quatorze ans. Comment cette fille a pu passer au travers des filets de la fédération ? C'est dingue. Mais c'est parce que les gens ne font pas toujours leur travail sur le terrain, ils ne vont pas dans les compétitions de jeunes. Et ce qui est fou aussi, c'est l'absence d'échanges avec le sport scolaire. Si je vois des jeunes nager dans ma piscine avec leur école, je ne peux pas aller voir celui qui a du potentiel pour l'orienter vers la natation.* »

Autre combat pour la nouvelle équipe du président Gilles Sezionale : garder les nageurs et les emmener au plus haut niveau dans de bonnes conditions. « *Il faut d'abord que l'on travaille plus,* tonne Philippe Lucas. *On a des talents, je ne dis pas le contraire, mais ils ne travaillent pas bien et pas toujours assez. Ils nagent comme des gaufres. Quand je vois certains nageurs qui décident de rejoindre des entraîneurs qui ne sont pas réputés pour être bons dans la spécialité du nageur en question, il y a des moments où je me pose des questions.*» Alain Bernard, plus posé : « *On perd des jeunes vers l'âge de dix-huit ans. Il y a notamment ceux qui préfèrent assurer du côté des études. C'est un des points où on peut s'améliorer. Aller jusqu'au bac, on sait faire. Mais c'est après que cela devient compliqué. Même si on peut y arriver. Quand tu veux t'affirmer et que tes parents ne peuvent pas t'aider, tu es obligé de trouver des astuces. Moi j'ai passé mon diplôme de maître-nageur. Je m'entraînais le matin, je surveillais la journée et je m'entraînais de nouveau le soir. J'avais un petit contrat. La natation, c'est un sport vraiment difficile. Il faut que l'on prenne mieux en charge les athlètes. En entrant à la fédération, j'ai appris que sur 100 € de fonctionnement de la FFN, il y a seulement 14 € qui reviennent aux sportifs et à l'organisation du sportif. C'est trop peu.»* Les écarts entre les grandes stars de la natation et les sans-grades peuvent d'ailleurs donner le vertige. Franck Ballanger : «*Florent Manaudou, quand il était au top, devait gagner à peu près un million d'euros par an. Ça a pu durer quatre ans environ. Après, la majeure partie c'est peut-être 3000 ou 4000 € par mois les années où les nageurs et nageuses sont en équipe de France. Mais tu as aussi des nageuses, comme Ophélie Étienne, qui ont arrêté leur carrière à 22 ou 23 ans parce qu'elles ne s'y retrouvaient pas. Et à l'époque, elles ne volaient pas leur place quand on se souvient des minima…*» Sur ce plan aussi, Philippe Lucas est vent debout pour ses athlètes et contre le système en place : «*Ce qui est scandaleux, c'est qu'il y a des athlètes qui sont au RSA, qui ne savent pas comment ils vont finir leur mois. Ça existe pour de bon en France. Quand tu vois qu'une médaille d'or aux J.O. rapporte 50 000 € seulement à celui qui la ramène… Ça démontre tout l'état d'esprit des gens qui nous dirigent.*»

Enfin, comme dans de nombreuses disciplines, la question du dopage reste prégnante. Franck Ballanger prévient : «*Aujourd'hui, il y a des nageurs en équipe de France qui disent : "Oui, mais ça c'est autorisé". Oui, c'est autorisé, mais c'est quand même une conduite dopante. Je pense aux caissons hyperbares, ce genre de choses. Je ne suis pas très à l'aise avec ça. Et certains nageurs ne sont pas très à l'aise avec ça non plus. C'était pareil à l'époque des combinaisons. Il y avait deux chapelles. D'un côté, Yannick Agnel et Fabrice Pellerin disaient : "Les combinaisons, on s'en servira parce qu'il faut s'en servir, mais la natation, c'est en slip de bain". De l'autre, tu avais Romain Barnier qui disait : "C'est autorisé, on fait". Et quand ce ne sera plus autorisé ? "On fera autrement." C'étaient des politiques de courte vue. Et au final, je pense que Yannick Agnel s'en est mieux sorti que les Marseillais là-dessus. Quand les combinaisons ont été interdites, il est devenu double champion olympique.»*

Jamais réellement épinglés, les Français pourraient néanmoins éveiller quelques suspicions, surtout à l'étranger. Ainsi Romain Barnier a-t-il été suspendu six mois par l'AFLD[28], lors de l'été 2017, pour s'être opposé à un contrôle antidopage sur trois de ses nageurs à Marseille. Dans une moindre mesure, on se rappelle aussi que Laure Manaudou a compté deux « no show » au cours de sa carrière. Frédérick Bousquet avait, lui, été suspendu deux mois en septembre 2010 en raison d'un contrôle positif à l'heptaminol[29]. Une négligence, selon le nageur, qui dit avoir pris un produit anti-hémorroïdes inhabituel, lors d'une crise subite, faute d'avoir son traitement à disposition. Et que dire du livre d'Amaury Leveaux déjà évoqué ? Les rails de cocaïne dont parle l'ancien nageur pourraient constituer une pierre de plus dans le jardin de la FFN…

---

28. Agence française de lutte contre le dopage.
29. Stimulant du système cardio-vasculaire.

RUGBY
À L'AGONIE

« *Notre rugby part complètement en couille.* » Le coup de gueule est signé Christophe Urios, le manager de Castres, en mars 2017 dans les colonnes de *L'Équipe*. Le rugby français n'a plus assez de mots pour étaler ses maux. Déculottées répétées pour le XV de France au niveau européen et mondial. Sélectionneur viré pour la première fois dans l'histoire de l'équipe de France. Guerre permanente entre la fédération et la ligue. Toute-puissance du Top 14 au détriment de la sélection nationale. Suspicions de conflit d'intérêts et trafic d'influences autour du président de la fédération, Bernard Laporte. Multiplication des affaires extra-sportives et pétages de plomb en tous genres : dopage, interpellation de joueurs en possession de cocaïne, contrôle d'alcoolémie positif pour des stars de ce sport, accusations de viol ou d'agression sexuelle… La liste des dérives liées au rugby n'en finit plus de s'allonger. Et ce n'est pas l'obtention de l'organisation de la Coupe du monde en 2023 qui suffira à effacer tous les déboires récemment connus par le rugby français.

La dernière tournée du XV de France en Afrique du Sud, en juin 2017, n'a fait qu'accentuer ce malaise et ce sentiment de déliquescence. Guy Novès et ses joueurs n'ont pas existé (défaites 37-14, 37-15 et 35-12) face à des Springboks « en reconstruction », encaissant quatre essais à chaque rencontre. Maigre. Trop maigre. En revenant en France – peut-être au Bar de l'Arrivée à Orly, là où traditionnellement pendant des années les joueurs et le staff se retrouvaient avant un rassemblement –, les joueurs ont sans doute eu en main la presse. Ils ont lu comme nous les critiques dures et justifiées. « *Dépassés* » pour le *Midi Olympique*, « *Tournés en ridicule* » pour *L'Équipe* ou encore « *Fiasco total* » pour *Sud-Ouest*. Au fil des articles sont pointés l'implication des joueurs, les savoir-faire, la puissance ou encore le manque de liant. Avec, comme refrain trop souvent rabâché, la « fameuse » fatigue pour expliquer la classe de différence entre un aspirant au top mondial et la France.

En poste depuis novembre 2015, le sélectionneur Guy Novès se sentait sur la sellette depuis l'arrivée de Bernard Laporte à la tête de la fédération. Il connaissait ses impératifs de résultats, d'autant plus élevés qu'il était le sélectionneur choisi par son prédécesseur, Pierre Camou. Même s'il est rare – phénomène propre au rugby que j'ai du mal à comprendre – qu'un limogeage de sélectionneur arrive avant le terme de son engagement, le couperet est finalement tombé le 27 décembre sur la tête de l'entraîneur le plus titré du rugby français. Les trois défaites contre la Nouvelle-Zélande (38-18), l'Afrique du Sud (18-17) et l'équipe B de la Nouvelle-Zélande contre la B des Français (28-23) et surtout le nul (23-23) honteux contre des Japonais onzièmes mondiaux et qui auraient mérité de quitter la France avec une victoire historique tant les coéquipiers de Guirado ont semblé totalement à côté de leurs pompes, auront sonné le glas pour Novès. Bernard Laporte, avec le Stade Français et Toulon, et Guy Novès, avec le Stade Toulousain, se sont longtemps affrontés sur le plan national. Et n'ont jamais eu – c'est un euphémisme – d'accointances. Question de générations, de caractères et de parcours de vie différents. Le passage du premier au poste de sélectionneur (2000–2007) avait creusé un fossé sur le plan des relations. Alors très critique envers les clubs et leur gestion des internationaux, Bernard Laporte avait froissé son homologue toulousain. Guy Novès s'autorisera même à faire longtemps poireauter le sélectionneur sur le parking du stade lors d'une visite à Toulouse. Et alors qu'il accède enfin à ce poste de sélectionneur assidûment convoité, Guy Novès voit Bernard Laporte être élu président de la FFR et devenir *de facto*… son patron. D'abord très critique envers le sélectionneur pendant sa campagne, Laporte avait mis de l'eau dans son vin une fois élu, promettant de maintenir le technicien en poste jusqu'à la Coupe du monde 2019. Une posture sans doute car jamais le courant semble n'être (re)passé entre les deux hommes. Le patron aura finalement eu raison de son employé.

Les récentes affaires autour de Bernard Laporte ne vont pas contribuer à ramener un climat de sérénité. À moins de deux ans du prochain Mondial (de septembre à novembre 2019), les espoirs de conquête suprême s'éloignent. D'autant que la poule promise à la France (Angleterre, Argentine, États-Unis et Tonga) fait déjà craindre le pire et une possible humiliation absolue : une élimination au premier tour… Un tirage difficile qui tombe particulièrement mal pour les Bleus qui restaient avant le Tournoi des VI Nations

2018 sur sept victoires en 21 rencontres depuis la prise de fonction de Guy Novès à la sortie de la Coupe du monde 2015 (nous aurons la bonté de ne pas prendre en compte le match France B-Nouvelle-Zélande B lui aussi soldé par un revers). Dans un sport sérieusement pratiqué par une quinzaine de nations dans le monde, ne pas sortir des poules provoquerait un véritable séisme. Une première pour le rugby français qui est toujours parvenu à se hisser en quart de finale mais qui n'est aujourd'hui plus à l'abri d'une telle déconvenue quand on sait à quel point l'Angleterre domine le rugby européen (voire mondial) et quand on se souvient que l'Argentine n'a jamais vraiment réussi à la France ces dernières années (six victoires des Pumas sur les onze dernières confrontations entre les deux pays, dont deux lors de la Coupe du monde 2007 en… France). Quant aux Tonga et aux États-Unis, ils sont normalement largement à la portée de Guirado et ses coéquipiers. Mais au regard des dernières années, tout excès d'optimisme serait une grave erreur. Surtout que les Bleus s'étaient inclinés dans un match de poule de la Coupe du monde 2011 contre ces mêmes Tonga…

Pourtant la France est a priori un vrai pays de rugby dont le bilan global historique ne pouvait laisser présager un tel marasme. Longtemps cantonné à ses bastions traditionnels sudistes et à quelques enclaves éparses dans le « Nord » du territoire français, notamment à Paris, le rugby à XV a connu, lors de son passage au professionnalisme en 1995, une réelle révolution et un essor exponentiel. Il est ainsi devenu, aujourd'hui, l'un des sports les plus populaires du pays. En novembre 2016, dans un sondage de l'institut BVA,

55 % des personnes interrogées avouent préférer le rugby au football (36 %). Le XV de France jouit lui d'une image très positive chez 87 % des Français interrogés. Là aussi, au-dessus de l'équipe de France de football (58 %). Douze millions de téléspectateurs ont vu la monumentale défaite des Bleus en quart de finale de la Coupe du monde 2015 devant la Nouvelle-Zélande (62-13). Le record d'audience en la matière reste, pour le moment, la finale du Mondial 2011 où plus de quinze millions de téléspectateurs avaient poussé en vain les Français dans leur quête inaboutie face, encore, aux All Blacks (défaite 8-7).

Longtemps, le rugby a présenté une image immaculée et bénéficié d'une immunité confondante. Alors que son « cousin foot » n'a jamais été épargné par l'opinion publique, le rugby a semblé traverser ses propres tempêtes sans vaciller. Là où le football a souvent été associé au business, à l'argent sale, aux problèmes de société ou de banlieues, le rugby a été pardonné à l'aune des sacro-saintes « valeurs de l'Ovalie ». Le rugby, sport de terroir et valeur refuge protégés des maux de notre temps ? Symbole de la France profonde et authentique ? Celle qui chante la Marseillaise à tue-tête, qui aime l'apéro et les chansons de Michel Sardou dans les banquets ? Le rugby, c'est un peu la Famille Bélier. Longtemps le rugby, fort de ces qualités et drapé dans sa vertu, en a joué. Et a profité de ce socle culturel qui, pensait-on, le prémunirait des dérapages des autres sports.

La FFR comptait, lors de la saison 2015-2016, 455 747 licenciés répartis dans 1800 clubs. Le troisième plus gros contingent mondial derrière l'Angleterre et l'Afrique du Sud.

En un peu plus de vingt ans, des athlètes ultra-préparés ont remplacé des joueurs « à l'ancienne », qui menaient souvent carrières sportives et professionnelles de front. Et dans leur sillage l'explosion des salaires, les enjeux sportifs et financiers, la lutte pour les droits télévisuels ou encore les soupçons de dopage ont suivi. La place de l'homme, de l'humain, du sportif, a par ailleurs changé. Les valeurs, désormais brandies, sans réelles convictions, en étendard, en ont pris un sacré coup. Et ce ne sont pas les récentes sorties médiatiques de quelques personnalités de l'Ovalie, les scandales judiciaires de quelques stars de ce sport et des résultats internationaux en berne qui iront à l'encontre de cette vision.

Dans le cœur des fans et de l'avis des journalistes suiveurs, le rugby français traverse donc actuellement une réelle crise. Sur le plan sportif et sur le plan de l'image. Humiliés, on l'a dit, par les intouchables Néo-Zélandais en quart de finale de la dernière Coupe du monde en 2015, les Bleus ne présentent pas un meilleur bilan à l'échelle continentale. Sur les six dernières éditions du Tournoi des VI Nations, les Français n'ont pas fait mieux qu'une troisième place, en 2017, au terme d'une compétition courageuse mais franchement pas flamboyante. Neuvième nation au classement mondial de l'International Rugby Board (IRB) fin novembre 2017, la France a perdu ses bases… Et le French flair, sorte d'inspiration géniale des rugbymen français, a fait long feu. Il a surtout permis de masquer des carences flagrantes en entretenant une nostalgie trompeuse.

UNE GRANDE FAMILLE FRACTURÉE

« *Le rugby a beaucoup changé et je ne suis pas sûr que ce soit de la bonne façon. Ça part dans tous les sens. Je me sens un peu perdu au milieu de tout cela.* » D'entrée, Pierre Berbizier, l'ancien demi de mêlée international, tire un constat clair. Berbizier, c'est un parcours respecté de joueur et d'entraîneur mais aussi une absence totale de langue de bois et de profondes inimitiés dans le milieu. Il a multiplié les clashs et les divorces fracassants. D'Albert Ferrasse, tout-puissant président de la FFR de 1968 à 1991, également président de l'IRB (1979–1987), il avait dit qu'il gérait « *son travail au rythme de ses parties de pêche et de chasse* ». Bernard Lapasset, successeur de Ferrasse à la tête de la fédération (1991–2008), avait été désigné comme un « *danseur de tango* » car « *avec lui, c'est un pas en avant, trois pas en arrière* ». Je me souviens, plus récemment, de son départ du Racing, sur fond de fâcherie avec Sébastien Chabal et de motion de défiance de l'ensemble du groupe. Mais Berbizier, c'est également le capitaine de l'équipe de France finaliste de la première Coupe du monde en 1987, le vainqueur de deux Grands Chelems en 1981 et 1987 et du Brennus en 1988 avec Agen, le sélectionneur des Bleus de 1991 à 1995. Le seul à avoir jamais remporté une tournée en Nouvelle-Zélande (1994), performance qualifiée d'« *exploit du siècle* » par le *Midi Olympique*. Un homme qui a connu le passage du rugby amateur au rugby professionnel, le tenant d'une certaine éducation inculquée par Jacques Fouroux, alors sélectionneur des Bleus de 1981 à 1990, adepte du coup de gueule et du rapport de force. Bref, un homme qu'on admire ou qu'on déteste. Mais qui ne laisse jamais insensible.

Alors qu'il est pressenti à Bayonne – où il va finalement signer comme manager général –, il prend tout de même le temps de l'analyse pour m'accompagner dans cette enquête. Au bout du fil, tandis qu'en parallèle se règle son avenir professionnel à court terme, il poursuit, sans filtre. « *Il y a beaucoup de gens qui s'agitent, qui occupent l'espace médiatique, qui veulent s'exprimer sur tout et rien. On est dans la communication à tout prix. On a toujours voulu se démarquer du football et de certains de ses travers, mais on est en plein dedans. La professionnalisation n'a pas été encadrée et le modèle actuel s'est imposé de manière sauvage.* »
Punchlines présidentielles et critiques régulières de l'arbitrage, licenciements de coachs et de joueurs sans préavis… Dans un sport où l'on se félicite traditionnellement du respect de l'homme en noir et de la fraternité entre coéquipiers et adversaires, existe une bipolarité latente qui confine presque à la psychiatrie. « *À tous les étages, les gens pètent des plombs,* confirme Pierre Berbizier. *On a perdu la notion d'appartenance, le maillot ne représente presque plus rien. Et si l'on constate une certaine violence sur le terrain, elle est aussi présente en dehors, dans les paroles. Et ça, ce n'est vraiment pas bon pour notre image, pour ce que l'on renvoie vers nos jeunes.* »

Ancien international, vainqueur notamment du Grand Chelem de 1998 avec les Bleus et détenteur de trois Brennus avec le Stade Français et Biarritz, sélectionneur entre 2007 et 2011, Marc Lièvremont sort d'un séminaire pour une marque de luxe française quand nous nous rencontrons au Balzac, avenue de Friedland, à deux pas de l'Arc de Triomphe. L'homme est resté célèbre pour sa fameuse sortie « *Tu m'emmerdes avec ta question* » en conférence de presse pendant la Coupe du monde 2011. Il répondait alors à l'interrogation d'un journaliste sur les chances de l'équipe de France d'être encore championne du monde après une défaite en poule contre la Nouvelle-Zélande. Quelques jours plus tard, un XV de France ressuscité s'inclinait en finale de cette même Coupe du monde par la plus petite des marges (8-7) face aux… Néo-Zélandais. Jamais un sélectionneur français n'avait été aussi proche du Graal. Forcément, on n'a pas joué les malins au moment de la rencontre et essayé de ne pas trop « l'emmerder » avec nos questions. Mais les précautions d'usage n'étaient pas nécessaires. Sans mandat sportif, restaurateur dans le Sud-Ouest et consultant pour Canal+, il a la parole libre. Racé et intelligent sur le terrain, le troisième ligne a conservé ses qualités en dehors. « *On est en train de scier la branche sur laquelle on est assis,* analyse-t-il. *On voit beaucoup de partenaires qui s'interrogent, qui disent : "Mais le rugby c'était les valeurs, l'engagement, un sport propre. C'étaient des joueurs intelligents, structurés". Je crois que l'on est désormais allé un peu trop loin. Il a manqué un homme providentiel à la tête du rugby français, que ce soit à la FFR ou à la ligue. Ça aurait pu être Serge Blanco… On aurait eu besoin, il y a quelques années, de quelqu'un capable de mettre tout le monde d'accord, quelqu'un qui aurait dit : "Arrêtons de déconner, essayons d'être pragmatiques, arrêtons de nous regarder le nombril."* »

Sport de clochers, le rugby a toujours eu sa propre musique, tout aussi réjouissante que ses accents. Mais ces quinze dernières années, il faut reconnaître que la cacophonie a été la principale partition jouée. L'émergence d'un président comme Mourad Boudjellal, self-made-man audacieux issu de l'édition et amoureux passionné de sa ville, Toulon, et du RCT (Rugby Club Toulonnais), a donné le tournis à certains de ses homologues, peut-être jaloux de voir arriver un fils d'immigrés dans leur cher rugby. Ce rugby qui fleure bon le terroir et qui a toujours eu un accent bien de chez nous. Boudjellal, c'est la merguez dans le cassoulet ! Ambitieux, déterminé, le verbe haut et ne comptant que sur lui-même pour avancer, le turbulent Varois, dont les saillies alimentent la chronique du rugby, a régulièrement pointé du doigt le conservatisme du milieu. À l'image d'un Max Guazzini, ancien président du Stade Français, il a pourtant permis au rugby de connaître une nouvelle ère sportive et médiatique, favorisant l'arrivée de joueurs charismatiques et performants comme les All Blacks Tana Umaga et Sonny Bill Williams, le demi d'ouverture anglais Jonny Wilkinson et bien d'autres.

Le RCT, à travers l'appétence de son président, a ouvert une nouvelle voie, bousculé les codes et fait entrer le rugby dans une autre dimension, transporté ce sport de villages vers la grande ville. Une dimension généralement propre au football, plus ouvert sur la mondialisation. Soucieux de bâtir un projet équilibré économiquement et sportivement, en cassant les codes, Boudjellal a d'ailleurs vu grandir face à lui des clubs dotés de moyens aussi conséquents (Montpellier avec Mohed Altrad, le Racing Métro 92 avec Jacky Lorenzetti). Cette course à l'armement a provoqué une certaine dérégulation dans les recrutements et les salaires. Au rugby, désormais, les « danseuses » coûtent cher ! Il y a dix ans, la moyenne des budgets était de 9,48 millions d'euros. Pour le dernier exercice, elle se chiffrait à 23,38 millions. En France, selon *Midi Olympique*, le salaire moyen d'un joueur avoisine les 13 000 € mensuels. Soit beaucoup plus qu'en Afrique du Sud (8000 €), en Nouvelle-Zélande (4800 €) ou en Australie (4000 €). Forcément, cela attise les envies et met un peu plus de pression lorsque les enjeux sportifs et politiques sont importants. Au détriment de l'équipe de France ?

« *Tu as certaines chapelles dans le rugby et les gens n'en sortent pas. Les Anglais, ils sont ce qu'ils sont, tu peux les aimer ou ne pas les aimer, mais l'équipe nationale, c'est la priorité. Jusqu'ici, tu avais une fédération qui ne remplissait pas son rôle* », assène Bernard Laporte. Le nouveau président de la Fédération Française de Rugby, élu au terme d'une campagne à couteaux tirés, a tout gagné ou presque dans le rugby. Deux titres de champion de France et trois Coupes d'Europe lors de ses passages au Stade Français et à Toulon. Quatre Tournois des VI Nations dont deux Grands Chelems lors de son septennat (2000-2007) à la tête des Bleus. Seule la Coupe du monde manque à son palmarès. En 2003, les Bleus s'avancent pourtant avec des certitudes et la supposée « Nouvelle Star » du rugby mondial, Frédéric Michalak. Mais l'absence de plan B, l'incapacité à s'adapter à la pluie et un métronome anglais nommé Jonny Wilkinson douchent les illusions des Bleus en demi-finale (7-24). En 2007, la France accueille le monde. Nommé secrétaire d'État chargé des Sports par Nicolas Sarkozy quelques mois plus tôt, Bernard Laporte entend bien enfin emmener ses Bleus au septième ciel avant de rendre son tablier. Dans un élan patriotique, il fait même lire la lettre de Guy Môquet avant le premier match des Bleus. D'abord dévolue au capitaine Raphaël Ibañez, cette tâche est confiée à Clément Poitrenaud suite au refus du talonneur des Bleus. Une initiative disproportionnée à quelques minutes d'un grand rendez-vous sportif et qui eut tout l'effet inverse de celui escompté. Submergés par l'émotion, pétrifiés pour certains (dont Poitrenaud), les Français s'inclinent contre l'Argentine (17-12). L'exploit contre la Nouvelle-Zélande en quart de finale (20-18, avec un essai marqué suite à une passe en-avant – ou pas – de Damien Traille pour Frédéric Michalak) ne sera qu'une victoire en trompe-l'œil.

De nouveau, les Anglais privent les Bleus d'une finale avec la même précision clinique qu'en 2003 (14-9). Mais en 2007, Bernard Laporte amène, par sa personnalité et sa relation avec le nouveau président, le rugby au sommet de l'État.

Au Cardinal, porte de Saint-Cloud, l'homme a ses habitudes et me propose d'approfondir certaines questions. Alors que le dossier brûlant de la candidature pour la Coupe du monde 2023 va être déposé, il met les pieds dans le plat: « *La fédération, c'est la patronne du rugby français. Et comme je suis le président, c'est moi le patron, ce n'est pas Paul Goze*[30]*. Pendant des années, Pierre Camou est resté en place parce qu'il ne disait rien. Paul Goze aurait eu tort de ne pas s'engouffrer dans la brèche. Il a eu raison. Sauf que maintenant, c'est fini* », s'emporte-t-il.

Depuis son accession à la présidence, en décembre 2016, Bernard Laporte s'échine à mettre en place la promesse phare de sa campagne électorale: les contrats fédéraux. Inspirés du modèle néo-zélandais, leur instauration consisterait à placer les internationaux français à disposition de l'équipe de France six mois par an. En échange, la FFR prendrait en charge la moitié de leur salaire (300 000 €

30. Président de la Ligue Nationale de Rugby.

en moyenne). Une déclaration de guerre à l'encontre des clubs et de la LNR. Et cette guerre se joue sur tous les terrains. En mars dernier, le Racing 92 et le Stade Français annoncent, par la voix de Jacky Lorenzetti et Thomas Savare, leurs présidents respectifs, un projet de fusion entre les deux clubs. Aussitôt, Paul Goze se félicite de cette « *annonce historique* » qu'il souhaite « *accompagner* ». La réaction de la FFR ne tarde pas à tomber en s'étonnant de « *la rapidité avec laquelle Paul Goze semble adouber cette annonce* ». Ancien entraîneur du Stade Français, Bernard Laporte suit de près le dossier et y trouve une nouvelle occasion de réaffirmer son autorité. Après une semaine d'un psychodrame inédit (grève des joueurs, rencontres reportées…), le projet de fusion est annulé. Nouveau camouflet pour la ligue et celui que Bernard Laporte surnommait, après sa réélection à la présidence de la LNR avec 97 % des voix en octobre 2016, « *Paul Ali Bongoze* ». Ambiance… L'ancien secrétaire d'État aux Sports a beau jeu de provoquer en permanence son homologue de la ligue. Il possède un atout de poids dans sa manche : la ligue tient en effet sa délégation de pouvoir de la fédération. « *Le contrat actuel se termine en 2020. Après, il peut très bien ne plus y avoir de délégation* », menaçait Bernard Laporte dans *Challenges* en février 2017.

« *Bernard Laporte gagnera cette guerre* », confirme David Reyrat, chef du service sport du *Figaro*. « *Les présidents de clubs l'ont compris. Ils sortent de huit ans avec Pierre Camou qui, en résumé, disait : "Vous ne me faites pas trop chier et moi je ne vous emmerderai pas trop." Et puis là, il y a Bernard Laporte qui veut tout rapidement. Ça leur fait drôle. C'est le résultat de cinquante ans d'une fédération verrouillée, bloquée. Tu as maintenant un président qui veut faire bouger les choses, qui veut remettre de l'ordre et impulser une nouvelle dynamique. C'est brutal mais on verra dans les années à venir si cela a permis de faire bouger les lignes* », s'interroge le spécialiste rugby. Lunettes vissées sur le nez, « Bernie le dingue », comme l'ont surnommé les médias pendant sa carrière d'entraîneur, sourit : « *Quand tu es un entrepreneur et que tu as mis plusieurs dizaines de millions dans un club, je peux comprendre que tu sois inquiet. Moi, j'ai besoin de ces gens pour faire grandir le rugby français et qu'on soit capables d'ici quelques années de gagner la Coupe du monde.* » Les choses sont claires. Bernard Laporte est là pour réformer.

Pourtant, quelques semaines après notre rencontre, le *Journal du Dimanche* révèle l'existence d'un contrat d'image de 150 000 € entre le président de la FFR et l'entrepreneur et président de Montpellier Mohed Altrad. Un soupçon de conflit d'intérêts accentué par de supposées pressions que Bernard Laporte aurait exercées sur la commission d'appel de la FFR en appelant le président de cette commission, Jean-Daniel Simonet, pour lui demander de réduire les sanctions prises à l'encontre de l'équipe héraultaise. Entre le 29 et le 30 juin, les sanctions pour des banderoles hostiles à la ligue brandies dans les tribunes du stade de Montpellier passent de 70 000 à 20 000 € d'amende. Le match de suspension initialement prévu est lui purement annulé. L'affaire provoque des démissions en chaîne au sein de la commission d'appel. Bernard Laporte, sous la pression médiatique, décide de mettre fin au contrat d'image qui liait sa société, BL Communication, à Mohed Altrad. Et dénonce des attaques ciblées de la part de ceux qui s'opposent à ses projets de réforme. Une défense qui ne convainc pas l'opinion publique. Selon un sondage du *Point* en septembre 2017, 72 % des sondés estimaient que Bernard Laporte devait démissionner. En devenant un président bénévole, Laporte a décidé de garder ses activités de conseil et de conférencier. C'est là que le bât blesse. Cette affaire prouve qu'un président se doit d'être salarié de sa fédération. Il ne peut animer la moindre activité en rapport avec la fonction qu'il occupe au risque de se voir confronté à un conflit d'intérêts. Ce qui est le nœud du problème, à en croire l'ouverture d'une enquête par le ministère des Sports, autorité de tutelle de la FFR. On se demande bien comment Laporte pourrait rester en place si la commission venait à émettre des doutes sur ses activités. Car si un ministre ne peut destituer un président de fédération, l'enquête qui serait ouverte par la justice aurait des conséquences désastreuses pour l'image de l'ancien sélectionneur.

UN XV DE FRANCE À L'AGONIE

Cinquième nation au classement World Rugby lors de son lancement en octobre 2003, la France a, en quatorze ans, dégringolé de quatre rangs dans la hiérarchie mondiale (neuvième en novembre 2017, devancée par l'Argentine). Son meilleur classement, troisième, date déjà de 2011, après la finale perdue du Mondial néo-zélandais. Depuis, c'est le règne du vide. Ou quasiment. « *On ne gagne plus rien. Le ratio actuel victoires/défaites est en effet très mauvais* », confirme David Reyrat du *Figaro*. « *Depuis quelques années, on n'a clairement plus le niveau. Entre septième et neuvième, c'est le classement que l'on mérite* », se désole Pierre Berbizier

qui avait insufflé, de 1991 à 1995, de sérieuses ambitions aux Bleus. Avec notamment le fameux essai du bout du monde inscrit lors de la tournée victorieuse de 1994 en Nouvelle-Zélande. Une éternité. « *Et puis quand l'équipe de France gagne, ce n'est pas vraiment en proposant du jeu,* regrette David Reyrat. *Sur le dernier Tournoi des VI Nations, les Bleus s'imposent face à l'Écosse dans un match pourri. Contre le pays de Galles, c'est grâce à une série de mêlées interminables. Et contre l'Italie, c'est certes un peu plus largement, mais ça ne reste que l'Italie. Quand on gagne, on est loin de déployer du jeu comme pourraient le faire les All Blacks.* »
Se bloquer deux heures pour assister à un match du XV de France s'apparente effectivement à du masochisme. Fébrilité, ballons échappés, imagination en berne ou défense aléatoire et erratique… Le temps du romantisme et des envolées semble loin. Le journaliste du *Figaro* en vient même à regretter l'époque du pragmatisme « made in » Bernard Laporte : « *Sur les vingt dernières années, la meilleure équipe de France, c'est celle de 2003. Elle perd en demi-finale de Coupe du monde contre l'Angleterre mais il y a la mise en place progressive des zones et des blocs et le Grand Chelem de 2002. Sous le second mandat Laporte, cela commence à décliner.* » Avec la déception du Mondial 2007 à domicile en point d'orgue. « *Les résultats moyens ne sont pas que l'affaire d'une génération. Il y a un souci profond,* martèle Pierre Berbizier. *Et je ne crois pas en un homme providentiel à la tête de l'équipe de France. Si le sélectionneur va pouvoir modifier certains points, améliorer ponctuellement, il ne peut pas changer le système en profondeur.* »

Pour Bernard Laporte, le retard accumulé trouve sa source aux origines du professionnalisme : « *À partir de 1995, on n'a plus battu que sporadiquement les nations du Sud alors qu'avant on rivalisait. Le professionnalisme a été mieux appréhendé chez eux.»* S'il est vrai que les Bleus n'ont plus battu l'une des trois grandes nations historiques du Sud depuis… 2009, on peut douter de l'affirmation selon laquelle la France rivalisait régulièrement par le passé avec les Australiens, Sud-Africains ou Néo-Zélandais. Trop longtemps, le rugby français a vécu sur des victoires de légende mais justement trop rares. Pour un exploit à Auckland le 14 juillet 1979, un essai du bout du monde toujours en Nouvelle-Zélande en 1994, une demi-finale renversante encore contre les All Blacks en Coupe du monde 1999 (victoire 43-31), combien de déculottées mémorables, d'humiliations et de matchs avec ce sentiment de ne pas pratiquer le même sport ? Et pourtant les Bleus se sont hissés en demi-finale de Coupe du monde à six reprises (contre sept pour la Nouvelle-Zélande) et ont atteint trois fois la finale (contre quatre pour les Blacks). Oui mais voilà : en trois finales, aucune victoire. Ces succès en trompe-l'œil ont trop longtemps laissé penser que la France s'était invitée à la table des grands. Mais les Français n'ont pu réaliser des performances que par à-coups. Comme si l'histoire des Bleus devait se mêler à un homme, un match, ou un fait de jeu. Pendant ce temps, les nations du Sud sont beaucoup plus cliniques et enchaînent les victoires. Quant au French flair, souvent associé au côté imprévisible des Bleus, il a presque plus été entretenu par nos adversaires. Et notamment par les hommes à la fougère. Il faut dire que les exemples les incitent à la prudence : le maillot ensanglanté de Jean-Pierre Rives en 1979 contre les Blacks, le défi du regard des Bleus lors du haka de ces mêmes Blacks en 2007, les incroyables prestations de Thierry Dusautoir à chaque fois qu'il était opposé à la Nouvelle-Zélande… Une manière de se rappeler à quel point les Français peuvent être imprévisibles… et tout aussi inconstants.

Avec deux Grands Chelems (1997 et 1998) acquis, Jean-Claude Skrela et Pierre Villepreux tiendront pourtant la comparaison au point de ne seulement abdiquer qu'en finale du Mondial 1999. Arrivé à la tête des Bleus en 2007, Marc Lièvremont pointe en premier lieu, lui, le fait de peu disposer des joueurs. Et des relations souvent étonnantes avec les clubs et leurs entraîneurs, au moment des rassemblements : « *Quand j'ai démarré comme sélectionneur, rien n'avait changé. Le dimanche soir, tu récupérais les mecs que tu n'avais pas vus depuis trois mois. Tu devais composer avec les blessures, les méformes et tout le reste. Et tu avais six jours pour créer une équipe. C'est quand même assez folklorique pour préparer des matchs de haut niveau. Quand j'étais en poste et que j'entendais certaines critiques, notamment des entraîneurs de clubs, je souriais. Eux avaient deux mois d'intersaison pour bosser, leurs joueurs sous la main toute l'année… Et nous, nous disposions d'une grosse heure par jour, en tenant compte de la récupération et des charges de travail, pour bosser chaque secteur. Tu es obligé de faire des miracles. Intellectuellement, je ne peux pas dire que ça n'a pas été passionnant de tenter de tirer la quintessence des joueurs, mais c'est aussi très difficile. Surtout sur les périodes courtes de Tournoi ou de tournée. En préparation de la Coupe du monde, on arrive à mieux travailler.* » En 2013, la fédération et la ligue ont passé une convention mettant plus aisément les internationaux à la disposition de la sélection et créant un « Groupe Élite » (renommé depuis « Groupe France ») protégé. Une nouvelle convention signée en 2018 devrait définir le cadre institutionnel jusqu'à la Coupe du monde 2023 organisée en France. Mais n'est-ce pas trop tard à moyenne échéance ?

Aux portes de l'équipe de France, formé au Stade Français, passé par Biarritz et La Rochelle, le troisième ligne Benoît Guyot a stoppé sa carrière pro à 27 ans, en 2016. Essentiellement par manque de propositions concrètes. Victime collatérale d'un rugby internationalisé et très concurrentiel alors qu'il présentait un profil pour figurer parmi les Bleus. Le regard avisé de cet ancien espoir sur le rugby d'aujourd'hui m'interpelle. « *Au-delà des résultats purs, ce qu'il faut retenir, c'est la façon dont les choses fonctionnent vraiment. Aujourd'hui, il y a une vraie opposition entre les clubs et l'équipe de France. Si on s'intéresse aux All Blacks, on voit qu'un joueur qui est cadre dans l'équipe nationale privilégiera quoi qu'il arrive celle-ci plutôt que son club. Qu'il s'agisse de sa forme ou d'autre chose* », remarque celui qui a passé une thèse sur l'appropriation de la technologie dans le sport. « *Il faut s'intéresser à comment on "utilise" les joueurs. Les résultats de l'équipe de France sont en partie liés à ça. Quand un joueur sort de deux semaines avec l'équipe de France, il est lessivé et il a besoin de se ressourcer. Malheureusement, la structure club ne voit pas les choses de cette manière. Comme c'est un international, donc un bon joueur, on a absolument besoin de lui pour la prochaine échéance. C'est le club qui le paye et, parce qu'il est payé, il "appartient" au club. Et un joueur fait ce qu'on lui dit de faire en règle générale.* »

Ce qui me frappe aujourd'hui, c'est que le choix d'installer Guy Novès à la tête des Bleus semble plutôt logique. Même s'il arrive peut-être un peu tard. Le poste lui avait déjà été proposé en 2011 à la fin de l'ère Lièvremont. Il avait alors refusé pour raisons familiales. Mais quatre ans plus tard, Novès répond à l'appel à candidatures de la fédération et triomphe de sept autres candidats dont les anciens internationaux Fabien Galthié et Raphaël Ibañez. Comme une récompense au terme d'une carrière et d'un parcours remarquables. Âme du Stade Toulousain comme joueur de 1975 à 1988, « le sorcier » préside ensuite aux destinées du club phare du rugby français pendant plus de vingt ans avec une palanquée de titres nationaux (dix) et quatre sacres européens. Pourquoi aujourd'hui, cela ne marche-t-il pas ? Le mal serait-il trop profond ? David Reyrat esquisse un début de réponse : « *On ne peut pas passer comme ça d'une équipe qui n'a pas joué pendant quatre ans avec Philippe Saint-André à une équipe flamboyante. Saint-André, sa grande faute, c'est de ne pas avoir compris que la Coupe du monde 2015 se gagnerait en jouant.* » « Le Goret », surnom donné à PSA quand il était joueur, aurait donc été une grosse erreur de casting. « *Quand tu mets Saint-André comme sélectionneur, c'est comme quand tu mets Domenech au foot. Philippe, quand il parlait aux joueurs, il se mettait la pression, il bégayait tout en se grattant les c… Il n'était pas fait pour ça, c'est tout* », abonde Bernard Laporte.

La faute à qui, alors ? Aux supposées limites d'un sélectionneur ou à ceux qui l'ont installé à ce poste ? La (petite) histoire d'une autre nomination, celle de Marc Lièvremont, racontée par l'intéressé lui-même, me consterne. « *Quand j'ai accepté de rencontrer Bernard Lapasset avant ma nomination, je pensais qu'il y avait plusieurs candidats pour le poste. Ce n'était pas le cas,* raconte l'actuel consultant rugby pour Canal+. *Je me suis alors fait l'avocat du diable en lui disant que j'avais finalement peu d'expérience, que je ne parlais pas anglais, que j'avais arrêté ma carrière deux ans avant. Qu'il y avait beaucoup d'entraîneurs bien plus expérimentés pour prendre ce poste. Et lui m'a expliqué qu'il avait eu peu d'entraîneurs pendant son mandat : Berbizier, le duo Skrela–Villepreux et Laporte. Il y avait d'abord eu un accompagnement du rugby professionnel avec les premiers puis le choix de Bernard pour sa dimension médiatique. Il m'a plus ou moins dit que ça avait peut-être été une erreur de continuer sur un second cycle avec Bernard. Derrière, il voulait que ce soit moi car partout où j'étais passé, j'avais réussi. Il m'a dit : "Tu seras un entraîneur remarquable". Selon lui, j'avais une légitimité internationale héritée de mon passé de joueur mais aussi comme entraîneur des moins de 20 ans. Il souhaitait un rapprochement au sein de la fédération et de la direction technique nationale (DTN) car c'était assez conflictuel à l'époque. Laporte et Skrela se parlaient peu. Avec moi, il voulait rassembler autour des valeurs historiques de notre sport.*» Le « minot » d'Argelès-sur-Mer aura beaucoup tenté au début, lancé nombre de joueurs, obtenu des résultats – Grand Chelem 2010 et finale de Coupe du monde 2011 –, mais l'usure, accentuée par une guerre avec les médias, aura eu raison de sa relation avec certains joueurs. « *Marc, je pense que c'est arrivé un peu vite pour lui alors qu'il avait un super potentiel* », conclut David Reyrat sur le mandat Lièvremont.

La France du rugby serait-elle alors en manque de techniciens de très haut niveau, vraiment rompus à cette exigence ? « *J'ai parlé de cela avec Patrice Lagisquet,* confie Marc Lièvremont. *Il a eu l'honnêteté de dire qu'il n'imaginait pas que cela pouvait être aussi difficile. Et ce malgré l'expérience accumulée comme entraîneur en club, le fait qu'il ait pu disputer la Coupe d'Europe, son passé de joueur.»* Vingt ans après l'avènement du professionnalisme, je me demande s'il ne faut pas programmer, sans jeunisme forcé, l'ascension au poste suprême des forts potentiels ? Bernard Laporte désormais aux commandes, j'imagine qu'un homme comme Fabien Galthié, aujourd'hui à Toulon, aura son mot à dire dans les prochaines années. Les profils de Franck Azéma (Clermont), Patrice Collazo (La Rochelle) ou encore Pierre Mignoni (Lyon) peuvent aussi séduire. N'est-il tout de même pas facile de se défausser sur nos techniciens ? « *Il faut aussi se demander si nos meilleurs joueurs actuels ont assez de talent,* tempère David Reyrat. *Si l'on fait un XV mondial aujourd'hui, il ne va pas y avoir beaucoup de Français. Louis Picamoles, ce n'est pas meilleur que le Néo-Zélandais Kieran Read, Guilhem Guirado c'est bien aussi mais il n'est pas le meilleur à son poste. C'est la conséquence d'un championnat de France qui, depuis quinze ans, ne sort pas d'excellents joueurs et ne propose pas de jeu.»* À l'instar de la Premier League anglaise de football, le Top 14 serait en quelque sorte victime d'un trop grand afflux d'étrangers (en moyenne 16,7 étrangers par équipe de Top 14 en 2015-2016). En fonction de leurs besoins, les clubs favorisent également le recrutement de joueurs non formés en France sur certains postes spécifiques (piliers, demis d'ouverture, ailiers notamment). Et empêchent en conséquence les jeunes espoirs d'éclore au plus haut niveau. Faute de jouer régulièrement et d'affronter les meilleurs, leur niveau technique d'ensemble a tendance à baisser.

Guy Novès aurait-il alors accepté une mission impossible, à l'équation insoluble ? Tiraillé entre l'exigence de résultats et le manque de renouvellement de talents et un vivier insuffisant de joueurs français de haut niveau dans notre championnat.

UN TOP 14 FINANCIÈREMENT RICHE MAIS… PAUVRE EN JEU

L'enjeu des prochains mois demeure majeur : sortir les Bleus d'une lente agonie. Pour beaucoup, le coupable désigné serait le Top 14, trop restrictif dans son jeu et laissant peu de place au développement des jeunes joueurs tricolores. « *On a l'impression d'être dépassé. Je pense que ce championnat doit beaucoup plus se jouer sur la vitesse. Il faut donc orienter ce jeu vers ça. Est-ce que les arbitres peuvent le faire ? Est-ce que les clubs peuvent le faire aussi ? Les cultures sont tellement ancrées dans les clubs* », affirmait Jeff Dubois dans *L'Équipe* après l'un des matchs du XV de France lors de la dernière tournée en Afrique du Sud. L'attaque est frontale et a le mérite d'être claire : le Top 14 est trop lent, bétonne et offre peu de place au mouvement. Certains chiffres confirment cette analyse. Avec 31 minutes et 22 secondes de temps de jeu effectif moyen sur la saison 2016-2017, le championnat de France reste à la traîne par rapport à ses voisins de la Premiership anglaise (36'29) et de la Ligue Celte (37'2). Au bord des terrains pour Canal+, Marc Lièvremont observe de près les joutes domestiques et son avis de technicien est implacable sur l'état du championnat français : « *Ce Top 14 est très particulier en termes de modèle rugbystique. Il est plus axé sur le jeu de conquête, il vaut surtout par son intensité, par sa dramaturgie, plus que par la qualité de son jeu.* » « *On est un peu trop dans la recherche du résultat sans trop regarder la manière,* constate quant à lui l'ancien entraîneur d'Agen, Jean-Jacques

Crenca, sur le site spécialisé Rugbyrama en juillet 2017. *On s'aperçoit qu'il y a beaucoup d'entraîneurs étrangers, mais ce n'est pas pour ça que le rugby évolue en bien. À trop vouloir uniformiser et internationaliser, on perd un peu ce rugby qui faisait notre force.* » De nombreux quinzistes – comme Julien Candelon, Fulgence Ouedraogo ou Terry Bouhraoua – ne se reconnaissant plus dans ce jeu de massacre sont d'ailleurs passés définitivement ou temporairement au rugby à 7.

Pas bégueule et toujours prompt à la chamaille, Mourad Boudjellal s'est fendu, peu après la sortie de Dubois, de mots bien sentis lors d'une interview aux confrères de la chaîne *L'Équipe*. « *J'ai envie de poser une question au staff de l'équipe de France, avec tout le respect que je lui dois. Est-ce que l'hypothèse que ce staff soit un peu défaillant est totalement inenvisageable ? Ça fait six ans que je n'ai pas entendu un sélectionneur de l'équipe de France dire : "Peut-être que j'ai fait des mauvais choix, que mon message ne passe pas bien." C'est toujours la faute des autres.* » Un nouveau point pour Mourad sauf… qu'on ne soigne pas un diabétique sans changer son régime. « *Aujourd'hui, dans le Top 14, il y a pas mal d'équipes qui jouent pour ne pas perdre plus qu'elles ne jouent pour gagner,* prolonge David Reyrat. *La nuance peut paraître ténue mais cela change tout dans l'approche. L'idée est de se dire que l'on peut aussi jouer pour gagner. C'est ce que La Rochelle a fait. L'engouement autour des Rochelais la saison dernière n'a pas été le fruit du hasard. Ils ont joué et gagné. Les spectateurs ont été contents de voir évoluer cette équipe. Pas sûr que cela a aussi été le cas avec une équipe comme Montpellier.* » Montpellier, comme un symbole. Riche, très riche même avec son président entrepreneur, Mohed Altrad, dont l'histoire est une ode à l'exception française. Le MHR est devenu, en une poignée d'années, une cible de choix pour stigmatiser les travers et dérives du rugby professionnel. L'arrivée massive d'étrangers dans le championnat – des Sud-Africains notamment dans l'Hérault – empêcherait l'éclosion des jeunes talents, ne rendrait pas le niveau de jeu supérieur mais plus physique et aurait un impact négatif sur les salaires. « *Si demain on me dit que le meilleur pour une mission est un Sud-Africain, pourquoi prendrais-je un Français qui est moins bon ? La réalité, c'est que ce genre de discours relève du racisme ordinaire. Il faut juste que les joueurs français soient mieux formés pour évoluer en Top 14 ou en Pro D2* », s'emporte Damien Dussault, ancien journaliste rugby devenu depuis quelques années agent. Je le retrouve, hasard des rendez-vous, au Cardinal, porte de Saint-Cloud. Il loge à deux pas quand il est dans la capitale et sort d'un rendez-vous avec l'un des joueurs parisiens dont il assure les intérêts. Dans son écurie, il y a notamment Morné Steyn (Stade Français), Christopher Tolofua (Saracens) ou encore Gurthrö Steenkamp (ex Toulouse et Stade Français) et il fulmine que l'on accuse certains de ses protégés : « *Il faut que demain un président de club puisse se dire : "J'ai besoin d'un ouvreur, je peux le trouver en France." Aujourd'hui, les présidents n'ont pas forcément ce discours-là. Même chose pour un pilier droit. Quand on prend un joueur comme Rabah Slimani, qui est bon, je ne crois pas qu'il ait eu du mal à trouver un club. C'est pareil pour les meilleurs joueurs français.* »

Autoproclamé un temps « meilleur championnat du monde », le Top 14 bénéficie également de l'augmentation quasi exponentielle des droits audiovisuels. En 1995, le tout premier appel d'offres de l'histoire du championnat se concluait par le versement d'une somme de 1,2 millions d'euros par saison. Multipliés par 10 à partir de 1998 (11,9 millions d'euros par saison), ils atteindront, pour la période 2019-2023 la somme incroyable de 97 millions d'euros en moyenne par saison de la part du diffuseur historique, Canal+. Fort de cette manne répartie entre les clubs de l'élite, le Top 14 offre, par ses salaires confortables, un eldorado rêvé pour des internationaux étrangers en fin de carrière et aussi désireux de connaître une expérience culturelle différente que de gonfler leurs émoluments. Selon une enquête conjointe menée par France Bleu et *L'Équipe* en mai 2017, les salaires auraient été multipliés par quatre sur les quinze dernières années. Sept joueurs étrangers se glissent dans le top 10 des meilleurs salaires… « *Il ne faut pas se leurrer, la plupart ce n'est pas pour le climat qu'ils viennent, c'est pour l'argent*, glisse, malicieux, David Reyrat. *Mais ils sont opérationnels tout de suite. Tu ne te prends pas la tête avec la formation. Si tu as trois ou quatre étrangers par club qui apportent vraiment, pourquoi pas ? Mais je ne suis pas convaincu que les quinze étrangers qui sont présents dans chaque club soient meilleurs que les Français.* » Dans les faits, la compilation de joueurs étrangers ne garantit même pas le succès. Demandez justement aux Montpelliérains, régulièrement montrés du doigt pour leur gourmandise de Springboks, et toujours en quête de leur premier titre de champion de France. Et Toulon, fort il est vrai de trois titres européens consécutifs de 2013 à 2015, a connu quatre fois sur cinq la défaite en finale du Top 14 depuis 2012.

Et l'on revient à une frilosité de dirigeants sclérosés par des enjeux financiers de plus en plus importants et la peur de la relégation. Passé par Biarritz où il jouait notamment le maintien, Benoît Guyot éclaire un peu plus la problématique : « *Il y a une vraie différence entre "il faut gagner" et "il ne faut pas perdre". À chaque fois, tu réfléchis aux moyens à mettre en place. Savoir que tu joues le maintien, ça influe beaucoup sur ta préparation et sur ta vision du jeu. C'est le petit détail qui va faire que tu es relâché, en confiance, et que tu vas tenter une passe de 20 mètres ou pas.* » Le serpent de mer de la ligue fermée refait alors vite son apparition. Même si culturellement, ce n'est pas dans l'ADN français. « *La montée et la descente, c'est ancré dans notre vision du rugby mais les ligues fermées, cela existe ailleurs dans le rugby ou dans d'autres disciplines. En Super Rugby*[31]*, quand une équipe doit se restructurer et qu'un nouvel entraîneur arrive, généralement, il reprend tout*, constate Benoît Guyot. *Il y a peu, j'ai lu une étude sur l'expérience collective qui démontrait que celle-ci est déterminante dans ta capacité à construire un groupe qui gagne. Plus que la politique de l'homme en forme, c'est l'expérience que les joueurs créent ensemble qui est déterminante dans la capacité à gagner. Pour moi, ça veut tout dire.* » Les dirigeants français ont dû tirer le même constat. À partir de cette saison, un barrage d'accession/relégation opposera l'avant-dernier du Top 14 et le perdant de la finale de Pro D2. Un seul club de l'élite – le dernier du classement – sera donc concerné par une descente directe. Une décision propre à limiter les risques de descente pour les grands clubs et préserver les intérêts économiques des investisseurs. Et un pas de plus vers cette ligue fermée qui ne fait pas encore l'unanimité.

31. Compétition de l'hémisphère Sud réunissant des équipes néo-zélandaises, australiennes, sud-africaines et, depuis 2016, japonaises et argentines.

LA FORMATION SUR LE GRIL

« *Nous avons mis notre ADN à la poubelle.* » Dans une interview donnée à *Midi Olympique Magazine* en avril 2017, le demi de mêlée et d'ouverture formé au Stade Toulousain Frédéric Michalak ne pèse pas ses mots au moment d'évoquer le jeu à la française. Et dans la bouche de la star des années 2000, ce type de constat est sans appel. À l'instar du football français qui a longtemps misé sur le physique et moins sur la technique, le rugby a pris un chemin que l'on pourrait qualifier de quasi similaire. Pierre Berbizier place d'emblée le débat sur un plan intellectuel : « *La formation, c'est le prolongement de l'éducation. Le rugby, c'est l'école de la vie et aujourd'hui, le côté éducation est occulté. On se coupe littéralement de l'intelligence. On laisse trop peu de place au jeu en lui-même. Il y a une porte d'entrée et une porte de sortie vers le professionnalisme pour permettre aux joueurs d'atteindre un certain type de haut niveau. Et c'est tout. Et si l'on regarde les résultats de nos équipes jeunes, force est de constater qu'on est rarement les premiers ces derniers temps.* »

Réunis par *L'Équipe* en septembre 2017, Fabien Galthié, manager de Toulon, Pierre Mignoni, manager de Lyon, et Jean-Baptiste Elissalde, ancien entraîneur de Toulouse, ont débattu des pistes à développer pour rendre le jeu plus attractif. Les trois techniciens, tous anciens internationaux, se rejoignent sur les lacunes de la formation à la française. « *On oublie l'essentiel. Mon petit, qui est à l'école de rugby, il ne fait plus de jeu sauvage ! Pour gagner le tournoi du coin, des éducateurs vont faire des mêlées, des lancements de jeu sur touche,* s'offusque Jean-Baptiste Elissalde. *Et nous, on récupère des gamins de 18 ans qui ont des difficultés à faire une passe des deux côtés, à prendre un bon contact, à taper dans le ballon…* »

Et les trois hommes de proposer des réunions entre les pôles Espoirs et une plus grande implication des anciens joueurs sur ce terrain de la formation et auprès de la direction technique nationale.

De son côté, Marc Lièvremont soulève d'autres points d'importance dans l'approche du rugby professionnel : « *Les éducateurs sont formés mais doivent l'être davantage encore. Sur le jeu mais aussi sur les valeurs de ce sport. Il y a de plus en plus de dérives avec beaucoup de parents qui rêvent, par procuration parfois, d'une carrière pour leurs enfants. Quand j'ai démarré le rugby, il était amateur. Tu pouvais jouer en première ou en deuxième division et travailler à côté par exemple. Ceux qui jouent aujourd'hui en Pro D2 ou Fédérale 1 considèrent comme un échec de se retrouver à ce niveau. Tous les joueurs en centres de formation ne vont pas passer professionnels en raison de la concurrence et de la situation de ce sport et tous les clubs n'ont pas vocation à évoluer dans l'élite.* » Selon l'ex-sélectionneur, il semble qu'il faille reconsidérer la façon dont arrivent dans le circuit pro les futures stars du XV de France. « *Il faut que les entraîneurs se comportent un peu plus en tant qu'éducateurs. Et que l'exemple vienne d'en haut. Que l'on permette aussi aux jeunes joueurs de s'épanouir. J'entends beaucoup parler de pillage systématique des jeunes joueurs dans les petites équipes par les gros clubs. À une époque, il y avait des villages qui rivalisaient chez les jeunes. Prenons mon exemple. Avant de rejoindre Perpignan, j'ai joué jusqu'à 17 ou 18 ans avec Argelès tout en ayant fait les sélections nationales. Si on prend les équipes des grands clubs à l'heure actuelle, il doit y avoir cinquante gamins qui ne jouent pas et tu te retrouves avec d'autres clubs plus petits qui progressivement ne peuvent pas aligner d'équipes.* »

Si l'on évoque ici les classes d'âge allant jusqu'à 14 ou 16 ans, le gâchis se reproduit quand les joueurs doivent arriver à maturité. Certains servent de sparring-partners aux équipes premières. D'autres sont privés de compétition et restent en réserve en cas de blessure dans l'équipe une. Difficile dans ces conditions de se frotter au jeu à enjeux, de se familiariser avec l'engagement et la pression rapprochant du haut niveau. Quand il se murmure par ailleurs que certaines sélections jeunes se font sur simple coup de fil plus que sur observation des performances individuelles, il y a de quoi tomber de l'armoire. « *On m'a aussi rapporté cela,* confirme l'agent Damien Dussault. *Des sélectionneurs se contentent d'appeler l'entraîneur local pour savoir qui il a sous la main, qui est en forme. Dans certains clubs, des coachs d'équipe pro se contentent même de simplement regarder les matchs de leurs jeunes en vidéo. Ce n'est quand même pas la même chose que d'être sur le terrain.*»

Se trompe-t-on également sur la voie et la philosophie à suivre ? Les critères de sélection sont encore bien souvent axés sur le tout physique. Critères que l'on retrouve ensuite en Top 14. « *Le Racing 92 a été champion de France en 2016,* explique David Reyrat. *Mais quand tu regardais leurs matchs, tu te faisais ch… Les entraîneurs s'adaptent au potentiel à leur disposition. Les joueurs sont de plus en plus formatés, ils sont physiques et ne bossent pas les techniques individuelles. On ne sait plus faire ce que les Anglais appellent les* "skills" *et qu'ils répètent pendant des heures. Jonny Wilkinson raconte qu'à Toulon, c'est lui qui a dit aux joueurs français : "Mais attendez les gars, vous ne faites rien ? Vous ne vous entraînez pas plus ?" Et il a entamé des ateliers. Au début, il y avait deux mecs qui venaient et puis à la fin, tous les trois quarts avaient compris et venaient. Quand tu vois l'équipe de France qui a des occasions et qui ne va pas au bout, c'est parce qu'il y a un mauvais geste au mauvais moment.»* Le président de la fédération, Bernard Laporte, préfère souligner un tissu social à soigner : « *Notre formation n'est pas bonne malgré plein de clubs formidables. Souvent dans les écoles de rugby, s'il n'y a pas le père ou le grand-père, le grand frère, ça ne fonctionne pas. Ces éducateurs, je veux les aider, je veux dire : "On va vous former, on va vous apporter du savoir-faire". Ils ne demandent que ça. On veut que rapidement deux cents mecs, des anciens joueurs, des éducateurs, inondent le territoire pour former à leur tour les éducateurs. Ils auront six à huit clubs chacun. Ce sera axé sur un gros travail de technique individuelle. Pas pour faire de la musculation comme un c… La technique, c'est ce qui nous manque aujourd'hui. Chez les Anglo-Saxons, la culture rugby est présente dès l'école avec des gens formés. Pas chez nous. Il faut que l'on rattrape ce retard.»* Dans les clubs donc, mais aussi via le système scolaire et la diversité des pratiques.

Un point m'a d'ailleurs marqué en compulsant certains commentaires d'internautes sous des articles portant sur la formation. Dans les régions dites rugby, les professeurs de sport chargés notamment de l'UNSS (Union Nationale du Sport Scolaire) se font de plus en plus rares. Parfois au gré de nominations et de mutations. Cela pourrait aussi expliquer une moindre influence du jeu à XV. « *Sur le sport scolaire, on est en retard par rapport aux Anglais. Et il y a la façon dont le sport est abordé en général chez nous,* confirme Marc Lièvremont. *Une étude a été menée sur la réussite des sportifs de haut niveau, notamment dans les sports collectifs.*

Elle montrait que beaucoup avaient pratiqué le jeu libre ainsi que d'autres sports. En sortant du cadre institutionnel. Moi, j'ai fait du judo, de la natation, de l'athlétisme, de l'escrime par exemple.»
L'approche a le mérite du bon sens et de l'expérience mais il y a aussi d'autres versants à explorer. Pour beaucoup des spécialistes interrogés, le rugby doit aller plus loin dans sa mue vers un réel professionnalisme. « *Dans certaines divisions, les conditions pour les joueurs peuvent être assez mauvaises,* reconnaît Damien Dussault. *Des gars se retrouvent avec 150 ou 200 € par mois avec un appartement. Ils sont nourris la semaine et puis, le reste du temps, il faut qu'ils se débrouillent. Quand tu aspires à être pro, ce n'est pas très valorisant. Et quand tu as cet objectif, te préoccuper de savoir si tu vas réussir à manger, c'est compliqué.»*
À cela s'ajoute une certaine hypocrisie, notamment sur le dispositif JIFF (Joueurs Issus des Filières de Formation) qui doit permettre l'émergence de plus de joueurs français. Quatorze joueurs issus de ces filières, en moyenne, doivent figurer en 2017-2018 sur les feuilles de match sous peine de sanctions financières et sportives (points enlevés). «*Avec ce dispositif, les Français vont être un peu mieux payés, un peu mieux considérés. Mais dans la même équipe, tu peux avoir un joueur à 50 000 € par mois et un autre à 3000 € alors qu'ils font le même boulot. Il n'y a pas de grille spécifique,* poursuit l'agent de joueurs. *Parfois, il y a ce côté assez terrible du club formateur qui ne traite pas un joueur selon ce qu'il apporte vraiment. Avec cette justification : "On t'a donné ta chance." C'est vrai mais le gars s'est battu aussi pour arriver là. S'il est bon, il le mérite. Mais avoir sa chance, c'est aussi contextuel.»*
Sur le dossier des JIFF, il n'est pas rare aujourd'hui de voir arriver assez jeunes des ressortissants étrangers (Fidjiens

et Géorgiens notamment) qui rempliront les obligations de formation, comblant ponctuellement les besoins sur des postes spécifiques tout en ne permettant pas à la France de se renforcer. « *Tout un cycle de formation coûte cher,* affine David Reyrat. *C'est aussi pour cela que certains clubs font le minimum et n'hésitent pas à prendre des étrangers. Ils sont plus rapidement opérationnels. Leur compétence est validée.* » Pourquoi, à l'image de ce qui se pratique déjà dans le football, ne pas imposer, lors de la mutation d'un joueur, des indemnités de formation pour les clubs qui ont fait le travail chez les jeunes ? « *Quand tu investis autant sur un potentiel et qu'il s'en va, c'est dur. Et je pense que ça permettrait de créer une valeur moins artificielle. Cela pourrait être une ressource pour certains clubs* », conclut le journaliste du *Figaro*.

UN ESPRIT EN PERDITION ?

Des stars de ce sport – le Racingman Ali Williams et le Toulonnais James O'Connor – interpellées par la police en février dernier pour achat de stupéfiants sur les Champs-Élysées. Des joueurs de Grenoble accusés de viol en mars. D'autres du Stade Français interpellés au cœur de l'été et accusés de violences en état d'ivresse et d'agression sexuelle. Ajoutez le contrôle en état d'ivresse de la superstar néo-zélandaise du Racing, Dan Carter, et des présomptions de dopage chez d'autres, des affaires de billetterie parallèle chez des dirigeants… Le rugby a défrayé la chronique ces derniers mois avec des affaires dont la gravité n'a pas manqué d'interpeller. L'esprit de fête du rugby s'est déplacé de la rubrique sportive à celle des faits divers, écornant franchement l'image d'un sport bon enfant. « *Le contexte de ces scandales en dit long sur cette évolution négative. Surtout pour Williams, O'Connor et Carter,* remarque David Reyrat. *Avant, les joueurs se retrouvaient en terrain connu avec leurs supporters et le monde du rugby, rue de la Soif*[32]*. Là, les gars se font attraper sur les Champs.»* Deux mondes bien différents. «*Je ne dis pas que les valeurs défendues par ce sport sont perdues car il reste un socle de solidarité, il faut se sacrifier pour l'autre sur le terrain. Mais il y a des choses qui vont moins bien. Chez les amateurs, les valeurs sont encore présentes : les bénévoles, les gamins, l'entraîneur qui vient pour encadrer, l'esprit club, ça reste une réalité.* »

Mais la fracture semble réelle – irrémédiable ? – au plus haut niveau. « *Avant, tu jouais au haut niveau mais tu restais quand même au contact d'une certaine réalité. Les gars faisaient des études. Maintenant, ça n'est plus vraiment le cas. Et quand on voit qu'il y a beaucoup d'appelés et peu d'élus, c'est un sacré risque pour certains* », craint le chef des sports du *Figaro*. Autre écueil redouté, un formatage et un lissage des personnalités. Dès les centres de formation, les joueurs reçoivent un media training avec pour objectif de polisser leur discours. Certains réservent leur déclaration. Les journalistes désireux de décrocher une interview doivent désormais passer par des agents ou des conseillers en image. L'arrivée des réseaux sociaux a rendu les joueurs plus méfiants. « *Les gars mettent une petite photo sympa de temps en temps. Mais neuf fois sur dix, ce sont des choses sans grand fond. Et il y a en plus les tweets sponsorisés : "Merci à Orange de m'avoir offert des places, merci Machin, merci Adidas pour les nouvelles chaussures". Et ça, ce n'est pas très esprit rugby* », s'énerve David Reyrat.

32. Dans le VIe arrondissement parisien.

Incluant le rugby dans un univers médiatique, culturel et sportif, Benoît Guyot s'inquiète pour ces mêmes valeurs et amorce un pas de côté. « *Le sport, c'est avant tout une leçon : celle du courage, se relever après les défaites, apprendre à perdre. Certains de ces idéaux ont été travestis au profit, justement, d'un sport qui devient un support d'image. L'entreprise qui investit dans le sport va utiliser l'image positive de celui qui gagne. Et à partir de là, tout est différent parce que ça a le même nom, on parle de sport, mais les intérêts ne sont pas les mêmes. Ce qui me frappe aussi, c'est le lexique employé dans le rugby d'aujourd'hui,* constate le thésard. *On parle très peu du long terme mais beaucoup du week-end prochain. Et l'humain nécessite d'avoir du temps pour développer du jeu, une vision. Les valeurs aujourd'hui sont essentiellement marketing, ça ne va pas plus loin. La raison pour laquelle je suis retourné dans le milieu amateur avec mes amis ? Cela me permet de retrouver un peu de cet idéal, d'évoluer aussi bien avec des mecs fortunés de l'ouest parisien qu'avec des gars de Seine-Saint-Denis. Et ce mélange-là est très sain. Je l'avais un peu perdu au niveau professionnel.* » Le jeune retraité poursuit avec une anecdote très intéressante alors qu'il faisait souvent banquette à La Rochelle : « *Un matin, "j'oublie" de me lever pour aller à l'entraînement. On avait juste un petit déjeuner collectif, on ne devait pas vraiment jouer. Je suis arrivé un peu après l'heure. Personne n'avait remarqué mon absence. Je me suis dit que je n'avais plus rien à faire là…* »

Rugby, qu'as-tu fait de tes valeurs ? Le chantier est immense. Retard structurel, passage au professionnalisme mal géré, perte d'identité… Le rugby français a trop longtemps vécu sur ses mythes, ses chapelles et des victoires en trompe-l'œil. Il n'y aura pas de miracle. Si la prise de conscience semble enfin effective, la patience devra être de rigueur. La convention FFR – LNR repose sur un socle fragile entre intérêts – sportifs et financiers – des clubs et sanctuarisation de la sélection nationale. Et c'est en ce sens, à en croire Bernard Laporte, que le dossier du Mondial en France en 2023 était primordial. « *C'est beaucoup de joie,* se félicitait d'ailleurs le principal intéressé le 15 novembre dernier au soir de la victoire française. *Nous n'étions pas favoris et nous avons gagné. Depuis six mois, on a fait le tour du monde pour démontrer que notre dossier était le meilleur. Nous avons gagné mais c'est le rugby amateur qui a gagné. Ce n'est pas la Coupe du monde de Bernard Laporte. On l'a fait parce qu'il y aura des retombées tellement importantes, d'abord pour notre pays, et deuxièmement pour notre rugby amateur. On se devait de gagner pour eux.* » Vainqueur de l'organisation d'une Coupe du monde dont il a totalement relancé la candidature à son arrivée à la présidence en décembre 2016 et toujours empêtré dans l'affaire Altrad, le patron de la fédération rappelle que les vieux démons ne sont jamais loin. Et que les rebonds de ce ballon ovale demeurent décidément bien incertains.

Tellement incertains que, du début de mon enquête à sa conclusion, pas une semaine, quasiment pas un jour ne sont passés sans qu'une affaire, une déclaration, un résultat ne viennent appuyer l'idée du marasme dans lequel se débat notre rugby. J'ai eu à chaque fois peur d'être dépassé par les événements. C'est le seul sport qui m'a posé ce problème. Quand ce livre sortira, le XV de France aura disputé trois matchs dans le Tournoi des VI Nations. Il lui restera à jouer contre l'Angleterre et au pays de Galles. Et si les

Bleus remportaient le Tournoi ? Si l'équipe du nouveau sélectionneur Jacques Brunel relevait la tête ? L'agonie prendrait-elle fin ? À mon avis non ! Le mal est bien plus profond. Une improbable victoire dans ce Tournoi 2018 serait juste un exploit. Rien de plus…

ATHLÉTISME
L'EMBELLIE

Le raz-de-marée a été aussi inattendu que fantastique pour Pierre-Ambroise Bosse. Champion du monde sur 800 mètres à Londres, au cœur du mois d'août 2017, le jeune licencié de 25 ans de l'US Créteil est devenu, en quelques heures, le nouveau chouchou des médias après une course culottée qui l'a fait basculer dans une autre dimension. Il a même réussi l'exploit de faire la une de nombreux quotidiens alors en pleine « Neymarmania ». Le Nantais d'origine a donné un coup de fouet à la délégation française qui, dans son sillage, a accroché deux autres titres et deux médailles de bronze, permettant aux Bleus de prendre la quatrième place du classement international et la première européenne. La deuxième meilleure campagne à ce niveau après 2003 (3 titres, 3 argent et 2 bronze) avec treize finalistes (un nombre en accord avec les moyennes régulièrement constatées).

La folie autour de Bosse a même terminé en rubrique… faits divers ! Dans la nuit du 26 au 27 août 2017, le tout frais champion du monde est victime d'une agression sur le parking d'un casino de Gujan-Mestras en Gironde. L'athlète est frappé à plusieurs reprises au cours d'une altercation. Si les circonstances de l'agression restent à définir

– le suspect interpellé et mis en examen a également porté plainte contre Bosse –, les dégâts moraux et physiques sont nombreux : multiples fractures au visage et dix-huit jours d'interruption de travail. Sa saison est terminée. Pierre-Ambroise Bosse a pourtant l'image d'un bon camarade à la tête bien faite et la repartie calibrée. Des voix marginales se sont exprimées sur une facette plus contrastée du personnage. Plus provocatrice, plus arrogante. « *Peut-être que je porte un costume qui n'est pas le mien, que l'image que je renvoie à la presse n'est pas la bonne. Je ne pense pas avoir plus le melon qu'untel ou untel* », s'étonnait-il dans *L'Équipe* du 10 août 2017 au sortir de son titre mondial. Mais là n'est pas l'objet de notre propos. Concentrons-nous sur les récentes performances – sur la piste – de nos athlètes.

Outre l'avènement du demi-fondeur, la campagne française a été marquée par le titre « quasi programmé » en décathlon de Kévin Mayer, déjà médaillé d'argent aux J.O. de Rio. Mais aussi par celui de Yohann Diniz, le grand ancien (39 ans) qui, bouclant une histoire personnelle et sportive folle dans une discipline à part, le 50 km marche, a sublimé l'esprit sportif en dominant ses démons. Les deux « bronze » obtenus par Renaud Lavillenie à la perche et Mélina Robert-Michon au lancer du disque s'inscrivaient dans une courbe de résultats logiques pour deux champions à pleine maturité.

La FFA s'est félicitée de ce bilan comptable exceptionnel, qui a notamment permis au nombre total de champions du monde masculins français de doubler. « *Je ne vais pas mentir, je ne m'attendais pas à une telle réussite. Je connaissais le potentiel de l'équipe de France. Mais là, c'est extraordinaire,* soulignait d'ailleurs Mehdi Baala, le directeur de la performance du groupe tricolore dans *Le Parisien* du 14 août. *On a un socle solide, à l'image de Mayer, et des mecs comme Diniz qui sont capables d'un éclair de génie. Bosse, lui, a su créer la surprise au bon moment.* » Ce qui a surtout frappé, c'est l'alignement des planètes permettant une telle réussite sur une seule compétition. Entre vieille garde et jeunes pousses, l'athlétisme tricolore a finalement confirmé des J.O. 2016 plutôt intéressants avec six médailles (3 argent et 3 bronze). La bonne période traversée dans le sport-roi des Jeux ne doit pas faire oublier des moments plus creux, moins glorieux et plus poussifs. La France reste en athlétisme une « petite nation » sur le plan historique. Elle n'occupe « que » le quatorzième rang dans le classement des médailles gagnées aux Mondiaux, le quinzième rang pour les J.O. et le quatrième sur le plan européen avec un réservoir de 302 869 licenciés répartis dans 2418 clubs (chiffres FFA de janvier 2017). À titre de comparaison, la Jamaïque, avec ses 270 000 licenciés pour 2,7 millions d'habitants, pointe, avec 115 médailles aux Mondiaux, au quatrième rang des nations. Finalement, la France connaît actuellement un cycle vertueux presque anormal en comparaison avec ses résultats sur l'ensemble de son histoire. Pourquoi une telle réussite pour les Bleus sur ces deux dernières années ? Est-ce que cela va durer ?

YALOUZ, LE CATALYSEUR DE LA GAGNE

« *Cette réussite à Londres, c'est la continuité du dispositif impulsé par Ghani Yalouz depuis 2009*, s'enthousiasme Renaud

Longuèvre, manager des équipes de France jusqu'en mai 2017. *C'est une stratégie qui porte un nom : F.P.O. pour Forts Potentiels Olympiques. Tout le système de Ghani Yalouz, c'était de demander à ses managers : "Regardez, scrutez, investiguez dans vos spécialités et donnez-moi des noms qui peuvent être médaillés olympiques. Et au lieu d'aider le dixième Français d'une spécialité, concentrons les moyens sur un ou deux potentiels à médaille". Ghani Yalouz arrive en 2009. Kévin Mayer devient champion du monde juniors en 2010. Pierre-Ambroise Bosse est champion d'Europe juniors en 2011. Leurs médailles d'or de 2017 sont complètement imprégnées de ce système.*»
Comme un mantra, après les J.O. 2016 de Rio et les Mondiaux 2017 de Londres, un nom est donc régulièrement revenu aux lèvres des sportifs médaillés et des médias : Ghani Yalouz. L'ex-lutteur, directeur technique national (DTN) de 2009 à 2017 et désormais patron de l'INSEP, a accompagné pendant près de huit ans, sous la présidence de Bernard Amsalem, les destinées de l'athlétisme français. L'impact de ce « facilitateur » a été très fort auprès des champions français. Champion paralympique et du monde de saut en longueur, Arnaud Assoumani a pu apprécier l'action du « Gréco-Romain », avec un recul certain lié à sa situation « *entre deux chaises* » comme il le dit lui-même. Dans le quartier de la Bibliothèque François-Mitterrand, autour d'un thé – « *pour la diététique* » –, celui qui partage désormais son temps entre le sport de haut niveau et la musique sous le nom de Jariath introduit : « *Ghani a fait énormément de bien à l'athlétisme. Il y a déjà sa mentalité, très punchy, et le fait qu'il vienne d'un autre sport. Il a toujours été très engageant avec les athlètes. À ma connaissance, jamais les athlètes n'ont été si proches d'un DTN. Dès qu'ils avaient*

besoin de quelque chose, Ghani se démenait pour leur apporter et les mettre dans les meilleures conditions. À titre personnel, j'ai participé aux fameux stages en Afrique du Sud alors que je n'ai jamais été en équipe de France. Mon coach était présent aussi.» Cela en dit long sur l'approche du « boss » d'alors de l'athlétisme français.

Je pars donc à la rencontre de celui qui a choisi cette solution extérieure : Bernard Amsalem. Lunettes vissées sur le nez, alors que je l'interroge dans son bureau, l'ancien président de la fédération de 2001 à 2016 adoube son poulain. Et se souvient du contexte dans lequel il a été amené à le nommer : « *Ghani a été un catalyseur sur les huit dernières années de mon mandat.»* Et pour les huit premières, est-on tenté de demander ? « *Le système français tel qu'il existe, marqué par l'"immaturité" des dirigeants mais aussi par le conservatisme, fait que le DTN est toujours désigné par le ministre. Vous imaginez ? Je dis souvent, pour rigoler, qu'on est les derniers sous tutelle et qu'en France, il y a deux catégories dans ce cas : les déficients mentaux et les fédérations. Évidemment, cette nomination se fait en lien avec le président. J'ai vécu quatre mandats. Le premier, j'arrive, je ne connaissais pas le milieu. On me dit : "C'est monsieur Machin". Je ne sais pas qui c'est. On me le présente, il s'appelle Robert Poirier. Je dis OK. Et puis je constate, au bout de deux ans, qu'il se met tout le monde à dos dans le milieu. Il vient du sérail, il a été athlète, il a été entraîneur mais cela se passe tellement mal qu'en 2003, aux championnats du monde, lors de la réunion d'équipe avant la compétition, un athlète lui balance son maillot à la figure. Je me dis alors : "Mais qu'est-ce que c'est que ce truc ? Dans quel monde je suis tombé ? Pourquoi ?" Je me suis rendu compte que lorsqu'on prenait un DTN issu du milieu, il reproduisait tous les problèmes qu'il avait vécus quand il était athlète, entraîneur ou dirigeant. Robert Poirier se vengeait en quelque sorte, et il avait donc mis de côté des entraîneurs de qualité parce qu'il ne pouvait pas les encadrer quand il était lui-même entraîneur. Ou encore des athlètes qui le battaient régulièrement et qui étaient toujours dans le milieu. J'ai donc dit au ministère qu'au bout de quatre ans il faudrait changer de système car je ne voulais pas recommencer avec ce type. Il a pris sa retraite à ce moment-là. Je voulais quelqu'un qui connaissait l'athlétisme mais qui venait du privé. J'avais un candidat mais on me l'a refusé. Du coup, j'ai dû trouver un deuxième DTN du même profil, plus jeune que le premier, Franck Chevallier. Et au bout de deux ans, je constate les mêmes problèmes. J'ai dit : "Écoutez, ça suffit ! Le prochain, c'est moi qui le choisis et, pour vous faire plaisir, je vais prendre quelqu'un qui est déjà DTN". J'avais ma petite idée en tête. J'ai expliqué qu'il ne venait pas de l'athlétisme. On m'a rétorqué que ça ne marcherait pas. Je savais que Ghani viendrait avec un œil neuf, qu'il ne reproduirait pas les problèmes que nous avions connus. Mais ça a pris un temps fou. Ils avaient peur que ça ne marche pas et j'ai insisté, j'ai tenu bon. Et d'autres fédérations l'ont fait après nous. Aujourd'hui, le ministère se pose des questions sur la formation des futurs DTN et sur leur culture. Le système tel qu'il existe est complètement à revoir. Il faut aller vers plus d'entrepreneuriat. On ne peut pas continuer à travailler comme ça, avec une gouvernance du sport et des relations entre l'État et les fédérations dépassée, digne des pays de l'ex-bloc soviétique. L'arrivée de Ghani nous a permis de régler tous les problèmes vécus par le passé en ce qui concerne le lien avec les athlètes et avec les entraîneurs. Il y avait autour de lui une équipe de qualité, qu'il a choisie évidemment, et qui connaissait l'athlétisme. On vous demande simplement de connaître le sport de haut niveau.*

Lui, il avait un vécu, médaillé olympique d'argent aux Jeux de 1996 à Atlanta. Ça n'a jamais fonctionné aussi bien. Mais avant, on a perdu du temps. »

Le portrait est flatteur mais semble un peu partisan. Journaliste spécialisé à *L'Équipe*, Jean-Denis Coquard nuance : « *Sur le haut niveau, je pense que Ghani Yalouz a eu un impact dans le fait d'amener les gens à leur meilleur. Globalement, il y en a peu qui sont passés au travers le jour J. Je ne sais pas si c'est lié à son passé de sportif mais il a eu cette force-là. Il y avait beaucoup de scepticisme à son arrivée. Il ne connaissait pas l'athlétisme. Mais il connaissait ce qu'est un sportif. Quand les athlètes étaient en difficulté, c'était le mec qui passait le coup de fil, qui remontait le moral, qui s'arrangeait pour tout organiser au mieux dans l'intérêt du sportif.* » Au pied du sautoir intérieur de l'INSEP, à 83 ans, l'inusable et affable Maurice Houvion dirige une séance ponctuelle. Entre deux conseils à ses sauteurs du jour – un ami et son petit-fils –, ce sage parmi les sages lâche à propos du DTN charismatique sortant : « *Yalouz, il fait sa carrière. Mais je crois qu'il n'y a pas de types absolument providentiels qui doivent rester toute leur vie au même endroit. Il faut trouver quelqu'un d'autre qui va revenir avec une autre personnalité mais qui devra garder les choses intéressantes mises en place. Et y ajouter ce qui n'a pas été fait.* »

Et Jean-Denis Coquard de prendre l'exemple d'un enfant terrible de l'athlétisme français sous l'ère Yalouz, le talentueux mais difficilement gérable Teddy Tamgho, champion du monde du triple saut en 2013. Le recordman du monde en salle de la spécialité (17,92 m) a manqué les J.O. 2012 et 2016 sur blessure et a été suspendu un an en 2014 pour ne pas s'être présenté à trois contrôles antidopage en moins de dix-huit mois. Il a aussi connu de sérieux problèmes disciplinaires (renvoi du CREPS de Paris en 2008 après une altercation, exclusion du CREPS de Boulouris en 2011 après l'agression d'une athlète). « *Parfois, c'est vrai que nous avons eu l'impression que c'était un peu trop "nounou" et un peu trop dans le sens des sportifs. Quand il y a eu des difficultés avec Teddy, mettre des limites et un cadre, ça aurait pu être bien aussi. Car Tamgho a fait ce qu'il a voulu. Il se sépare de son entraîneur pour partir avec un autre à l'étranger ? On lui dit OK. Il se gère tout seul depuis quelques années et il devient coach en même temps et monte son groupe ? On lui dit OK. On se dit qu'il s'est peut-être dispersé et qu'il n'est pas allé au bout de son potentiel. C'est dommage. Pareil avec Pascal Martinot-Lagarde*[33] *qui part et autour duquel on monte une structure, Yalouz n'a jamais dit : "Non, tu ne vas pas fonctionner comme ça", enfin publiquement. C'était un "go-between" positif avec un état d'esprit conquérant sur chaque compétition, et à qui on doit notamment le retour des athlètes aux championnats de France. Les précédents DTN étaient plus directifs, peut-être moins en phase avec certains aspects du sport de très haut niveau. Mais je pense aussi qu'ils avaient une meilleure vision sur la filière, sur la formation, etc.* »

Si l'on considère les indicateurs habituels que sont les licenciés et les médailles dans les grands rendez-vous, le bilan du mandat de Bernard Amsalem est positif. « *L'athlétisme s'est plutôt bien porté ces dernières années puisqu'on a dépassé les 300 000 licenciés en 2016, contre 165 000 en 2001. L'évolution est intéressante dans toutes les catégories* », appuie

33. Champion d'Europe en salle du 60 mètres haies en 2015 et quatrième du 110 mètres haies aux J.O. de Rio.

l'ancien président. « *Il y a eu un vrai travail accompli,* confirme Renaud Longuèvre. *Mais je pense que l'on peut faire beaucoup mieux. Si on regarde les chiffres, il y a aujourd'hui douze millions de coureurs. Il y en a trois millions et demi qui prennent ou ont déjà pris dans leur vie un dossard pour courir un dix kilomètres, un semi ou un marathon, la corrida de leur village… Nous avons donc manqué un virage. Courir, c'est notre sport. Or courir, ça s'apprend, ça s'éduque. Mais la plupart des coureurs, ça ne leur vient même pas à l'esprit de demander les rudiments. Si on fait le ratio, on est donc loin du compte.* »
Sur l'aspect performance, les résultats sont pourtant au rendez-vous avec, on l'a déjà vu, les médailles de Rio en 2016 et de Londres en 2017. Et les jeunes obtiennent de bons résultats dans les catégories inférieures. Un bilan positif que ne dément pas Jean-Denis Coquard, malgré l'inimitié entre le quotidien *L'Équipe* et le président sortant : « *Même si c'était très conflictuel avec nous, la présidence d'Amsalem a été globalement bonne. Il a eu des idées de développement en soutenant le Meeting de Paris par exemple. Son bilan financier est correct aussi. Il a fait bouger les choses et les mentalités.* »

DES PERFORMANCES À ORIENTER ?

S'il y a eu, avec la méthode Yalouz, beaucoup d'accompagnement et de « facilitation » ces dernières années au sein de l'athlétisme français, les griefs adressés par mon confrère Jean-Denis Coquard à propos du fonctionnement de la FFA ne sont pas innocents. Dans l'athlétisme, comme dans le tennis par ailleurs, il est compliqué de défaire certaines habitudes prises et composer avec les caractères. Et cela impacte directement les résultats. À cause de la rareté de ce petit plus qui fait les grands champions ? Peut-être. Un exemple paraît néanmoins très parlant : celui des relais. Longtemps, l'équipe de France a été crainte pour sa capacité à aller chercher des médailles sur ces courses, sauvant même parfois ses bilans grâce à une densité de talents mais surtout un savoir-faire et un esprit d'équipe infaillible. Qui, parmi les amateurs de ce sport, ne se souvient pas du relais 4x100 m masculin, lors des championnats d'Europe de Split en 1990, et du record du monde (37"79) de Max Morinière, Daniel Sangouma, Jean-Charles Trouabal et Bruno Marie-Rose ? Mais les relais semblent un peu pâtir, ces derniers temps, de batailles d'égos et d'une moins grande valorisation.

Je rencontre Guy Ontanon à la cafétéria de l'INSEP. Entraîneur notamment de Christine Arron et de Muriel Hurtis, avec lesquelles il a remporté de nombreux titres et médailles, il est devenu, dans la lignée des « Jo » Maïsetti, Fernand Urtebise et Jacques Piasenta, l'un des meilleurs spécialistes actuels du sprint français. Récemment séparé de Jimmy Vicaut qu'il a « amené » à 9"86 sur 100 mètres, il pointe un indicateur important concernant la santé actuelle de son sport : « *Je suis inquiet de n'avoir vu aucun relais performer aux J.O. Les relais, c'est un peu l'état de santé de l'athlétisme. La fédération doit prendre conscience que c'est une discipline à part entière, quelque chose qui doit se travailler. Ce n'est pas uniquement sur trois ou quatre regroupements que l'on va pouvoir avoir des résultats. Lorsque le record du monde a été battu, à l'époque de « Jo » Maïsetti*[34]*, c'était un regroupement par mois et un stage long aux États-Unis d'au moins trois semaines.*

34. Responsable des relais de 1987 à 1997.

Et même si les athlètes continuaient de s'entraîner individuellement pendant cette période, il y avait ce fil conducteur. Aujourd'hui, on a abandonné ça. C'est vrai que les calendriers ont aussi beaucoup changé. On a de plus en plus d'athlètes qui participent aux grands rendez-vous comme la Diamond League. Pour Christophe Lemaitre ou Jimmy Vicaut, le calendrier est assez lourd. Et il est parfois difficile de mettre en place les relais et les stages, de faire adhérer les entraîneurs personnels et les athlètes au fait de pouvoir aller chercher une médaille. D'autant plus que les athlètes peuvent performer à titre individuel, ce qui n'était pas le cas dans le passé. Mais les Britanniques ont réussi à le faire, par exemple. On a la génération la plus forte de notre histoire avec deux garçons qui ont fait moins de 10 secondes et d'autres qui sont bons. Et on ne fait pas de médailles, ça interpelle quand même. »

Deux Français de la même génération sous les 10 secondes, la chose est unique dans l'histoire du sprint français. Si nous nous targuons d'être une nation forte de l'athlétisme, comment expliquer que nous ne brillions que trop peu dans la discipline reine par excellence : le sprint en général et le 100 mètres en particulier ? La course qui électrise le public. Celle que l'on regarde forcément en finale des Jeux ou des Mondiaux. Celle qui fait de vous l'homme le plus rapide de la planète. « *La France a rarement eu des talents qui pouvaient s'inviter à la table des cadors. Quelques coups d'éclat ne suffisent pas pour rivaliser avec les Américains, les Jamaïcains et les sprinteurs des Caraïbes* », me confirme François-Xavier de Chateaufort. Journaliste spécialisé dans l'athlétisme, il couvre depuis plusieurs années pour RMC (et depuis peu pour SFR Sport) les plus grandes compétitions internationales. Observateur avisé, il pointe du doigt un manque criant de continuité au plus haut niveau. « *Quand la France a eu un talent comme Daniel Sangouma ou Ronald Pognon par exemple, cela n'a jamais été en continu. Il n'y a donc pas d'école du sprint français au sens figuré parce qu'il n'y a tout simplement pas assez de talents individuels* », précise-t-il. Quelques chiffres situent le niveau réel des Français dans cette jungle des fauves. Ils ne sont que quatre à être parvenus en finale du 100 mètres des Jeux : Émile Ali-Khan (1920), Roger Bambuck (1970), Hermann Panzo (1980) et Jimmy Vicaut (2016). Et depuis la création des Mondiaux en 1987, seuls deux Français, Christophe Lemaitre (2011 et 2013) et Jimmy Vicaut (2011, 2015 et 2017) ont pris place en finale de la course. Pour aucune médaille. La meilleure place mondiale a été obtenue par Christophe Lemaitre, qui échouera au pied du podium (quatrième) à Daegu en 2011. Seul fait de gloire du sprint individuel français, un éphémère record du monde. Le 20 juin 1968, Roger Bambuck s'inscrit au championnat des États-Unis et égale la meilleure marque mondiale de l'Allemand Armin Hary en dix secondes toutes rondes lors des séries. Le record tiendra… 1h40 avant que l'Américain Jim Hines ne passe sous la barre mythique avec 9"99 centièmes. Roger Bambuck (Guadeloupe), Daniel Sangouma (Réunion), Ronald Pognon (Martinique)… Et si la solution était à creuser du côté des départements et territoires d'outre-mer ? « *Pour durer et s'inscrire dans le sprint, il faut plus travailler et développer la détection aux Antilles,* appuie « Fix » de Chateaufort. *Ce sont les talents qu'il faut mieux détecter en s'inspirant du modèle jamaïcain, avec le fameux championnat annuel Boys and Girls destiné aux jeunes et où s'est fait connaître Usain Bolt. Aux Antilles, les infrastructures ne sont pas en bon état. Plus de moyens permettraient d'y développer le sprint. Apparemment, c'est à l'étude.»* En septembre 2017, la FFA confiait effectivement une mission à Guy Ontanon pour redynamiser l'athlétisme outre-mer, à commencer par les Antilles.

LA CONCURRENCE DES SPORTS COLLECTIFS

Si l'on considère l'athlétisme dans son ensemble, les grands champions français modernes se comptent quasiment sur les doigts des mains. Historiquement, l'athlétisme tricolore a produit de grands noms mais rarement dans la continuité : Alain Mimoun (champion olympique du marathon aux Jeux de 1956), Michel Jazy (médaillé d'argent du 1500 mètres aux Jeux de 1960), Colette Besson (championne olympique du 400 mètres aux Jeux de 1968), Guy Drut (champion olympique du 110 mètres haies aux Jeux de 1976), Pierre Quinon (champion olympique à la perche aux Jeux de 1984), Marie-José Pérec (triple championne olympique), Jean Galfione (champion olympique à la perche aux Jeux de 1996). Même si les Marie-José Perec, Renaud Lavillenie et quelques autres ont pu tirer certaines disciplines vers le haut. « *C'est un peu un effet boule de neige, les haies, la perche… À un moment il y a un grand champion et donc ça donne envie à des jeunes de s'y mettre,* confirme Jean-Denis Coquard. *Et puis, il y a la transmission qui se fait aussi avec le coach. En perche, on a eu Houvion, Baudouin, d'Encausse. Il y a un socle de connaissances qui se transmet. Moi, j'ai un enfant qui fait de l'athlétisme. Il voit Bolt, il veut faire du sprint. Donc quand on voit Lavillenie, c'est la perche qui marche. C'est pareil avec les haies. Guy Drut a été un énorme champion qui a créé des vocations. Et les coachs qui ont formé Drut ont également formé d'autres coureurs. Les potentiels sont repérés.*»

Mais peut-être pas assez circonscrits selon Guy Ontanon, qui poursuit sa réflexion générale : « *On saupoudre trop. On veut contenter et faire plaisir à tout le monde. Mais il y a certainement des choix à faire car on connaît les disciplines fortes en France : la perche, les relais, les épreuves combinées, le demi-fond… Je suis persuadé que l'on serait encore meilleurs si nous consacrions davantage de financement à organiser des stages et des confrontations à l'étranger pour nos athlètes à fort potentiel, ainsi qu'à l'amélioration de la recherche appliquée. Nous travaillons d'ailleurs sur ce dernier point. Mais les chercheurs de l'INSEP sont constamment sollicités, avec une trentaine de disciplines à suivre. Les Anglais ont la capacité de cibler leur travail. Et cela vaut pour l'ensemble des disciplines olympiques, pas seulement l'athlétisme. Ils sont capables d'orienter leur financement sur les sports qui vont générer de la médaille et de l'or.* »

Avec le temps, et alors que la base des licenciés est désormais plus importante, l'athlétisme français a mis en place un maillage de ses talents. Un système de générations a été instauré avec les grandes compétitions pour échéance : Génération 2020 pour les J.O. de Tokyo, Génération 2024 pour les J.O. de Paris… La FFA a également créé de longue date les Pointes d'Or, championnat national permettant de réunir les meilleurs éléments de 14, 15 et 16 ans, âge auquel les athlètes se spécialisent vraiment. « *Et c'est là qu'on découvre les vrais talents. Cela représente deux cents jeunes par génération. On ne se trompe d'ailleurs jamais car ce sont souvent ceux qui vont aller au bout et qui vont ensuite chercher des médailles au plan international. Et il y a un suivi individualisé de ces jeunes, année par année,* explique Bernard Amsalem. *On regarde à la fois le côté performance mais également le côté social et le côté scolaire. S'il y a des problèmes, le coach va intervenir localement auprès de la famille ou de l'école pour trouver des solutions. Par le passé, nous avions plus de trous de générations quand certains partaient à la retraite car nous n'avions pas vraiment préparé la suite.»* L'ancien président de la FFA défend son bilan tout en reconnaissant que l'aspect très formateur de l'athlétisme éveille des envies d'ailleurs : « *Au fil des années, il y a forcément de la perte. Il y a ceux qui arrêtent, ceux qui vont vers d'autres sports, souvent vers 15 ou 16 ans. Le handball est le sport qui nous pompe le plus de talents, par exemple. Le geste du handballeur, c'est courir, sauter et lancer pour marquer un but. Exactement les mêmes gestes que l'athlétisme. Chaque année, on voit débarquer sur notre opération Pointes d'Or des entraîneurs de clubs professionnels. Et ils repèrent les gabarits, le "pied", cette capacité à rebondir. Souvent, il y a des gamins auxquels l'entraîneur vient proposer un contrat avec le centre de formation du club professionnel, tous frais payés, avec les études. Ce que nous ne sommes pas en mesure de proposer. Les parents disent souvent oui. On ne se fâche pas avec nos voisins parce qu'on est heureux de voir des gamins réussir. Et quand je vais voir un match de hand avec William Accambray ou Mathieu Grébille par exemple, qui sont des piliers de l'équipe de France et qui viennent de l'athlétisme, je suis content pour eux. Même chose avec une fille comme Isabelle Yacoubou qui est internationale de basket et vient du poids.*»

Les filles, justement, voilà un des dossiers épineux du moment du côté de la FFA. Aux J.O. de Rio 2016 puis aux Mondiaux de Londres 2017, et en général ces dernières années, celles-ci ont été peu présentes dans les bilans tricolores. Sur les grandes compétitions depuis 2012 (deux

Jeux Olympiques et trois Mondiaux), l'équipe de France d'athlétisme a ramené vingt et une médailles. Seulement quatre pour les femmes dont trois pour la seule Mélina Robert-Michon qui a fêté ses 38 ans en 2017. « *On a un trou chez les filles,* confirme Jean-Denis Coquard. *Il y a des jeunes prometteuses qu'il faut faire émerger. On nous dit du côté de la fédération qu'il y a, de 15 à 18 ans, de nouvelles têtes qui arrivent. Tant mieux. Patrice Gergès, le nouveau DTN, a été choisi pour s'appuyer dans ce travail sur les ligues et mieux les mettre en valeur. Et que ce soit chez les filles ou les garçons, il ne faut pas oublier que l'on est dans un sport international à part entière avec des niches dans lesquelles certaines nations se sont spécialisées. Et il y est vraiment difficile de performer.* » Renaud Longuèvre pointe, lui, une autre concurrence chez les féminines, celle des sports collectifs : « *Le football féminin est sur la voie ascendante. Le handball s'est développé. Des handballeuses très athlétiques, avec le même gabarit qu'Antoinette Nana Djimou, pourraient faire de l'heptathlon. Le rugby à 7 explose. Le basket, dans la foulée de la génération de Céline Dumerc, est au top. Les gamines, par phénomène d'aspiration, choisissent ces sports. Il va falloir que l'on fasse très attention.* » Sur la question des potentiels féminins, tout comme sur les potentiels venant des Antilles, le projet fédéral de la FFA portant sur le cycle 2013-2016 était d'ailleurs très insistant, conscient de la fragilité française dans ces deux secteurs.

L'IMPORTANCE DE LA TRANSMISSION ET DE LA DYNAMIQUE DE GROUPE

Dans l'athlétisme français, un autre point frappe indubitablement. En dehors des athlètes évidemment, de l'ancien président Bernard Amsalem et de l'ancien DTN Ghani Yalouz, qui avait pris une grande place dans le paysage médiatique, il est parfois difficile d'identifier la hiérarchie qui compose la colonne vertébrale de la discipline. À l'exception de Guy Ontanon ou encore Renaud Longuèvre, qui sont probablement les entraîneurs actuels les plus connus, la véritable organisation, les référents n'apparaissent pas clairement. « *Quand je suis arrivé dans l'athlétisme il y a plus de dix ans, à l'INSEP, il y avait de nombreuses chapelles. On s'y regarde en chiens de faïence. Il y a un vernis façon "grande famille du cinéma", on ne se tire pas dans les pattes,* se souvient Jean-Denis Coquard. *Mais dès que l'on pousse un peu, c'est plus : "Untel est un connard". Il n'y a pas beaucoup de techniciens qui tiennent dans le temps. Urtebise, Piasenta, Longuèvre et Ontanon font ou ont fait de longs baux. Mais il faut être capable de se renouveler. C'est difficile d'envoyer un athlète vers un coach dont il n'a pas envie. Après, même au niveau mondial, il n'y a pas soixante coachs qui durent : John Smith aux États-Unis, le Jamaïcain Stephen Francis aussi, plus quelques autres. Ce sont des modèles compliqués. En France, ça va être un athlète dans un club qui monte avec un entraîneur. Parfois ce dernier dira : "Je ne peux plus suivre" et le jeune sera envoyé à un entraîneur national. Dans certains cas, l'entraîneur de club peut être très bon et se former. Renaud Longuèvre s'est formé avec Ladji Doucouré. Et il est sans doute meilleur maintenant qu'il n'était quand il est arrivé avec lui. Il a sans doute fait des conneries à certains moments qu'il ne referait plus maintenant. On se forme en faisant des erreurs. En France, quand un athlète est entraîné par un coach national, il ne le paie pas. Ça ne fonctionne pas ou très rarement sur un modèle privé avec, par exemple, un pourcentage reversé. Certains sont aussi salariés de leur club.* » Ce qui offre une certaine flexibilité… de part et d'autre.

Soucieux d'être précis sur ce sujet, Bernard Amsalem éclaire son action : « *Quand je suis arrivé, il y avait effectivement l'INSEP et c'est tout. Tous nos meilleurs athlètes étaient regroupés. On a voulu faire en sorte que les athlètes restent dans leur environnement social, familial ou territorial le plus longtemps possible. Je pense par exemple aux athlètes des Antilles. On les faisait venir à 18 ou 19 ans à l'INSEP et on en perdait deux sur trois. Aujourd'hui, on laisse les Antillais le plus longtemps possible sur place. S'il y a des formations supérieures existantes au niveau local, ils continuent leurs études le plus loin possible. S'ils choisissent un cycle de formation qui n'existe pas là-bas, on les fait évidemment venir en métropole mais pas à l'INSEP. Plus à l'INSEP. On les envoie dans le sud de la France où nous avons plusieurs centres d'entraînement, généralement dans des CREPS. À Boulouris, nous avons les sprinteurs antillais. À Talence, du demi-fond. À Montpellier, ce sont plutôt les épreuves combinées. Ce n'est pas qu'on a tout spécialisé mais il y a une dominante parce qu'on sait qu'il y a sur place les entraîneurs* ad hoc *de qualité. Kévin Mayer, à Montpellier, c'est un pur produit du CREPS. S'il était venu à l'INSEP, je pense qu'il aurait mis du temps à s'adapter. Avant, nous avions cent athlètes à Paris, maintenant, nous en avons seulement cinquante. Wilhem Belocian, qui compte parmi les meilleurs mondiaux au 110 mètres haies, est toujours aux Abymes. De temps en temps, il vient en stage en métropole.* »

« *Avec Ghani Yalouz, nous avions trouvé un système à mi-chemin,* se souvient Renaud Longuèvre. *La stratégie de son prédécesseur était d'enlever les gamins doués des clubs et de l'entraîneur avec lequel ils avaient grandi et de les faire monter à l'INSEP. Nous avons souhaité conserver un pôle fort comme l'INSEP car c'est une superstructure qui a produit Galfione, Diagana, Doucouré, Lesueur… Et ce sont souvent des Franciliens qui peuvent retourner dans leur famille le week-end. Mais on s'est également gardé la possibilité de laisser un Christophe Lemaitre dans son club et c'est au manager – que j'étais alors – de prendre le TGV et d'aller vers lui. C'est la première mission que m'a donnée Ghani : "Tu es le manager du sprint, ce n'est pas Lemaitre et Carraz*[35] *qui viennent à toi, c'est toi qui vas vers eux". C'est la fédération qui va au F.P.O. (Fort Potentiel Olympique) s'il fait le choix de rester dans son club. Et nous, nous l'accompagnons. Nous tenions en revanche à ce qu'il participe aux stages de Saint-Malo et en Afrique du Sud ainsi qu'aux stages nationaux. Le manager était le garant de la présence fédérale.*»

Le pragmatique Maurice Houvion, qui emmena notamment Jean Galfione au titre olympique aux J.O. en 1996, aimait avoir des effectifs denses : « *On est dans un sport individuel mais j'ai toujours pensé que la dynamique de groupe était essentielle pour transcender les gens. C'est la raison pour laquelle j'ai toujours voulu avoir un groupe étoffé. Même à l'entraînement, il y avait un climat de compétition. Compétition bon enfant mais qui me permettait de travailler un petit pourcentage de plus.*» Sourire en coin, le vieux sage a d'ailleurs toujours ses méthodes pour tirer le meilleur de ses élèves avec peu de moyens. « *En athlétisme, on a de grands entraîneurs,* assure l'athlète handisport Arnaud Assoumani. *Jean-Hervé Stiévenart, qui entraîne au saut, a sorti énormément d'athlètes. Bruno Gajer a également accompagné pendant longtemps Pierre-Ambroise Bosse. Il y a Bertrand Valcin, l'entraîneur de Kévin Mayer et aussi Gérald Baudouin, l'ancien entraîneur de Renaud Lavillenie. Et puis Renaud Longuèvre, qui est pour moi un très grand*

---

35. Pierre Carraz est l'entraîneur de Christophe Lemaitre.

entraîneur et qui a su se remettre en question et se renouveler.» Pour le jeune homme, la remise en cause et l'empathie sont d'ailleurs des données primordiales à prendre en compte. S'il y en a un qui combine ces deux qualités, c'est bien Renaud Longuèvre. L'ancien manager des équipes de France a accompagné les succès de l'athlétisme français depuis une quinzaine d'années. Et notamment amené Ladji Doucouré au titre de champion du monde du 110 mètres haies en 2005 et Éloyse Lesueur à celui de championne du monde en salle de la longueur en 2014. Souriant, affûté comme jamais et d'un enthousiasme débordant, le consultant beIN Sports prône une proactivité des futurs techniciens : « *Personnellement, à l'époque, j'ai pris en main ma formation. Je suis allé toquer chez Jacques Piasenta en lui disant que je préparais le professorat de sport. Il m'a accueilli à Boissy-Saint-Léger et a sorti des bobines de films de Guy Drut. Il m'a ouvert les yeux sur plein de trucs. J'ai fait pareil avec Fernand Urtebise. J'ai loué une bagnole et j'ai rencontré Alain Piron, l'ancien DTN. J'ai fait pareil avec Alain Troncal, spécialiste de longueur. Il m'a donné quatre exercices. J'ai ensuite enrichi avec mes propres exercices. J'ai commencé par m'approprier ce qu'on appelle le cadre de référence. Mais il faut être acteur de sa formation. Tu ne peux pas inventer les choses. Le problème est que certains entraîneurs se sont peut-être repliés sur eux-mêmes.*»

Dans une interview donnée à *Libération* dans le cadre d'un portrait publié le 6 août 2017, le controversé Kévin Hautcœur, champion d'Europe espoir sur 800 mètres en 2005 et désormais agent, entre autres, de Pierre-Ambroise Bosse, glisse : « *Bizarrement, quand je suis rentré à l'INSEP, après avoir gagné ma médaille à Erfurt, j'ai compris qu'il n'y avait pas de passion pour le sport dans ce lieu. Chacun cherche à y garder sa place, à s'occuper de ses intérêts. Ça m'a interpellé. Vous savez combien de médailles, sur les six que l'athlétisme a gagnées à Rio, viennent de l'INSEP ? Même pas une ! Alors pourquoi garde-t-on tous ces profs de sport à leur place, avec leur beau salaire de fonctionnaire ? Et puis ils veulent aussi se mêler des contrats avec les équipementiers pour les athlètes… Pourquoi on n'aide pas plus les coachs de province qui sortent les petits et les font grandir jusqu'aux podiums internationaux ?* » Kevin Hautcœur détonne et dérange dans un milieu qui n'aime pas trop être bousculé. L'agent a également récupéré Jimmy Vicaut dans son écurie soit, avec Bosse, deux de nos plus grands talents. Accusé d'avoir « débauché » les deux garçons – qui se sont dans la foulée séparés de leur entraîneur respectif –, d'être « *un tchatcheur, sans métier* », Hautcœur ne s'embarrasse pas d'un discours policé. Sa charge est violente. Mais la réflexion a le mérite d'être dans l'air du temps. Résiste-t-elle cependant à un certain souci de transmission et de tradition qui ne sont pas des gros mots ? Guy Ontanon : « *Thierry Braillard et Patrick Kanner*[36] *ont travaillé sur le statut de l'athlète, son avenir et sa sécurité. C'est une excellente chose. C'est ce qu'il fallait faire. Mais aujourd'hui, il faut s'attaquer au statut de l'entraîneur. Un entraîneur, c'est quelqu'un qui forme, qui génère de la performance et qui peut durer dans le temps. Un entraîneur qui est là à 30, 35 ou 40 ans, il peut aussi être là à 60 ou 65 ans. Ce n'est pas le cas d'un athlète. Il y a une vraie question à se poser sur la revalorisation des cadres qui réussissent, qui s'investissent et qui produisent des "métaux" pour l'État français. Avec des salaires un peu plus décents que ceux qu'on a aujourd'hui. Avec la préparation olympique, en tant que cadre d'État, onzième échelon certifié, je gagne 3700 €…* »

---

36. Respectivement secrétaire d'État chargé des Sports et ministre de la Ville, de la Jeunesse et des Sports de 2014 à 2017.

Un avis partagé par Renaud Longuèvre. Récemment mis à l'écart de l'INSEP, l'ancien manager des équipes de France s'est également vu signifier la fin de son contrat Préparation Olympique au 31 décembre 2017. Sans doute victime de sa trop grande proximité avec l'ancienne direction de la FFA (Amsalem – Yalouz) et de l'échec de sa candidature au poste de DTN finalement attribué à Patrice Gergès. Peut-être aussi trop « grande gueule » pour être conservé dans le giron fédéral. « *Il faut arrêter de croire que les compétences se valent,* s'emporte le consultant beIN Sports. *Je fais un travail sur moi pour ne pas être aigri et ne pas en vouloir aux gens qui me poussent vers la sortie. J'ai reçu des propositions de l'étranger. Mais c'est dommage qu'un cadre arrivé à maturité et formé par l'argent public soit, au bout de vingt-cinq ans, dans l'obligation d'aller travailler en Chine ou en Allemagne.* »

« *En plus, aujourd'hui, la transmission se fait très peu dans notre discipline,* appuie Guy Ontanon. *Que restera-t-il de Piasenta, Maïsetti, Urtebise voire Ontanon dans quelques années ? Ce sport est porteur de beaucoup de luttes fratricides entre entraîneurs et l'athlétisme n'en sort pas grandi. Je suis arrivé des sports collectifs et nous avions plus d'échanges avec des entraîneurs d'autres équipes lors des troisièmes mi-temps. On parlait de tactique et de jeu. Là, on se perd dans des luttes internes. Alors que si nous unissions nos forces, nos connaissances, nos savoir-faire, nous irions probablement plus haut.* »

DES SPECTRES À COMBATTRE

En remportant la finale du 100 mètres des Mondiaux 2017, Justin Gatlin provoque un malaise chez certains suiveurs de ce sport et rappelle de mauvais souvenirs. L'Américain, champion olympique sur la distance reine en 2004, symbolise à lui seul les maux traversés par l'athlétisme ces dernières années. Contrôlé positif à la testostérone en 2006 (après avoir été contrôlé positif aux amphétamines en 2001), il est d'abord suspendu huit ans avant de voir sa peine réduite à quatre ans en appel. Régulièrement sifflé depuis son retour sur les tartans, il s'impose pourtant comme le principal rival d'Usain Bolt sur le sprint. Certains y ont vu un combat caricatural entre le Mal et le Bien. Dans le même ordre d'idées, les sanctions envers la Russie lors des J.O. de 2016 (plus d'une centaine d'athlètes écartés après la mise à jour d'un système de dopage d'État mis en place en Russie de 2001 à 2015) n'ont pas manqué de marquer les esprits. « *Nous avons vécu, à la fédération internationale, des moments extrêmement difficiles avec les problèmes de dopage des Russes, avec la corruption de l'ancien président de la fédération internationale, plus d'autres personnes de son entourage,* remarque Bernard Amsalem. *Depuis 2015, on a perdu beaucoup de partenaires parce que l'image, évidemment, n'est pas bonne. Les sportifs de haut niveau sont instrumentalisés à des fins politiques, comme à l'époque de la RDA. Ça n'a pas changé, en quelque sorte. On a été le seul sport à suspendre les Russes aux J.O. de Rio.* »

Ce n'est pas Muriel Hurtis, sprinteuse française à la retraite présente à Londres lors des Mondiaux pour recevoir sa quatrième médaille internationale sur tapis vert, qui s'en émouvra. Elle, comme beaucoup d'autres, a vu une partie de sa carrière spoliée par ce fléau. Une autre athlète française, Christine Arron, s'est récemment émue des scandales à répétition qui ont éclaboussé son sport. La sprinteuse détient pourtant toujours le record d'Europe du 100 mètres et a été championne d'Europe (en 1998) et médaillée de bronze mondiale (2005) sur la même distance. «*J'ai fait six finales mondiales et quand on regarde toutes les filles qui m'ont devancée, elles ont été mêlées à des affaires de dopage. J'ai les boules. Marion Jones, je l'ai affrontée durant toute ma carrière. J'ai toujours été dans son ombre. Il y avait aussi Zhanna Block, Sevatheda Fynes, Chryste Gaines, Kelli White. Mon obsession était de pouvoir courir plus vite que ces filles-là, et sans dopage*», ne décolérait pas «la reine Christine» en 2015 dans un entretien accordé à *La Provence*. «*Christine Arron est peut-être l'une des athlètes les plus volées. Tout comme Muriel Hurtis. Elles n'ont pas le palmarès qu'elles méritent*, tempête Guy Ontanon. *Et c'est comme ça depuis quelques générations. Combien de filles dopées ont été révélées plus tard ?*» Une question faussement naïve qui bat en brèche la réputation de «pleureuses» dont ont été affublés les athlètes français au cours des années 1990 et 2000. «*Il y a aussi des tricheurs chez les Français. On a eu l'affaire Fouad Chouki*[37]. *Il y en a d'autres mais je n'ai pas envie de forcément donner les noms*, reprend Guy Ontanon. *Mais il faut être très sévère avec eux à partir du moment où il y a volonté de triche. Je pense que c'est intolérable aujourd'hui de voir Justin Gatlin courir encore en ayant été attrapé deux fois pour dopage. Mais malgré les déceptions, il faut continuer à militer, à s'investir et à aider les instances. C'est une lutte commune avec les athlètes, les médecins et les chercheurs. On peut gagner sans ça. Marie-Jo Pérec, Jean Galfione et Stéphane Diagana, ils ont gagné sans dopage.*» Comme le souligne le coach multi-médaillé, les Français ne sont pas à part dans le monde sportif. Lanceur de marteau, le Français Quentin Bigot a terminé

37. Demi-fondeur français contrôlé positif à l'EPO en 2003.

à la quatrième place des Mondiaux 2017. Après avoir été suspendu, pendant deux ans, en 2014, pour la prise d'un stéroïde anabolisant… Son cas a aussi fait beaucoup jaser pendant l'été. Bernard Amsalem ne se défile pas : « *C'est un sacré dossier, qui mériterait d'ailleurs un autre livre ! Le dopage est très présent en France, tous sports confondus. Il y a une pratique qui est culturelle, ancienne. Je viens de la pharmacie et nous sommes les premiers consommateurs de psychotropes au monde. Vous ne trouvez pas qu'il y a une analogie avec le dopage ? Tout le monde se shoote, au boulot, avant un examen, etc. Et pourtant en France, on est bien encadré par la loi, par le laboratoire d'analyse de Chatenay-Malabry, par l'agence antidopage qui fait bien son travail. Et ce n'est pas le cas dans tous les pays.* »

L'exemple de Naman Keïta est particulièrement intéressant. Le coureur de 400 mètres haies remporte une brillante médaille de bronze aux Jeux d'Athènes en 2004. Il fait alors partie de cette génération dorée sur le tour de piste avec Leslie Djhone et Marc Raquil. Beaucoup voient en lui l'héritier de Stéphane Diagana, champion du monde en 1997. Il remporte d'ailleurs en sa compagnie la médaille d'argent (requalifiée plus tard en médaille d'or suite à la disqualification du relais américain) du 4x400 mètres lors des Mondiaux de Paris en 2003. Mais Naman Keïta subit un contrôle positif à la testostérone en 2007. Dans la foulée, la FFA le suspend deux ans de toutes compétitions. « *Peut-être qu'il s'est moins entraîné, peut-être que le fait d'avoir eu sa médaille lui est monté à la tête. Mais il était moins performant*, se souvient Bernard Amsalem. *En discutant avec des copains, quelqu'un lui a dit : "Tu devrais prendre tel truc, ça va te faire du bien." Et comme un con, il l'a pris et c'était un produit interdit. Il s'est fait attraper comme ça. Nous avons fait des conférences de prévention dans lesquelles il est venu témoigner auprès des jeunes. Florent Lacasse*[38] *aussi est venu pour expliquer pourquoi il en était arrivé là. Et je peux dire que ce genre de témoignages fait de l'effet.* ».

Un discours de vérité qui tranche un peu dans un pays où nombre de dirigeants se voilent la face, alors que la lutte contre le dopage reste un enjeu majeur et ne doit souffrir aucun angélisme. L'ancien président de la FFA avance d'ailleurs quelques pistes de réflexion : «*J'ai proposé au Sénat d'infliger une amende financière, en plus de la suspension de l'athlète. Après une suspension, les dopés peuvent revenir et recommencer. Quand on s'attaque au portefeuille, c'est plus compliqué. Cette amende pourrait alimenter une caisse de solidarité pour dédommager les athlètes lésés. J'ai remis une médaille à Manuela Montebrun*[39] *presque dix ans plus tard... Ça n'a pas de sens ! J'ai aussi proposé la radiation à vie au bout de la deuxième faute.*» Un programme de communication a été mis en place par la FFA. En 2014, une affiche choc est envoyée aux clubs pour dénoncer le danger des pratiques dopantes. Sur l'image, un homme en tenue d'athlète se pique avec une seringue dans un squat. Le message claque, volontairement agressif : « Le dopage est une drogue ». « *Il faut s'exprimer, informer, former,* martèle Bernard Amsalem. *Ne pas hésiter à provoquer pour interpeller. Et mettre en place des modules sur le sujet dans les formations de ceux qui encadrent les jeunes.*»

---

38. Demi-fondeur contrôlé positif à la testostérone en 2007 et suspendu deux ans.

39. Lanceuse de marteau médaillée de bronze aux J.O. de 2008.

L'AVENIR DES ATHLÈTES EN QUESTION

Loin des salaires du football, l'athlétisme ne permet que rarement à ses pratiquants de vivre toute leur vie de leurs performances. Cette question est aussi brûlante dans la discipline. Pour remédier en partie à ce souci, Bernard Amsalem a agi : « *Nous avons une ligue professionnelle d'athlétisme*[40]*. Parmi les sports individuels, nous sommes les seuls à avoir fait ça. Nous nous sommes rendu compte que nos athlètes, y compris les meilleurs, ceux sur lesquels on mise pour aller chercher des médailles, étaient dans l'insécurité permanente. Ce sont des amateurs et s'ils font des études longues, ou s'ils rencontrent quelque problème que ce soit, économique ou personnel, ils sont capables d'abandonner le parcours de performance. Les athlètes ont des contrats d'usage renouvelables. On ne peut pas proposer de CDI puisqu'une carrière de sportif ne dure pas toute la vie. Les critères de renouvellement sont très précis. C'est le niveau ou la performance. En les protégeant, ces contrats permettent de pérenniser les résultats. Sans cela, Mélina Robert-Michon était tout près d'arrêter. Elle a commencé à avoir des résultats le jour où nous lui avons proposé un contrat professionnel. L'employeur est le club, auquel la fédération verse une subvention qui correspond à peu près à un salaire mensuel de 1500 € net sans charge. Libre au club de compléter, ce qui peut donner des salaires de 2000 à 2500 €. Et si, en plus, il y a des contrats de sponsoring à côté, ou des bourses de collectivités locales, cela peut monter un peu. À cela s'ajoutent les primes remportées dans les compétitions. Cela permet non seulement de sécuriser l'athlète, mais aussi d'aider les clubs. Avant, nous constations que, parfois, les athlètes changeaient de club parce qu'on leur disait : "Viens, on va te*

---

40. Créée en 2006-2007.

donner des sous." En fait, cela se passait de la main à la main, sans bulletin de salaire. Souvent au détriment de l'athlète et du club formateur. Sur l'année 2016, je crois qu'on avait à peu près vingt-sept ou vingt-huit athlètes sous contrat.»

Un constat qui confirme les propos de Jean-Denis Coquard sur la précarité des athlètes. Même chez certaines têtes d'affiche : « *C'est assez fragile et assez dépendant des résultats en termes de visibilité. Lors des grands championnats, l'athlète ne court pas forcément avec son sponsor puisqu'il porte le maillot de l'équipe de France et donc de son partenaire. Jimmy Vicaut, recordman d'Europe, finaliste olympique et mondial, était avec Adidas qui lui a proposé de prolonger l'année dernière. Il a repoussé en espérant trouver plus. Au final, il ne fait pas de médaille et il n'a pas eu de propositions à la hauteur de ce que lui et son agent pensaient obtenir. Résultat, il a couru sans sponsor cette année. Si derrière il se blesse, ça peut être compliqué pour lui. Le haut du panier, le top 15 français pour être large, s'en sort. 3000 à 4000 €, c'est bien. Et il faut penser à l'après.*»

Cet après, comme dans d'autres disciplines telles que le judo ou l'escrime, peut s'avérer précaire, lorsque l'on n'a ni diplôme, ni projet solide.

Le parcours d'Arnaud Assoumani paraît à ce sujet intéressant à relayer. « *La fin de carrière, il faut la préparer. Seule une minorité peut se permettre de ne rien faire après. Je connais des athlètes qui étaient très bons et qui auraient pu faire carrière mais qui ont préféré la sécurité et ont décidé de continuer leurs études. Certains sont médecins, par exemple, et ils n'auraient pas pu faire les deux. Moi, j'ai la chance de faire partie de la première promotion de Sciences-Po pour les sportifs de haut niveau, qui va fêter ses dix ans. Ce format est vraiment génial car c'est du sur mesure. Et si je voulais reprendre, je pourrais. C'est un gros plus car ça peut permettre aux athlètes de se dire : "OK, je peux continuer à haut niveau, mes parents vont peut-être accepter." Parce que ça se joue aussi là.»* Là où le jeune homme tire son épingle du jeu, c'est qu'il a progressivement monté une structure quasi autonome qui lui permet d'avancer avec une certaine sérénité dans son sport : «*J'ai d'abord été auto-entrepreneur. Et j'ai de la chance car nombre de mes partenaires sont venus grâce à mes résultats, ma personnalité mais aussi des rencontres. Je fais notamment des conférences en entreprise. Grâce à ça, je gagne environ 3000 € par mois et mes revenus viennent à 99 % du privé. C'est une liberté que j'apprécie beaucoup. Il ne faut pas chercher un partenaire pour avoir un partenaire mais comprendre que c'est du donnant–donnant. Que les choses se construisent. Je ne suis pas le plus médiatique des athlètes français mais on avance en confiance. Et les athlètes ont beaucoup à apporter à l'entreprise. Sur le dépassement de soi, la gestion de l'échec, etc.*»

Au sortir de mon enquête, un constat s'impose. Si l'athlétisme français connaît une période d'embellie et des perspectives intéressantes, l'équilibre demeure très fragile. Les guerres intestines et les luttes de pouvoir au sein de la fédération entraînent souvent des dommages collatéraux. Sport pratiqué dès le plus jeune âge dans les collèges et les lycées, l'athlétisme subit la concurrence d'autres sports qui ne se privent pas de piocher dans ce vivier quasi inépuisable. « *Qu'on le veuille ou non, on a tout de même un réseau de clubs dynamiques et qui produit des talents,* conclut Renaud Longuèvre. *Mais on peut faire mieux : renouer des liens avec les profs d'EPS. Dans les années 60, dès qu'un gamin courait vite, le prof l'envoyait au club d'athlétisme. Et le prof était souvent le coach du club. Il faut recréer des connexions entre les clubs et réinvestir tout cet espace.* » Des efforts de structuration, notamment pour le statut de l'athlète, ont été accomplis sous la précédente direction de la FFA et la discipline semble moins dépendante d'une génération spontanée ou de quelques champions d'exception comme par le passé. L'attribution des Jeux 2024 à Paris doit permettre à ce sport de franchir un palier supplémentaire dans sa professionnalisation. C'est à ce prix que la France rivalisera avec les meilleures nations sur la durée.

JUDO
TOUS DERRIÈRE RINER

C'est l'histoire d'un sacre annoncé. D'un exploit rarissime presque banalisé par un sportif désormais habitué à traverser ses compétitions en toute sérénité. Samedi 11 novembre 2017. Marrakech. Teddy Riner remporte un dixième titre mondial à 28 ans. Deux mois après son succès à Budapest en finale des lourds, le géant s'impose cette fois en « toutes catégories ». Et porte sa série de victoires consécutives sur un tatami à cent quarante-quatre. La « Teddycima »[41] consacre un champion hors-normes par ses dimensions (2,04 m, 140 kg environ) et son palmarès, qui compte également deux titres olympiques. Un sportif dont la popularité et l'aura ne cessent de croître, troisième personnalité préférée des Français dans le dernier sondage Ifop-JDD. Fort de 1,85 millions d'abonnés sur les réseaux sociaux, Teddy Riner dépasse donc le simple cadre de son sport. Il s'affirme également comme l'incontestable porte-drapeau du judo français, qui conserve une base de licenciés assez forte (quatrième fédération de France avec 552 815 licenciés en 2015 selon le ministère des Sports). Un champion qui, on le verra, masque de son imposante stature les lacunes de sa discipline.

---

41. Jeu de mots sur « decima » qui signifie « dixième » en espagnol.

UNE INSTITUTION SOLIDE MAIS POUSSIÉREUSE

Nation historiquement forte au plus haut niveau, la France semble bien se porter en termes de résultats purs. « *Je ne trouve pas le judo français en très grande forme. Il y a une anémie générale, un manque d'énergie et de conscience de soi* », contredit pourtant Emmanuel Charlot, judoka et rédacteur en chef de *L'Esprit du Judo*, bimestriel indépendant. Les mots sont forts et (d)étonnent. « Pas en très grande forme », notre judo national ? Depuis l'introduction de la discipline aux Jeux Olympiques de Tokyo en 1964, la France se classe deuxième nation au palmarès avec cinquante et une médailles, derrière le Japon. Depuis 1980, douze judokas tricolores (hommes et femmes) ont remporté quatorze médailles d'or. Malgré une entrée tardive au programme olympique, le judo est le quatrième pourvoyeur de médailles pour le sport français. Aux championnats du monde, ce sont vingt-huit Français qui ont rapporté quarante-neuf médailles d'or. Toujours derrière l'indétrônable Japon mais loin devant les rivaux sud-coréens ou chinois. Les grands judokas tricolores occupent également une place de choix dans la société. Ministre des Sports sous Nicolas Sarkozy de septembre 2011 à mai 2012, David Douillet est longtemps resté l'une des personnalités préférées des Français. Les judokas ont décidément la cote auprès des politiques : champion olympique en 1980, Thierry Rey devient en 2012 conseiller sport et jeunesse du président François Hollande. Plus récemment, Teddy Riner n'a pas fermé la porte à l'opportunité de devenir un jour, lui aussi, ministre des Sports. « *Si on me le propose, oui avec grand plaisir. Je suis quelqu'un de très ambitieux et je suis prêt à relever tous les challenges* », déclarait-il sur le plateau de BFM TV.

J'approfondis alors la discussion avec Emmanuel Charlot au Général Lafayette, brasserie parisienne traditionnelle à la devanture au bois patiné par les années, à deux pas des Folies Bergères. Journaliste pour le magazine de la fédération avant de créer son propre média, mon interlocuteur est une pointure dans le milieu. « *Au départ, le judo n'est pas un sport mais plutôt une pratique culturelle,* m'apprend-il. *Le judo français a peu à peu glissé vers le sportif. Ça a créé une réelle dynamique. Mais sur le plan sportif, cela manque beaucoup de renouvellement. Au lieu de rester sur cette dynamique, il s'est refermé sur lui-même, avec ses techniciens, pas toujours les meilleurs, des gens du sérail. Il a toujours été méfiant par rapport aux nouvelles volontés. Et au lieu d'être dans l'anticipation, nos techniciens sont un peu datés.* »

Au fil de mon enquête, j'ai la désagréable sensation d'un blocage, d'un frein au développement de ce sport. Tout cela fleure bon le conservatisme. « *La Fédération Française de Judo et de Disciplines Associées (FFJDA), c'est une fédération qui marche bien mais qui reste sur ses acquis. Aujourd'hui, elle n'est pas très innovante. Quand j'avais 25 ans et que j'ai pris conscience de ce qu'était le sport de haut niveau, de ce qu'était une fédération, je crois qu'elle l'était bien plus. Elle était même percutante, dans la communication notamment. Elle savait où elle allait* », reconnaît l'ancienne championne des moins de 48 kg Frédérique Jossinet. L'actuelle responsable du secteur féminin à… la Fédération Française de Football et ancienne conseillère auprès de la ministre des Sports Valérie Fourneyron (2012 – 2014) réalise une reconversion réussie et très respectée. Rendez-vous est pris avec la médaillée d'argent mondiale (2003 et 2005) et olympique

(Athènes 2004) à l'accueil de la FFF tandis que Didier Deschamps fait irruption dans le hall d'entrée. Alors qu'il doit bientôt livrer sa prochaine liste, l'homme fort des Bleus se fend d'une petite blague sur la une de *L'Équipe* du jour puis s'éclipse. « *Il y a de l'agitation aujourd'hui avec la présence de Didier* », sourit celle qui fut un temps entraîneur national de judo. Elle reprend aussitôt l'analyse critique de l'évolution de son sport. « *Même si le judo est un art martial, il ne faut pas que cela reste figé. Aujourd'hui, en interne, la valorisation des professeurs, des cadres d'État, des cadres techniques, ce n'est pas tout à fait ça. Et pourtant, ce sont eux les maîtres d'œuvre* », avertit-elle.
« *Le judo, c'est une grosse maison*, confirme Emmanuel Charlot. *Mais une maison qui tient sur ses professeurs. Ce sont des histoires d'hommes, cela dure depuis cinquante ans.* » Un socle essentiel qui aurait tendance à être négligé. Ce manque de valorisation pourrait influer sur les résultats et aussi expliquer que certaines forces vives arrêtent ou partent dans d'autres fédérations. « *Attention, je ne peux pas dire que ce qui est fait aujourd'hui n'est pas bien*, tempère Frédérique Jossinet. *Mais les élus doivent encore plus impulser. Je m'en suis rendu compte au ministère des Sports et aussi à la FFF. Tout part des impulsions politiques. C'est au comité directeur d'enclencher les politiques de développement, de formation, d'accompagnement des projets, dans les ligues et les départements.* »

Le judo serait-il dans le formol ? Un dirigeant concentre les critiques de certains observateurs ou suiveurs de ce sport : Jean-Luc Rougé. Le premier champion du monde de l'histoire du judo français (1975), bien connu pour sa moustache, règne sur la FFJDA depuis 2005.

En novembre 2016, seul candidat à sa succession, il est réélu pour un quatrième mandat consécutif avec 85,88 % des voix. Un plébiscite. Lui laisse entendre que ce sera son dernier mandat. Mais Jean-Luc Rougé aime le pouvoir. Ses contempteurs comme ses partisans mettent en avant son réseau tentaculaire et son penchant à gauche. François Hollande lui a remis sa décoration de commandeur de la Légion d'Honneur. Également secrétaire général de la Fédération Internationale de Judo, il semble se désintéresser des affaires nationales et laisse faire sa direction technique sur les équipes de France. Pourtant, l'homme fort du judo national refuse de répondre à mes questions. Étonnant de la part de celui qui présentait récemment son sport, dans un entretien accordé à *L'Humanité*[42], comme « *une activité socialisante (...) forte de valeurs morales comme la politesse, le respect et la sincérité...* »

Je pars alors à la rencontre de Stéphane Traineau. Son profil et son histoire me plaisent. Champion du monde et d'Europe, double médaillé olympique en bronze (Atlanta 1996 et Sidney 2000), cette figure du judo français a du tempérament et de l'orgueil. Au point d'être capable d'enfiler de nouveau le kimono en 2006, à 39 ans, pour aller chercher un titre de champion de France et faire enrager une fédération avec laquelle il a été en conflit ouvert. En cause, son éviction du poste d'entraîneur national en 2005. Stéphane Traineau se lâche autour d'un café pris dans le cadre verdoyant de l'INSEP : « *L'équilibre budgétaire de la fédération est plus dû à l'augmentation tarifaire de la licence*

42. 31 octobre 2016.

qu'à son réel développement. Il n'y a pas de modèle économique dans notre sport, contrairement au rugby par exemple avec de gros droits TV et des partenaires. On constate que tous les sports qui ont su se remettre en cause et se diversifier ont maintenu le cap.» Poussant plus loin l'analyse, le candidat malheureux à la présidence de la FFJDA en 2012 évoque également un problème de suivi et d'accompagnement des jeunes licenciés : *« D'un sport d'adulte, intellectuel, à l'origine, le judo a ensuite connu un développement important via les enfants. Mais aujourd'hui, le judo perd des licenciés dans les catégories importantes. Notamment sur la tranche d'âge 12 – 35 ans. Cela s'équilibre car il y a plus de licences chez les très petits. Mais il ne faut pas se mentir, c'est de la garderie à ce niveau-là.»* Effectivement, une rapide lecture des chiffres confirme que les enfants composent 75 % des effectifs des licenciés. Mais pourquoi ne pas capitaliser sur cet incroyable vivier ? *«J'ai du mal à comprendre qu'à 12 ou 13 ans, autant de gamins arrêtent ou partent vers d'autres disciplines*, déplore Frédérique Jossinet. *J'ai plein d'exemples de jeunes qui vont à la boxe française, au jujitsu brésilien, au pieds-poings, au kick-boxing. Pour le judo, c'est un réel manque à gagner. Tous ces licenciés passés par le judo vont parfois pratiquer ailleurs sans que cela soit encadré comme il faut. Alors que nous possédons la structure et les personnels pour bien accompagner.»*

LE MMA, GRAND MÉCHANT LOUP ?

Pourquoi cette fuite des licenciés, ou *a minima* cette difficulté à les conserver après un certain âge ? Parmi les pistes à suivre, il faut s'intéresser à la reconnaissance des Arts Martiaux Mixtes (MMA), qui regroupent des techniques de boxe, de pieds-poings, de lutte et de judo. La France reste l'un des derniers pays à interdire cette pratique qui autorise notamment à frapper son rival à terre. Une interdiction contestée par ses pratiquants de plus en plus nombreux mais que la FFJDA et son président Jean-Luc Rougé trouvent justifiée : « *Ces nouvelles disciplines semblent sorties des jeux vidéo*, clamait-il ainsi en 2011 sur la chaîne L'Équipe 21. *On a mis des gens assez stupides pour se massacrer devant tout le monde dans une cage et on s'est dit que si on les payait bien, ils allaient accepter. Le sport n'est pas une guerre ! On doit pouvoir se serrer la main et aller boire une bière à la fin.* » La charge est violente et n'hésite pas à jouer sur certains stéréotypes pour accentuer la mauvaise image et le rejet de la nouvelle discipline, que Jean-Luc Rougé assimile souvent à des « combats de coqs ».

L'opinion de Frédérique Jossinet est plus mesurée : « *Si on doit parler du MMA, je suis très à l'aise car j'ai poussé pour que l'on légifère quand j'étais au ministère*, se souvient-elle. *Je crois à l'encadrement des choses et d'ailleurs, sur ce point précis, il faut arrêter de fermer les yeux car il y en a partout. Et j'en profite pour passer un message à la nouvelle ministre, Laura Flessel, et au gouvernement pour qu'ils aient le courage d'encadrer cette pratique.* »

Dans la guerre qu'il livre au MMA, Jean-Luc Rougé ne cède rien. Il sera même au centre d'une polémique en 2015 après une interview accordée à l'AFP dans laquelle lui est attribuée une déclaration controversée : « *Le MMA est un refuge pour djihadistes* ». Des propos qu'il démentira ensuite dans *Le Parisien* : « *J'ai parlé des arts martiaux qui sont des refuges pour djihadistes. Des terroristes peuvent s'entraîner chez nous. C'est pour cette raison qu'on est en contact avec la police.*

D'ailleurs, on a déjà exclu des gens, mais je n'en dirai pas plus. Sur Internet, vous pouviez lire comment s'entraîner pour le djihad et il était écrit qu'il fallait intégrer des clubs d'arts martiaux. Y compris dans le judo.» Reste que l'audience de cette nouvelle pratique devient suffisamment menaçante et fait craindre une hémorragie de licenciés. «*Je ne crois pas à cet argument. Au contraire, on a constaté à l'étranger que la popularisation du MMA a permis d'amener plus de pratiquants dans tous les autres sports de combat*, conteste Stéphane Traineau. *J'ai des amis aux États-Unis, leurs enfants vont au MMA. Ils font un peu de lutte, un peu de judo, un peu de corps-à-corps, c'est très ludique. Qu'on arrête de mentir et de prendre des positions de mijaurées.*»

Ce débat fait des dégâts dans la grande famille du judo. Opposé à la reconnaissance de la discipline lorsqu'il était ministre des Sports, David Douillet a évolué depuis. «*Avoir peur du MMA, c'est complètement ridicule. Le judo a suffisamment de qualités d'ouverture d'esprit pour supporter ce genre de discipline, et peut-être même travailler avec*», argumente-t-il en 2015 sur la chaîne L'Équipe. Ridicule ou pas, l'autre grande figure emblématique du judo français, Teddy Riner, se déclare lui contre l'autorisation de la pratique.
Pendant qu'on débat, d'autres passent les frontières. C'est le cas de Bertrand Amoussou, champion d'Europe de judo par équipe, devenu président de la Fédération Internationale d'Arts Martiaux Mixtes de 2013 à 2015. Morgane Ribout, championne du monde de judo en 2009, retraitée des tatamis en 2014, s'est lancée depuis dans une carrière dans le MMA.

Sur le plan juridique, et de l'avis de nombreux juristes, les motivations pour interdire les compétitions restent difficiles

à comprendre et, surtout, risquent d'aboutir à l'effet inverse de celui recherché : mettre en danger la sécurité du pratiquant. Un avis que Stéphane Traineau semble partager : « *Un gars qui fait du MMA en France, il ne peut pas faire de combat sur le territoire. Mais s'il n'est pas trop mauvais, on va lui proposer d'aller en Belgique. Il va y aller pour 500 – 800 €. Il prend quelques châtaignes, sort à moitié sonné. Qu'est-ce qui va l'empêcher d'aller faire un autre combat en Autriche ou je ne sais où ? C'est là où il faut faire attention et préserver la santé des pratiquants. Il faut les aider à se structurer, à contrôler,* préconise-t-il. *Pour moi, le sport, c'est avant tout la santé. Et puis dans les clubs aujourd'hui, les profs ont du mal à s'en sortir. Leur permettre de se diversifier vers ce type de pratique, ça aiderait. Il y a un vrai poids économique à creuser et consolider.* »
Aujourd'hui, la structuration, l'édiction de règles spécifiques par les instances de régulation du MMA (Commission Française de MMA en France ou Fédération Internationale de MMA), aussi bien sur le plan des techniques que sur les aspects de protection de la santé, son enseignement à l'université ou dans des grandes écoles ont fait avancer le débat. Mais les hostilités liées à l'arrivée du MMA dans le paysage des sports de combats et arts martiaux ne sont pas sans rappeler celles qu'ont connues le karaté ou la boxe en leurs temps. Longtemps considérée comme une forme de pugilat sans foi ni loi, la boxe anglaise gagnera en clarté avec l'instauration d'un ensemble de règles à la fin du XIXe siècle. Elle ne sera autorisée en Angleterre et en Amérique du Nord qu'en 1891, avant de percer en France au début du XXe siècle, non sans résistance. De son côté, la Fédération de Karaté et de Boxe Libre intègre en 1960 la Fédération de Judo et des Sports Associés. Mais pendant plusieurs

années, des dissidences subsisteront avec de nombreux organismes rivaux. Et aujourd'hui, ce sont ces disciplines qui s'inquiètent de l'essor du MMA en France. L'histoire n'est qu'un éternel recommencement, dit-on... Et pendant qu'on craint la fuite des licenciés, les médailles continuent de tomber, notamment pour le judo féminin français.

DES FILLES PERFORMANTES

Présent officiellement aux Mondiaux depuis 1980 et aux J.O. depuis 1992, le judo féminin a connu une croissance importante au fil des trente-cinq dernières années. Il est désormais dans une phase stabilisée avec des nations fortes mais aussi de plus en plus de « petits » concurrents épars au gré des championnes qui se révèlent. En France, la discipline fait toujours florès. Les résultats des J.O. 2016 l'ont démontré avec trois médailles (une en or et deux en argent). « *Aujourd'hui, il y a deux judos français,* détaille Frédérique Jossinet. *Le masculin et le féminin. Chez les filles, il y a un renouveau perpétuel qui ne cesse d'apporter des titres et des médailles. Et je pense même que les résultats pourraient être encore meilleurs. Certaines, alors qu'elles dominent leur catégorie, ratent parfois certains grands événements. Mais la bonne tenue du judo féminin va continuer car il y a de bons résultats chez les cadettes et les juniors.* »

Cette quasi-domination des tricolores sur la scène internationale s'expliquerait notamment, pour Emmanuel Charlot, par la tradition de l'enseignement du judo en France, mais aussi par des profils adaptés à la pratique : « *En France, certaines filles sont naturellement costauds et ces données physiologiques pèsent forcément. Des filles comme Audrey*

Tcheuméo et Clarisse Agbegnenou, ce sont des engins de guerre. Tu mets ces filles, qui ont envie, à l'entraînement, avec des moyens adéquats, des gens qui font bien le boulot pour les encadrer et tu ne peux pas rater le coche. »
Fort d'environ un tiers de ses licenciés chez les filles, le judo profite d'un bon réservoir et de la richesse de la France.
« *Le judo français a rapidement été très mixte. Nous avons encore une certaine avance dans la façon de faire et le réservoir,* soutient Frédérique Jossinet. *Et nous bénéficions de cette grande richesse de profils avec des métissages africains, antillais et autres. À l'époque, quand je combattais, entre une Cubaine et une Japonaise, je préférais la seconde. Et pourtant, on a toujours dit de moi que j'étais physique. Pour autant, on ne peut pas se reposer là-dessus. Chez les filles, la concurrence va arriver.* »
« *Il y a certains profils qui attirent forcément l'attention* », abonde Baptiste Leroy. Trois fois champion de France, baroudeur du judo, cet entraîneur et formateur très actif et engagé du club Flam 91 a un profil de sniper dans ce milieu feutré. Pour autant, sur le judo féminin, il confirme la belle forme des troupes françaises par l'œil des formateurs de base : « *Aujourd'hui, dans chaque petit club, dès qu'une fille rentre dans les critères, le prof va focaliser son attention dessus. La fille va être détectée, va progresser et être envoyée assez vite en pôle Espoirs à 15 ans puis ensuite vers l'INSEP. Sur la puissance plus que sur la technique, qui baisse, elle va dominer assez vite.* »

Trois fois championne du monde, cinq fois championne d'Europe et médaillée de bronze aux J.O. (2012), l'inusable Gévrise Emane, 35 ans, a porté très haut, ces dernières années, les couleurs françaises dans deux catégories distinctes. Au téléphone, alors qu'elle se prépare une petite salade de fruits comme déjeuner, elle analyse avec recul : « *Chez les filles, il y a un turnover important et cela permet d'avoir une grosse densité de concurrentes. En France, nous avons des problèmes de riches. Beaucoup de nations seraient heureuses d'avoir des choix à faire entre certaines athlètes.* » Entraîneur national chez les jeunes, la jeune femme travaille déjà au renouvellement des élites. Un point intéressant à souligner car chez les hommes, les très grands champions se font rares sur les tatamis comme entraîneurs. Stéphane Traineau, David Douillet, Djamel Bouras ont, par exemple, choisi d'autres carrières. Larbi Benboudaoud, champion du monde en 1999 et vice-champion olympique aux Jeux de 2000 dans la catégorie des moins de 66 kilos, entraîne lui l'équipe nationale… féminine. Comme le symbole de la domination du judo féminin sur son homologue masculin, presque uniquement représenté par un seul champion au très haut niveau, un certain Teddy Riner.

TEDDY RINER, LE BAOBAB QUI CACHE LA FORÊT

« *Fabuleux !* » Le superlatif barre la une de *L'Équipe* au lendemain du titre olympique de Teddy Riner aux Jeux 2016. Après une semaine difficile pour les combattants masculins français, le poids lourd concrétise son rêve de doublé olympique et rehausse par la même occasion un bilan mitigé chez les garçons. Les journées passent depuis le début de la compétition et les déceptions (Walide Khyar, Loïc Pietri…) s'accumulent. Seul Cyrille Maret en bronze en moins de 100 kg a su tirer son épingle du jeu. On en venait même à trembler – un peu – à l'idée que la figure de proue des Bleus puisse rater son rendez-vous. Au risque de provoquer un séisme semblable aux Jeux d'Athènes, en 2004, où les garçons étaient rentrés bredouilles. « *En termes de résultats, Teddy Riner masque la fragilité du judo masculin* », me confirme Emmanuel Charlot. Une étude du palmarès des championnats du monde depuis 2007 accrédite cette sentence. Sur les vingt-deux médailles récoltées par les judokas français, onze sont l'œuvre de Teddy Riner (dix en or et une d'argent). En dehors du colosse, un seul homme est parvenu à remporter l'or : Loïc Piétri en 2013. Pire, sur les championnats du monde à Budapest, à l'été 2017, huit des neuf engagés masculins n'ont pas atteint les quarts de finale. Une première au cours de ce millénaire. « *Aujourd'hui, notre système ne permet plus de produire des garçons qui dominent leur catégorie. Avec Riner, il y a eu une logique d'échelle*, me décrit le rédacteur en chef de *L'Esprit du Judo. C'est déjà quelqu'un qu'il faut identifier et empêcher d'aller au basket ou au rugby, par exemple. Ensuite, il faut lui enseigner le judo de manière pertinente parce que tu peux gâcher quelqu'un. Mais il est arrivé tôt à l'INSEP et ils n'ont pas raté le phénomène. Il faut reconnaître qu'avec lui, ça a bien fonctionné. Mais il y a aussi peut-être une série de choix qui n'ont pas été toujours judicieux.* » Certains champions comme Loïc Piétri ou Ugo Legrand ont émergé grâce à leur environnement familial, leurs pères qui sont professeurs de judo. Ce sont donc des filières très courtes qui ont permis de dégager ces têtes d'affiche plus que le système parfois défaillant.

La force actuelle du judo français serait-elle également sa faiblesse ? L'omnipotence d'un leader empêcherait-elle le renouvellement des générations ? « *Sur les bilans mondiaux, nous avons eu, sur les trente dernières années, deux énormes champions, avec David Douillet et Teddy Riner*, complète

Stéphane Traineau. *Quand vous allez aux Jeux avec l'un ou l'autre, vous êtes déjà un peu plus détendu. Vous savez que vous revenez au minimum avec une médaille, et quasiment en or à chaque fois.»* En replaçant le débat sur un plan plus large, Baptiste Leroy, le jeune entraîneur, affine ce trompe-l'œil : « *Entre la retraite de Douillet et l'entrée de Riner sur le circuit, il y a eu une grosse période de vide chez les garçons. Entre 2000 et 2007, ça a été catastrophique. Je pense que le niveau baisse depuis 2000. La concurrence internationale s'intensifie. Les Japonais, qui ont été dans le creux de la vague vers 2008, ont réussi à se restructurer. Et maintenant, ils ont trois ou quatre garçons capables d'être champions du monde dans chaque catégorie. Ce qui n'est pas le cas chez nous.* »
Observatrice de l'intérieur du groupe France, Gévrise Emane veut, elle, être optimiste sur l'avenir des garçons même si elle reconnaît qu'il y a des fonctionnements à améliorer : « *On pourrait penser que le judo masculin est en déclin. Mais les judokas français ont la technique et le physique, même si cela vient un peu plus tard que les filles, mûres plus tôt. C'est pour ça que je ne suis pas inquiète mais le sportif est un être humain, avec ses complexités. Il se cherche beaucoup. Il y a eu des soucis relationnels entre les entraîneurs et l'équipe masculine. Or, le sportif a besoin de cette confiance en lui et dans les autres pour réussir des performances.* »

Pour ne rien arranger aux relations déjà tendues entre les clubs et la fédération, la DTN a récemment décidé de ne plus ouvrir l'INSEP que deux fois par semaine aux entraîneurs de clubs. Ils avaient quasiment « portes ouvertes » dans un passé proche. « *Ne perdons pas de vue que notre sport nécessite des entraînements tous ensemble*, cingle Stéphane Traineau. *Plus la base de la pyramide sera large, plus on aura la chance de la faire monter haut et solide. Que l'on fasse peut-être de l'individualisé sur la dernière année avant les J.O., pourquoi pas ? Mais il faut garder cette idée de gros chaudron qui brasse du monde pour faire surgir celui va devenir champion.* »

Pour l'heure et selon le parcours d'excellence sportive 2013-2017 de la fédération, l'entrée à l'INSEP ou à l'Institut du Judo ne peut se faire qu'à partir de 18 ans et la catégorie junior. Avant, ce sont les CREJ[43], le pôle Espoirs et les pôles nationaux qui assurent la formation. « *Le judo est un sport qui se transmet. C'est du compagnonnage. Il faut que ça se frotte entre jeunes et anciens. Quand j'ai pris les équipes de France en 2001, il n'y avait plus de juniors à l'INSEP,* se souvient Stéphane Traineau. *On a créé un groupe de cadets justement avec la génération des Riner, Legrand, Maret… Aujourd'hui, ils sont au haut niveau. Quand je suis arrivé à l'INSEP, j'avais 17 ans, Douillet presque le même âge. Et on a rapporté des médailles. Il faut être dans cette logique-là.* »

Transmission, compagnonnage, héritage… Des mots qui sonnent creux à l'aune des rares grands champions présents à ces différents échelons nationaux chez les hommes. Beaucoup d'anciens officient en club ou ont pris le chemin d'autres carrières. Chez les filles, on retrouve néanmoins aujourd'hui Larbi Benboudaoud, Séverine Vandenhende ou encore Lucie Décosse. À l'étranger, l'Italien Ezio Gamba entraîne aujourd'hui la Russie. Au Japon, Kōsei Inoue est à la tête de son équipe nationale masculine depuis la relative déconvenue de 2012. La légende nipponne l'a parfaitement relancée avec sept médailles sur sept possibles lors des Jeux de Rio en 2016.

---

43. Centre Régional d'Enseignement du Judo.

UN SYSTÈME À RÉNOVER

« *Si on ne redresse pas la barre très rapidement, Paris 2024 sera une catastrophe. Nos cadets ne gagnent plus, nos juniors ne font pas de résultats… Nous devons nous réveiller* », tonnait dans *L'Équipe* du 8 septembre 2017 Stéphane Nomis, président du club Flam 91. Montée en puissance des autres nations chez les filles, nécessité de renouvellement et capacité à aller chercher les titres chez les garçons, il y a donc du pain sur la planchette japonaise ! Et les pistes à explorer semblent nombreuses. « *Nous sommes attentistes. Il faut que l'on travaille plus sur le renouvellement,* avance Emmanuel Charlot. *Avant, ça se faisait naturellement. Il suffisait de regarder les résultats et tu savais vite qui allait être leader de la catégorie. Mais ça n'est plus le cas. Dernièrement, la politique a été de balancer tout le monde en tournoi en pensant identifier les futurs patrons. Mais les gars en place dans les catégories ont déjà du mal à performer, ce n'est pas en six mois que ceux qui arrivent derrière vont y parvenir.* » À cette baisse de niveau visiblement ressentie à tous les étages s'ajoute une cassure dans le lien de confiance pourtant primordial entre la base – les clubs – et l'élite représentée par la FFJDA. « *Il y a une main-d'œuvre exceptionnelle dans les clubs,* souffle Baptiste Leroy. *Les entraîneurs vont dans les écoles, cherchent les pépites. Et les font grandir. Le niveau de l'équipe de France tient aujourd'hui sur les clubs. Mais on est peu récompensés. On est le dernier maillon de la chaîne.* » Certains entraîneurs, dans un mouvement solidaire et en complète opposition à la fédération, ont récemment décidé de placer leurs athlètes dans un collectif national dont les entraînements se feraient à tour de rôle dans des structures municipales ou privées. « *Il y a évidemment des batailles d'égos et je me mets dedans,* reconnaît volontiers l'entraîneur du Flam 91. *Mais il y a des situations vraiment étonnantes. J'ai des filles qui sont en équipe de France junior et internes à l'INSEP. Je n'ai pas le droit de faire de technique avec elles. Le discours, c'est : "non, elles sont internes, on s'en occupe." Et au final, la technique, elle s'apprend avec moins de diversité, c'est plus formaté. Chez les garçons, on sait faire du judo, mais on manque d'inspiration.»* Baptiste Leroy poursuit avec une anecdote assez intéressante concernant Pierre Duprat. Le médaillé de bronze aux championnats d'Europe de judo 2013 a connu un passage à vide. « *Il ne mettait plus un pied devant l'autre et a décidé de partir au Japon, tout seul, pour se relancer. Eh bien la fédération n'était pas d'accord. Il a tout de même tenté l'aventure et a retrouvé de l'entrain. Ça, c'est un exemple de ce qu'il faut changer.*»

Longtemps au centre du projet, les athlètes souffrent aujourd'hui de ces querelles de clocher, de territoires et de leadership. Sans compter les inquiétudes légitimes sur leur avenir après leur carrière. « *Hormis Teddy Riner qui est dans une autre dimension, chez les hommes, un numéro 1 français dans sa catégorie va gagner entre 3 000 et 4 000 € par mois. Peut-être un peu plus. Il va avoir un contrat avec son club, un peu d'argent de la fédération et quelques trucs à droite ou à gauche*, précise Baptiste Leroy. *Chez les femmes, ça peut monter plus haut car elles font des médailles, elles vont avoir un sponsor. Ce sera donc peut-être entre 8 000 et 10 000 €.* » Des revenus corrects mais qui n'assurent pas une rente. Et qui n'évitent pas les accidents de la vie. Les médias se sont récemment émus de l'histoire de Morgane Ribout, déjà évoquée plus haut. Championne du monde en 2009, salariée du Lagardère Paris Racing et confortablement rémunérée (autour de 10 000 €

mensuels), la jeune femme est passée, à la demande de son club, à un statut de travailleuse indépendante. Livrée à elle-même, perdue dans ses démarches administratives, elle subit un redressement fiscal. Et perd tout. Elle prendra sa retraite de judokate en 2014, en « overdose » avec l'environnement du judo.

« *Pour moi, quand j'étais athlète, ce qui a été le plus difficile, c'est qu'il y a très peu de répit. Il faut toujours repartir sur un autre projet, un autre défi,* confirme Gévrise Emane. *Surtout avec le double, voire le triple projet pour préparer l'avenir. Pour moi, c'était quelque chose de très important, je ne me voyais pas ne faire que du judo.* » Le double projet évoqué par la médaillée de bronze aux J.O. de Londres est apparu très tôt dans le sport français et est devenu une référence dans le monde. Il se caractérise par la recherche simultanée de l'excellence sportive et de la réussite scolaire et professionnelle du sportif. Une loi datant de février 2012 facilite les aménagements d'horaires et l'accession à des contrats de travail spécifiques pour les sportifs de haut niveau. « *Le double projet n'est vraiment pas facile à mener,* nuance Frédérique Jossinet. *Il faut trouver des écoles qui vont comprendre, accepter nos horaires décalés, nos absences pour compétitions. Et même en interne, il faut parfois batailler avec son staff pour mener les deux de front. Quand j'ai voulu faire l'ESSEC, ça a été très compliqué financièrement. Les années de formation coûtaient très cher. J'ai vraiment galéré pour trouver les ressources économiques jusqu'à ce que je croise Henri Serandour, un des plus grands présidents du CNOSF, que je connaissais un peu et qui m'a dit : "Pour tout ce que tu as fait pour le sport français, je vais proposer au prochain conseil d'administration une subvention spéciale. Les athlètes comme toi, il faut les aider." Je ne sais pas si c'était très habituel. Mais sans cela, ça aurait été difficile pour moi d'y arriver. Même si la fédération en avait pris une petite partie.»* Je décèle là une sorte d'exception qui en dit beaucoup sur la nécessité pour chaque judoka de tracer son propre chemin sportif, ainsi que de préparer au mieux sa reconversion.

Pour beaucoup de mes interlocuteurs issus du milieu, il y a aussi une réelle nécessité de renouveler les cadres. Stéphane Traineau évoque, lui, le cas d'une autre figure nationale : « *Marie-Claire Restoux, championne olympique aux Jeux de Sydney en 1996, occupe un poste important à la direction de GRDF. Elle a été conseillère sport de Jacques Chirac pendant de nombreuses années, a rencontré pas mal de monde, s'est constituée un bon carnet d'adresses... Jamais la fédération ne lui a dit : "Ça serait bien que tu viennes avec nous." C'est un exemple parmi d'autres.»*
«*J'ai été détectée vraiment très jeune, à 14 ans environ, et je suis vite entrée dans le système fédéral*, explique Frédérique Jossinet. *Aujourd'hui, il y a encore les mêmes dirigeants à la fédération. Et ce n'est pas du tout un reproche mais quand je les croise, ils me prennent toujours pour la gamine que j'étais. Après ma carrière, quand je me suis fait débaucher pour rejoindre le cabinet du ministère des Sports, certaines réactions ont été : "Mais pour quoi faire ?" D'autres m'ont dit : "On t'a donné ta chance." J'étais entraîneur chez les filles et c'était le mieux que je pouvais espérer. Impossible d'aller chez les garçons alors que l'inverse est possible. Et entraîneur, ce n'est pas manager.* »

Pourvoyeur historique de médailles mondiales et olympiques, le judo français repose sur un équilibre fragile. Qui pourrait bien se briser si les soupçons ou accusations d'immobilisme autour de ce sport se confirment. Lundi 9 octobre 2017, cent trois judokas masculins – mais pas Teddy Riner en pleine préparation des Mondiaux toutes catégories – se mettaient en grève à l'INSEP, suivant ainsi l'appel lancé par les clubs de haut niveau. Parmi les grévistes, Cyrille Maret, médaillé de bronze aux J.O. de Rio 2016 et membre du comité directeur de la fédération. Preuve que plusieurs courants contradictoires existent au sein de la « grande famille » du judo. Principales revendications de cette grogne inédite : la réintégration des entraîneurs de clubs à l'INSEP, exclus sur décision fédérale ; la mise en place d'une convention entre la fédération, les clubs et les athlètes pour permettre des échanges et un meilleur travail en commun ; la signature d'un document garantissant qu'aucune sanction ne sera prise contre un gréviste. En somme, le rétablissement d'un dialogue depuis longtemps dégradé. Le judo national n'innove plus, ne se nourrit plus de la base qui a fait sa réussite et refuse de s'inspirer du dynamisme de disciplines comme le MMA. Et si le changement, c'était maintenant ?

HANDBALL
AU SOMMET

Dans la peau d'un berger en *prime time* sur C8, c'était juste avant la rentrée 2017. Grand témoin pour la sortie événement du jeu vidéo blockbuster *Destiny 2* dans le 19h45 de M6, c'était à peine une semaine plus tard. Ça ressemble à un agenda de vedette. C'est en tout cas celui d'un sportif qui a dépassé le cadre de sa discipline.
Nikola Karabatic est effectivement devenu une star du sport français. En période chaude, il lui arrive de passer d'un plateau à un autre. Le joueur du PSG Hand est devenu l'un des sportifs français « de proximité » les plus demandés dans les médias ces derniers temps. Héritier du fantasque magicien Jackson Richardson, première figure de proue du handball français, l'actuel demi-centre du PSG, et leader de l'équipe de France, profite de sa réussite sportive insolente, de sa belle gueule et d'un naturel sympathique pour se hisser à la hauteur d'un Teddy Riner ou d'un Florent Manaudou. En termes de notoriété, c'est encore loin d'un Antoine Griezmann, mais incontestablement Karabatic « pèse » médiatiquement. On croirait presque un rugbyman de l'équipe de France qui aurait des résultats ! C'est dire si le minot de Montpellier, et le handball avec lui, sont sortis des gymnases froids d'antan et de l'image de « sport scolaire » longtemps accolée à la discipline.

Car en près de vingt-cinq ans, les accros au hand ont fait passer leur sport dans une autre dimension. En grande partie grâce à l'équipe de France. Détenteurs de six titres mondiaux, deux olympiques et trois européens, les Bronzés devenus Barjots puis Experts se sont imposés comme les patrons actuels du jeu à 7. En 2015-2016, le hand, c'était 518 728 licenciés répartis dans 2387 clubs. La FFHB fait le match avec le basket dans la quête de deuxième plus grosse fédération de sport collectif en France, derrière le football. Tout en ambitionnant une place dans le top 5 des sports français. Avec 24 millions de budget dont 9 de sponsoring, la fédération a d'ailleurs doublé son pécule depuis 2006 (12 millions). La France se classe même deuxième nation mondiale derrière l'Allemagne et ses 767 326 licenciés dans 4414 clubs. Côté ligue, le budget cumulé des équipes de première division (Lidl Starligue) représente environ 70 millions pour la saison 2017-2018. Le budget moyen a pour sa part augmenté de 252 % depuis 2004 et la création de la LNH. Vertigineux !

Les fondations sont donc solides. Les Bleus du hand sont tellement forts que quand, comme aux J.O. 2016 de Rio, ils ne sont que deuxièmes, on évoque une possible crise ! Quelques mois plus tard, lors du Mondial 2017, le « frais » sélectionneur Didier Dinart, montagne de muscles et ex maître de la défense, résume assez bien la vue d'ensemble : «*J'ai été froissé d'entendre après les Jeux que c'était une défaite pour nous. On gagne une médaille d'argent alors qu'il y a des équipes qui rêveraient ne serait-ce que de participer à cette compétition. Et si on prend ces fameux J.O., l'équipe d'Espagne n'y était pas, par exemple, alors que c'est une nation forte au niveau européen. Quand j'entends ou lis que c'est un échec, ça me fait vraiment mal parce qu'aller si loin aux J.O., dans n'importe quel sport, ce sont beaucoup de sacrifices et c'est un manque de respect pour le travail qui a été accompli par les joueurs. D'autant que ce n'est pas la première fois que l'on ramène des médailles (rires).»*

C'est une sorte de rançon du succès, finalement. Dans un paysage sportif français parfois saturé de foot, de tennis ou de rugby, l'excellence est le meilleur moyen pour le handball de s'attirer les faveurs, justifiées, des médias. Inversement, hors fans et spécialistes, et sans faire injure aux joueurs en question, qui sait que le champion de France 2014 est Dunkerque ?

L'ÉQUIPE DE FRANCE, UNE FORMIDABLE VITRINE NÉE DE DEUX RÉVOLUTIONS

Les réseaux sociaux permettent assez vite de se faire une idée sur la relation qu'entretiennent les fans avec leurs sportifs favoris. Il n'est pas rare d'y trouver les Bleus, tel le gardien Cyril Dumoulin, un spécialiste du genre, posant en compagnie de leurs fans, tout sourire. Les incitant même à se « taguer » comme pour mieux relier la communauté handball. Et faire un peu plaisir aux sponsors en passant. Comme si la proximité faisait partie de l'ADN de la « famille du handball », et participait à l'ardeur des conquêtes et aux résultats qui en découlent. Ancien joueur international (23 sélections), puis entraîneur et désormais directeur général du club d'Ivry-sur-Seine qui possède le deuxième plus gros palmarès national (8 titres de champion de France), Pascal Léandri me reçoit dans son bureau au cœur de la banlieue rouge. Club formateur du spectaculaire Luc Abalo, l'USI, 70 ans au compteur, a remporté son dernier titre en 2007. Ivry bataille depuis dans le milieu de tableau avec un budget d'un peu moins de 3 millions, quand Paris, sous pavillon qatari, tourne à presque 18 millions. Ici, cette proximité qui va du haut au bas de la pyramide est primordiale : « *Les internationaux sont toujours très disponibles. Même si certains sont extrêmement sollicités. Des gars comme Michaël Guigou ne se font pas prier pour des photos, des autographes. Je crois que c'est quelque chose qui se transmet. Ce qui compte, c'est d'avoir toujours un ancien qui le fait. Chez nous, ce sont les joueurs formés au club qui transmettent. Et les dirigeants y sont attentifs. Au PSG, des mecs comme Nikola Karabatic, Thierry Omeyer, Daniel Narcisse le font. Et ils continuent quand ils sont en équipe de France. Ce n'est pas parce qu'ils sont souvent dans les médias qu'ils vont s'éloigner des gens. C'est un vrai combat de garder cette connexion avec la vie dite normale. Je vais prendre un parallèle avec le foot. Moi je peux comprendre qu'il y ait des moments où ils se coupent, parce qu'en fait dès qu'ils disent un truc, c'est transformé, amplifié, déformé, notamment avec les réseaux sociaux. Les mecs veulent se protéger de ça. L'enjeu pour nous, c'est de rester des gens normaux.* »

Le succès du handball en France trouve sa source avec les Barjots, en 1992. Les « Barjots », c'est le surnom donné alors aux Bleus. Début d'une tradition. À chaque compétition, un surnom. Cette idée simple et bon enfant sera évidemment récupérée par le marketing, mais elle participera à la popularité de l'équipe de France. À cette idée de proximité. 1992 donc, et la médaille de bronze aux J.O de Barcelone. Tout démarre en Espagne. Au sommet de la pyramide apparaît la figure du père fondateur, l'un des plus grands coachs français, Daniel Costantini. Récent retraité de *L'Équipe* et spécialiste du handball depuis plus de quinze ans, Laurent Moisset a été une des plus belles plumes du quotidien sportif. Allure façon vieux loup de mer à la fine barbe poivre et sel, il est réputé pour son franc-parler : « *Tout ce qui est arrivé, c'est grâce à Daniel Costantini. Il a tout bâti. Tout. La France évoluait dans la zone C internationale à ce moment-là. Il a d'abord créé un entraînement à la carte pour ses internationaux. Il a pris un noyau de joueurs et il a commencé à organiser leur travail de manière professionnelle. À l'époque, les mecs ne s'entraînaient pas tous les jours dans leurs clubs de l'époque. Il leur a demandé de faire du rab'. Ils avaient des préparations spécifiques. Il a installé ça progressivement et les mecs se sont d'abord renforcés physiquement. Puis par le jeu. Et le coup est parti…* »

Remontons donc à la source. Daniel Costantini me donne rendez-vous à deux pas de la gare Montparnasse, chez Ernest, une brasserie qui fait face au Concorde Montparnasse, l'hôtel habituel de ses ex-protégés. On est tout près du domicile de l'intéressé, qui continue de partager sa passion du management et des hommes à travers des conférences aux entreprises. « *Quand je suis arrivé à la tête de l'équipe de France en 1985, j'étais soumis au même rythme, en tant qu'entraîneur, qu'en tant qu'international dans les années 60. Trois heures d'entraînement par semaine en club et vingt à trente jours de stage avec l'équipe de France. À l'époque, on était inconscients. On pensait que ça pourrait suffire pour battre des mecs qui s'entraînaient, eux, mille heures par an. Il y avait comme une supercherie intellectuelle qui consistait à dire qu'on ne voulait pas transformer les athlètes en espèces de bêtes qui ne pensaient qu'à s'entraîner. C'est resté comme ça dans les années 60, 70 et 80, jusqu'en 1985*», retrace le meneur d'hommes hors pair entre deux gorgées de Coca light. « *Cette année-là, le ministre des Sports, Alain Calmat, a annoncé au président de la fédération, Jean-Pierre Lacou : "On va mettre en place des contrats d'objectifs. Vous allez nous dire ce que vous voulez faire concernant le haut niveau, vous allez nous dire combien vous espérez de notre part et on va vous dire si on vous les donne ou pas. Et si on vous les donne, l'année prochaine, il faudra nous justifier l'utilisation de cet argent." L'ambiance a changé : avant, on était beaux au handball, on faisait de la masse et on n'avait aucun souci. Les dirigeants de la fédération ont pris conscience qu'il fallait peut-être essayer de trouver des solutions. Le président me convoque dans son bureau. J'étais là depuis un an et j'avais continué dans la droite ligne de mon prédécesseur. Et il me dit : "Daniel, propose-nous quelque chose pour que l'on puisse envisager d'aller à Barcelone." Je me suis rappelé que le volley, pour son championnat du monde 1986 en France, avait organisé un truc assez dément, en rassemblant les joueurs de l'équipe de France pendant dix-huit mois, à Montpellier, au centre national de volley-ball. Et je me suis dit : "Est-ce que je ne pourrais pas m'inspirer de ça ?"*»

Daniel Costantini part alors d'une feuille blanche. Il trouve un compromis entre la fédération et les clubs : les internationaux qui acceptaient le deal s'entraînaient tous les matins, soit à Paris avec lui, soit à Nîmes avec Jean-Paul Martinet, soit à Metz avec Olivier Krumbholz. L'objectif était de les rapprocher des exigences du haut niveau. Ils découvrent alors la musculation, le travail cardio-pulmonaire et le travail technique individualisé. L'après-midi, ils s'entraînent avec leurs clubs. « *Ça a produit des effets incroyables. Mais tout le monde n'a pas bien pris ces changements. Un gars comme Éric Cailleaux était une des stars de l'époque. Il venait d'entrer chez Adidas comme VRP. Il a dit qu'il ne pouvait pas suivre. Comme quelques autres. Mais les jeunes ont suivi. Ceux qui avaient 22-23 ans, on les a appâtés avec un salaire minimum, genre 6000 francs. Pour ceux qui étaient fonctionnaires, profs de sport, on s'arrangeait. Ça a été plus compliqué avec ceux qui bossaient dans le privé. Pascal Mahé travaillait chez Essilor dont le président était aussi vice-président du club de Créteil. Il a dit ok, à condition qu'on rembourse 50 % du salaire. Et pour les branleurs classiques que tu retrouves dans toutes les équipes de France, on s'est arrangé pour qu'ils soient payés par la fédé. C'était pas grand-chose mais ça a donné l'impression à ces mecs que ça bougeait.* » Les choses se font ensuite petit à petit. Les Bleus jouent les *sparring-partners* avec des équipes qui vont aux Jeux de Séoul, alors qu'eux ne sont pas qualifiés. Ils progressent. Puis les Français « profitent » de la chute du mur de Berlin. La panique dans les pays de l'Est provoque un exode des joueurs en Allemagne. La hiérarchie explose, la France se faufile. Nous sommes aux championnats du monde 1990 en Tchécoslovaquie. Les huit premières nations sont qualifiées pour les Jeux. L'Espagne, organisatrice des J.O. de Barcelone, se hisse parmi les huit et offre ainsi un strapontin supplémentaire au vainqueur du match de classement pour la neuvième place opposant la France à l'Islande. Habituellement sans enjeu, ce match prend une toute autre saveur pour des joueurs réveillés dès 5h30 du matin. Costantini rembobine : « *Ça s'est joué face à l'Islande dans un match à 9 h du matin devant 50 spectateurs ! Et au bout, on est allés décrocher cette médaille…* » Volle, Debureau et Perreux se chargent de guider les Bleus, avec un certain Jackson Richardson, 21 ans, dans leurs rangs. Les Français s'imposent 29-23, célèbrent jusqu'au bout de la nuit cette victoire au point de rater la finale du tournoi et s'offrent une belle publicité dans *L'Équipe* du lendemain qui résume ce match comme « *le plus grand exploit jamais réalisé par une équipe nationale française.* »

Le mythe est lancé. Bronze aux J.O., argent puis or aux Mondiaux de 1993 puis 1995. Cette équipe des Barjots devient la première de l'histoire à être championne du monde dans un sport collectif. Cinq ans avant les Bleus du foot, ceux d'Aimé Jacquet, et alors que basket et rugby ne sont toujours pas parvenus à monter sur la plus haute marche d'un podium mondial. Le sport des profs d'EPS prend progressivement de l'ampleur… « *Les handballeurs ont d'abord été vus comme des mecs qui faisaient des coups,* se souvient Didier Dinart. *L'objectif, quand tu entrais dans le groupe, c'était peut-être d'aller faire une médaille de bronze. On allait dans de petits hôtels, des Campanile, des deux étoiles. Aujourd'hui le standing est différent. On a ajouté des étoiles (rires)* ! *Progressivement, cette équipe est devenue plus dangereuse. Il y a eu les deux titres mondiaux avec Daniel. Mais attention, il ne faut pas croire : il y a eu des périodes sans. Entre 2001 et 2006, on ne gagne pas de médailles. Cinq ans sans gagner, c'est long…* » Cinq ans sans gagner, au milieu de décennies de succès, ça peut sembler peu à d'autres, mais les handballeurs sont devenus exigeants !

En 2001, Costantini passe le relais à Claude Onesta après un deuxième sacre mondial, à domicile. Le père fondateur se retire. Heureux, même si le Marseillais garde un regret ultime : celui de ne pas avoir touché l'or olympique. Bronzés en 1992, au pied du podium en 1996 (quatrièmes), plus loin en 2000 (sixièmes), « ses » Bleus ne connaîtront la consécration qu'après le départ du bâtisseur.

Dans le rôle du nouveau chef de meute, c'est donc Claude Onesta qui se retrouve en première ligne. L'Albigeois connaît des débuts difficiles et est à deux doigts de perdre son poste pendant cette période de transition post-Costantini. Il sauve sa tête grâce à une médaille de bronze accrochée dans la douleur lors du Mondial 2005. Tout récemment élu président de la Ligue Nationale de Handball, Olivier Girault a d'abord été cet ailier gauche au palmarès long comme le bras. Champion du monde en 2001, il est le capitaine de l'équipe de France championne olympique en 2008 à Pékin. Cinq ans à œuvrer sous les ordres de Costantini, sept à ferrailler sous Onesta, l'ex-consultant pour RMC a également pu apprécier le rôle de sa fédération dans certains moments difficiles. « *En vingt-cinq ans, on a eu deux coachs. Quand on est arrivés après les Barjots, ça a été compliqué car il y avait de vrais talents dans cette équipe alors que notre génération arrivait avec moins de talent mais plus de docilité. Ça a été plus facile de nous inculquer certaines choses, mais il a fallu nous laisser du temps. Si la fédération avait viré Daniel Costantini, il y aurait eu une vraie cassure. Il aurait fallu tout recommencer à zéro. Pareil avec Claude. Ça n'a pas tous les jours été facile. Aujourd'hui, dans le sport, on se pose des questions dès le premier mauvais résultat.* »

Laurent Moisset décrypte la méthode Onesta. « *Il a apporté à l'équipe de France son mode de gestion. Il a observé le travail de Daniel Costantini et bien analysé la situation. À la fin de son bail, Costantini avait déjà commencé à déléguer. D'un rôle plutôt autoritaire qui avait fonctionné au début avec une génération de gamins talentueux et fous furieux, il est passé à un rôle plus ouvert. Il a donné les clefs aux joueurs pour le Mondial 2001. Onesta l'a compris et a davantage responsabilisé les joueurs. Ceux-ci ont accepté de relever le défi. Cette génération des Dinart, Fernandez et Gille, ça leur plaisait d'avoir voix au chapitre.»* Olivier Girault a remarqué en observateur de l'intérieur l'évolution du manager Onesta. « *Claude Onesta a d'abord voulu entraîner l'équipe de France comme une équipe de club. Il s'est rapidement aperçu que le fonctionnement n'était pas le même. Il a compris ça en 2005. Et là encore, la fédération lui a laissé le temps. Et comme il y a une forme de continuité, un héritage en équipe de France, il a pu préparer la suite. Il n'y a que là que des joueurs sont en place depuis quinze ans. Et pas parce que leur nom est inscrit sur leur casier, mais parce qu'ils sont bons. Ce sont sans doute eux qui connaissaient le mieux le fonctionnement de cette équipe. Pour ne pas perdre de temps et pour qu'il n'y ait pas de cassure, il fallait en préparer un pour être le successeur. Le tout était de savoir lequel car beaucoup auraient pu être appelés. Didier Dinart et Guillaume Gille sont légitimes car ils appartenaient chacun à deux groupes différents au sein de l'équipe de France.* »

D'autant que la solidité des fondations de la maison avait permis de faire remonter des talents bruts incroyables, à l'image de Nikola Karabatic, Luc Abalo, Daniel Narcisse et autres Michaël Guigou, toujours garants de l'esprit bleu. La nécessité de faire passer le groupe avant soi et la volonté de gagner à chaque compétition, le tout associé à de réelles compétences, font le reste. Résultat : une domination quasi totale pendant dix ans. Et ce même après le retrait progressif de Claude Onesta. L'ancien journaliste de *L'Équipe* poursuit : « *C'est l'enseignement du Mondial 2017 en France : Didier Dinart a fait bouger les lignes. Il a apporté plus de concurrence en faisant plus jouer aussi ceux qui sont en forme à un certain moment et en apportant du sang neuf. Daniel Narcisse, par exemple, a commencé à flamber en équipe de France vers 26 ans. Là, on a des jeunes comme Ludovic Fabregas, Nedim Remili qui sont opérationnels. Ils ont 20, 21, 22 ans… La formation est très bonne et permet de voir encore loin avec cette équipe de France.* » D'aucuns argueront que la concurrence mondiale s'affaiblit d'année en année avec seulement huit à dix équipes capables de battre l'équipe de France. Mais comment reprocher à ces Bleus d'avoir éteint la concurrence à l'image de la Nouvelle-Zélande en rugby, souveraine dans la majorité des compétitions dans lesquelles elle s'aligne, mais capable d'un jour sans ? Question de philosophie, explique Olivier Girault. « *Que ce soit chez les Barjots, les Costauds puis le mélange des deux avec les Experts, il y a toujours eu un truc de commun : ce sont les valeurs qu'on a copiées de nos prédécesseurs. On pouvait être mauvais, mais il fallait toujours tout donner. À force de se battre, avec cette volonté de ne rien lâcher, avec un peu de talent en plus, nous sommes arrivés à cette maîtrise. Ce n'est pas facile car si on loupe une transmission, tout ce qu'on a fait peut partir en fumée.* »

UNE FORMATION ENVIÉE

Costantini, Onesta, gourous des Bleus aux méthodes révolutionnaires, OK. Mais le sport, ce n'est pas que du mental. C'est aussi la transmission du savoir. Donc la formation. Comme le dit Laurent Moisset, la capacité à intégrer quelques minots au grand cirque à côté des tauliers nous prépare aux campagnes des années à venir. Ajoutons à cela que le « grand frère » Karabatic peut encore tenir la baraque quatre ou cinq ans et vous avez un cocktail qui incite à l'optimisme. « *Il y a des nations qui ne meurent jamais en sport,* balance l'ex-journaliste de *L'Équipe. Tu peux avoir une dépression pendant un temps mais l'influx va revenir. C'est l'Allemagne au foot. Ce sera la France au handball. Parce qu'autour de la vitrine, il y a un système qui fonctionne bien et qui est parfaitement encadré. Même si on a eu la chance d'avoir des générations fabuleuses avec des gars bons sur quasiment tous les postes, je ne vois pas ce qui peut menacer le handball français, vraiment. Je suis d'ailleurs curieux d'assister à des compétitions sans Karabatic. Il y aura forcément un temps d'adaptation, mais il y a la relève. D'ici Tokyo et les Jeux 2020, on n'a pas à être inquiet.* » Surtout quand on voit les résultats des équipes de jeunes. Plutôt flatteurs : champions du monde 2015, les juniors (-21 ans) ont terminé à la troisième place en 2017. Les moins de 19 ans restent eux sur deux conquêtes mondiales en 2015 et 2017. À l'Euro, même réussite : les juniors restent sur une médaille de bronze, tandis que les moins de 19 ans ont remporté les deux dernières éditions. La marge est donc plutôt intéressante.

Cette réussite trouve son origine du côté du maillage du territoire et des liens très étroits qui existent désormais entre les pôles nationaux et les clubs pros. « *On a été un des premiers sports à créer les sports-études en France, dès 1974* », se rappelle Daniel Costantini. Pascal Léandri, apôtre de la formation maison et spécialiste de l'éclosion des talents à Ivry, précise : « *Au début, il n'y avait pas de liens directs entre les pôles et les clubs. Chacun travaillait dans son coin.*

Et ça avançait quand même bien. Puis la fédération a fait un pas vers les clubs en demandant aux pôles de se rapprocher des pros. Ça a basculé vers le début des années 2000. Et cela a eu d'autant plus d'impact que le système était déjà bien huilé. Et puis pour un jeune, ça motive un peu plus quand tu peux avoir l'occasion de t'entraîner avec Nikola Karabatic. Au lieu de t'imaginer comment il s'entraîne, tu le vois faire. Ce maillage serré du territoire permet de rater peu de potentiels. Il faut aussi reconnaître que l'on a de très bons formateurs. Le handball français a beaucoup travaillé à développer les qualités de ses entraîneurs.»

Ce qui frappe aussi, c'est l'aisance avec laquelle certains clubs développent des jeunes talents qu'ils intègrent ensuite à leurs équipes. À Ivry, justement, sur quatorze joueurs pros, neuf ont été formés au club, dont certains cadres présents depuis près de dix ans en équipe première. Du côté de Montpellier, qui reste une référence en matière de formation, six joueurs sur dix-sept sont issus du centre de formation. Et ça se ressent au niveau international. Lors de la finale du Mondial 2017, cinq joueurs présents sur la feuille de match avaient été formés à Montpellier. « *Former, c'est un état d'esprit,* explique Pascal Léandri. *L'idée est évidemment d'alimenter son équipe professionnelle, mais pas seulement. Tu formes aussi des hommes. Et pour cela il y a un parcours. D'abord, il faut accorder une place importante à la formation d'entraîneurs de qualité. Celui qui va donner les fondamentaux, celui qui va éveiller la passion. Ensuite, il faut permettre aux jeunes joueurs d'avoir des responsabilités au sein d'une équipe pro. Tous les joueurs ne démarrent pas au PSG… Ils iront peut-être un jour à Paris. On leur souhaite. Créteil a formé Nedim Remili, qui est déjà en équipe de France et entame sa deuxième saison à Paris. Même s'il a un peu fait les beaux jours de son club formateur, il faut protéger et récompenser le travail qui a été fait en amont.»* Avec pourquoi pas des dédommagements financiers, comme dans le football. Touché de près par cette problématique il y a quelques mois, Ivry a d'ailleurs vu un de ses jeunes talents recruté par un concurrent juste au moment de lui proposer son premier contrat pro. Un cas très rare dans le handball où un certain *gentlemen's agreement* semblait régner. Pascal Léandri : *«J'ai tendance à dire : "Faisons confiance aux gens, jusqu'à preuve du contraire". Mais je sais aussi dans quel monde je vis. Il y a eu ce cas cette année*[44]*. Il y en a eu un l'année dernière. Qu'est-ce qu'on fait ? C'est le moment de s'interroger… Où veut-on aller ? À nous de décider, ensemble. Après, chacun prendra ses responsabilités. Nous, on travaille pour un projet, pas contre celui des autres.»* Daniel Costantini enchaîne : *«Aujourd'hui, quand le FC Barcelone veut faire son marché, il passe les Pyrénées et puis il dit : "Voilà, qu'est-ce que vous avez à vendre ? On prend." Ça, c'est extraordinaire et ça n'était pas forcément envisageable avant.»*

UN GÉANT MONDIAL… MAIS UN NAIN EUROPÉEN

Une nouvelle fois, lors de la conférence de rentrée 2017 de la LNH, l'optimisme était de mise du côté de l'ancien international de rugby Philippe Bernat-Salles, qui en était encore le président. Les chiffres soumis aux journalistes pour démontrer l'évolution du jeu à 7 et du championnat français soutenaient le travail fourni depuis 2004 par les salariés et élus de la ligue. Augmentation croissante des budgets, avec Paris comme locomotive, remplissage élevé des salles

---

44. Elohim Prandi, parti à Nîmes avec une indemnité de formation insuffisante selon Ivry.

à hauteur de 82 %, nombre significatif de matchs diffusés annuellement (62, soit 2 à 3 matchs par journée), l'ex-ailier de la Section Paloise et du Biarritz Olympique pouvait affirmer : « *La Lidl Starligue est le deuxième championnat au monde derrière l'Allemagne.* » Un refrain entendu depuis quelques années. Sur le plan économique, la France est en effet passée devant l'Espagne, frappée de plein fouet par la crise et qui voit même ses meilleurs talents venir dans l'Hexagone. Mais elle court toujours après l'Allemagne, où le handball est l'un des sports nationaux. « *On a encore une vraie marge de manœuvre* », détaille Étienne Capon, le directeur général de la ligue, dans son bureau du 13e arrondissement où il me reçoit. Présent depuis les débuts de la LNH, il a vu évoluer la discipline, lui qui arrivait du basket. « *Le budget moyen de nos clubs est de 4 millions d'euros. Et cela peut monter encore. Nantes est un bon exemple. Ils sont dans l'élite depuis environ dix ans et ils ont atteint 5 millions de budget. Ils visent désormais les 8 millions. Au-delà, ça sera difficile au regard de leur capacité d'accueil. Mais ce genre de démarche est encourageant pour nos clubs. Avoir un top 6 à 8 millions et le reste entre 5 et 8 millions, ce n'est pas inconcevable. Avec ça, on ne serait pas loin de la configuration du handball allemand.* » À ce rythme, la France pourrait même s'imposer comme le premier championnat au monde. « *Quand le handball est présent à la télé, lors des grands événements internationaux, il fonctionne très bien,* argue Laurent Moisset. *La clef, c'est de réussir à faire venir encore plus les gens dans les salles au quotidien. Le jour où tu proposes quelque chose de différent dans des salles hyper accueillantes et bien équipées, le public franchira le pas. Ça prendra du temps, mais une fois les infrastructures mises en place, ça fonctionnera.* »

C'est à coup sûr le grand chantier du nouveau président de la ligue, Olivier Girault. « *Nous devons être le premier sport de salle en France. Nous avons développé le spectacle, mais nous ne sommes pas au point sur le "sportainment". Cela implique de travailler à la fois sur le produit sportif et sur la vente de ce produit. Il faut qu'il soit attrayant et même spectaculaire pour accueillir des sponsors, des hospitalités... Dans la construction des nouvelles salles, il faut penser à l'enceinte en elle-même, mais surtout à tout ce qui doit exister autour. Que la salle soit au centre de la vie.* » Et ça, c'est compliqué, car les clubs ne voient pas forcément leur intérêt à long terme, mais surtout parce que les collectivités locales ne sont pas toujours enclines à débloquer les budgets nécessaires.

Si Montpellier, Nantes ou encore Chambéry et Aix peuvent se targuer d'avoir des enceintes avec une jauge intéressante, pour d'autres clubs de l'élite, les perspectives sont plus lointaines. La qualité de certains équipements n'est pas toujours compatible avec le sport professionnel. Massy (630 places), Saran (1400), Ivry (1500) voire Dunkerque (2200) et Saint-Raphaël dans une moindre mesure (2500), ou même Paris (3500), sont loin des standards escomptés. Petit motif d'espoir, l'attribution à Paris des Jeux de 2024 doit conduire à la construction d'une nouvelle salle d'une capacité de 7000 places, qui devrait sortir de terre en 2021 et pourrait concerner les basketteurs du Paris-Levallois Basket et les handballeurs du PSG.

Président de la Commission Grandes Salles–Arenas 2015, mise en place par la secrétaire d'État aux Sports Rama Yade, Daniel Costantini est bien placé pour savoir qu'une partie de la domination sportive se joue au niveau des infrastructures. Dans le hand, comme ailleurs. « *La Bundesliga, c'est une grosse puissance avec ses salles, son public fidèle et l'argent que cela génère. Là-dessus, ils sont très bons. Nous, moins. On se retrouve avec des charges d'exploitation supérieures et on ne peut pas compenser avec une bonne salle.»* Pour avoir arpenté la France et l'Europe entière pour *L'Équipe*, Laurent Moisset va même plus loin. «*Le jour où il y aura des salles adaptées au spectacle sportif, et je dis bien spectacle sportif, je pense que les médias et notamment la télé – peut-être même publique – auront un regard différent sur le handball.»* Le handball est implanté à la fois dans de grandes métropoles et dans des villes plus petites. «*Notre politique est de soutenir tous les projets parce qu'on n'a pas besoin uniquement de quatorze clubs. On a besoin de quatorze clubs en première division et quatorze clubs en dessous,* explique Étienne Capon, le DG de la LNH. *Il faut donc trente-cinq ou trente-six clubs pour alimenter tout ça, avec un réservoir car on sait qu'il y a des clubs qui n'arriveront pas à suivre.»*

Dernier frein au développement du hand français de club, leur absence prolongée au palmarès des compétitions continentales. Depuis 1993 et la réforme de la Ligue des champions, devenue Final Four en 2010, l'Espagne et l'Allemagne ont respectivement remporté quatorze (dont huit pour le seul FC Barcelone) et huit sacres continentaux en vingt-quatre éditions. Pendant ce temps-là, les Russes, Polonais, Macédoniens et… Français (avec Montpellier en 2003) ne récoltaient que les miettes. Laurent Moisset : «*Pour le moment, Paris, qui est notre meilleure chance, n'est pas assez fort dans la tête, dans le management de groupe. C'est la preuve qu'il ne suffit pas d'assembler les meilleurs joueurs du monde pour avoir la meilleure équipe. Mais cela peut évoluer.»* Et peu importe si le PSG possède le plus gros budget du continent avec un peu moins de 18 millions d'euros, loin devant Kiel, à peine 10 millions d'euros et pourtant triple champion d'Europe. « *Un club n'est pas une équipe nationale,* reprend Olivier Girault. *Au PSG, ils ont voulu faire une équipe nationale. Ce genre d'équipe ne s'entraîne pas. On entraîne les jeunes joueurs, et les mauvais. Les autres, on les manage. Onesta ou Costantini n'auraient jamais géré une telle équipe de cette manière. Il faut gérer des égos, des temps de jeu. Cette carburation, le PSG ne l'a pas trouvée. Quand une équipe de ce calibre ne marche pas, il faut regarder le manager. Ce n'est peut-être pas la personne qu'il faut. N'avoir que les meilleurs à tous les postes, c'est plus une problématique qu'un atout. Il faut qu'une toute petite partie du groupe soit besogneuse, prête à faire le travail de l'ombre. Pour l'instant, au PSG, ils sont tous au soleil.* »

Mais le temps qui sépare un club tricolore du titre suprême semble tout de même s'amenuiser. C'est en tout cas ce que veut croire Pascal Léandri. « *On a tous envie qu'un club français gagne la Ligue des champions. Et pour gagner, à un moment, il faut que tu aies les meilleurs joueurs. Donc moi, une locomotive comme Paris ne me dérange pas. Ils tirent le championnat vers le haut. D'autres stars viennent en France, comme le Macédonien Kiril Lazarov passé par Vezprem et Barcelone et aujourd'hui à Nantes. Et puis Paris ne domine pas si outrageusement. D'autres équipes gagnent les coupes. Dunkerque a gagné le championnat il y a peu.* » Si le PSG a échoué en finale de la Ligue des champions la saison dernière[45], d'autres clubs français se rapprochent du Graal dans la seconde Coupe d'Europe, la Coupe EHF. Nantes a ainsi disputé deux finales en cinq

45. Défaite 24-23 face au Vardar Skopje.

saisons. De quoi nourrir certains espoirs ; mais il reste beaucoup de travail avant de rattraper les ogres européens.

DANS L'OMBRE DES GÉANTS, LES FILLES VEULENT EXISTER

Médaillées d'argent, comme les garçons, aux Jeux de Rio, les handballeuses françaises ont retrouvé le chemin des podiums après une disette de cinq ans, puis enchaîné sur une médaille de bronze lors de l'Euro de la même année et surtout sur le titre mondial en décembre 2017, portant le total des récompenses internationales conquises par les Bleues à neuf depuis 1999. Dont deux titres de championnes du monde en 2003 et, donc, 2017 ! Malgré ce palmarès fourni, les Bleues peinent toujours à exister, comme me le détaille Armelle Attingré, gardienne internationale et pensionnaire du club de Nantes. « *Par rapport à d'autres sports collectifs féminins, le hand est quand même pas trop mal médiatisé, même si c'est moins que les garçons. Ça reste compliqué de sortir du lot et c'est encore plus dur pour nous, les filles du hand, parce qu'à côté, on a les garçons qui sont au top en équipe nationale comme en championnat.* » Un avis partagé par Pierre Menjot, journaliste à *L'Équipe* et spécialiste du handball féminin. « *Sans parler de complexe, il y a une réelle difficulté à exister dans l'ombre d'une équipe qui rafle tout. Je pense que depuis les Jeux, ça va mieux parce que la médaille d'argent change la donne. Mais avant, même si elles ne le disaient pas, on sentait que ça pesait un peu. L'Euro 2018 en France va amener aussi plus de médiatisation.* » Au niveau sportif, pourtant, les filles sont parmi les meilleures. Et le dernier titre glané contre la Norvège, un ogre au niveau mondial, considérée comme l'équivalent de nos Experts dans le hand féminin, le prouve un peu plus. « *La France est depuis des années dans les équipes médaillables dès qu'une compétition démarre,* poursuit le journaliste. *Les coachs adverses le disent aussi. La France est identifiée comme une grosse nation. D'ailleurs les joueuses de l'équipe de France sont dans les meilleurs clubs européens.* » La qualité des joueuses est donc reconnue, même si un petit bémol peut être apporté, comme croit le savoir la gardienne de Nantes. « *Le niveau en France a pas mal augmenté et celles qui partent à l'étranger, c'est pour jouer la Ligue des champions. Mais au niveau de la formation, je pense qu'on est un peu en dessous des garçons car on n'a pas des Patrice Canayer ou des Frédéric Anquetil*[46]*, qui ont beaucoup formé, avec un ancrage local long.* » Une vision partagée par Pierre Menjot : « *On ne forme pas trop mal, mais on ne forme pas de top joueuses, notamment sur certains postes. À l'aile gauche, il y a désormais une fille comme Manon Houette qui a explosé, mais il y a encore deux ou trois ans, c'étaient des filles comme Siraba Dembelé ou Paule Baudouin qui étaient là depuis très longtemps.* »

Avec un championnat que l'on pourrait situer entre les troisième et cinquième place en Europe, il manque encore quelques atouts à la LFH pour passer un cap. « *On a un championnat très dense avec Metz comme locomotive et Brest qui pousse aussi. Mais en coupe d'Europe, on a du mal à aller loin,* glisse le journaliste de *L'Équipe*. *Notre championnat n'est pas au niveau des autres, même si on progresse, comme l'a montré Metz avec son quart de finale en 2016-2017. Mais pour les clubs, ce qui manque pour accéder au Final Four, c'est l'argent.* » Le budget d'un club comme Metz atteint environ 2,5 millions d'euros. Brest, grâce à l'apport des frères Le Saint, oscille

46. Respectivement manager général et ancien formateur du club de Montpellier, le MAHB.

entre 3,6 et 4 millions. Loin des cadors européens, avec d'évidentes répercussions sur les salaires. À Metz, un gros salaire, c'est 4000 €. « *Une fille comme Oftedal, qui jouait à Issy et est partie à Gyor, en Hongrie, dans le plus gros club européen, est peut-être entre 10 et 15 000 €. Tant que les filles sont contentes, elles restent, mais il y a un énorme fossé* », poursuit Menjot. Armelle Attingré abonde : « *Pour gagner sa vie, la France n'est pas le meilleur endroit. Après, tout dépend de ce qu'on recherche. En termes de professionnalisme, de garanties ou de transparence, la France me semble mieux placée. Quand je suis partie en Turquie, j'ai appris qu'il y avait des choses un peu borderline qui étaient mises en place pour les matchs de coupe d'Europe. On m'a dit à propos de certains arbitres : "Ah mais eux, on les connaît ! On leur a déjà donné des billets par en dessous l'année dernière." Ce genre de trucs…* »

La France a beau faire figure de bonne élève, certaines affaires sont aussi venues défrayer la chronique hexagonale. En 2016, le club de Nîmes, bastion historique du hand féminin, a ainsi déposé le bilan en raison d'un déficit important. Quelques mois plus tôt, fin 2015, c'était l'Union Bordeaux-Bègles/Mios Biganos qui subissait le même sort. Dans le registre des jeux de pouvoir, c'est l'équipe de France qui a vécu un réel psychodrame en janvier 2016 avec l'éviction violente d'Alain Portes, entraîneur national, ancien bronzé de Barcelone, international à plus de 200 reprises. La FFHB s'était justifiée à l'époque : « *Cette décision intervient après avoir constaté que les conditions de confiance mutuelle indispensables à la réussite de l'équipe de France n'étaient plus réunies.* » La « confiance » évoquée avait été tailladée lors du Mondial précédent : outre des résultats en demi-teinte, c'est côté coulisses que le venin s'était répandu. Alain Portes avait été « *déstabilisé* », selon ses propres mots, vraisemblablement par des propos portant sur sa vie privée tenus sur Facebook, des lettres anonymes adressées à son domicile mais aussi le vol de son téléphone portable dans le vestiaire. Une relation avec la préparatrice physique de l'équipe de France, Annabelle Chabanel, était par ailleurs évoquée. La cabale contre le sélectionneur semblait venir d'un groupe de joueuses. Alain Portes s'est exprimé une seule fois sur l'affaire, sur le site spécialisé Handzone, sous la plume d'Yves Michel : « *J'ai été victime d'une machination orchestrée par des personnes qui souhaitaient voir quelqu'un d'autre que moi au poste d'entraîneur de l'équipe de France féminine [...] Je suis d'ailleurs sidéré que des joueuses de l'équipe de France se soient autorisées à critiquer de façon aussi caricaturale leur entraîneur et son staff en envoyant une lettre au président de la fédération. Celle qui a rédigé ce courrier et qui s'en vante aurait mieux fait de dépenser son énergie à essayer de bien faire son métier. J'ai été pendant dix ans joueur de l'équipe de France et je pensais naïvement que sa place se gagnait sur le terrain par des performances et par le travail.* » Ambiance. Le nouvel entraîneur, chargé d'emmener les filles aux J.O., sera Olivier Krumbholz, lui-même débarqué en 2013 après que des voix de joueuses se sont élevées. « *Quand Alain Portes est arrivé, les filles sortaient de quinze ans de Krumbholz. Elles avaient souhaité son départ. Elles étaient contentes d'avoir un nouveau regard, avec un coach plus porté vers l'attaque,* analyse Pierre Menjot. *Les résultats de Portes, au début, ne sont pas mal. Si tu bascules un peu plus, ça peut le faire. En 2013, l'équipe passe de peu à côté d'une demi-finale au Mondial. En 2014, à l'Euro, c'est pareil. Ensuite, il y a eu des décisions d'Alain*

Portes, le manque de résultats et des filles qui se lassent. Il se fait donc remercier à cause de la pression des filles. » Convoquée un temps par Alain Portes, Armelle Attingré a aussi sa grille de lecture. « *J'ai été sélectionnée à ses débuts. C'est quelqu'un que j'ai beaucoup apprécié. Je n'étais pas là quand il a été écarté, et c'est facile de le dire deux ans après, mais je savais ce qui allait se passer. Il s'est mélangé les pinceaux. C'est quelqu'un qui a de l'autorité, mais il n'a pas su voir venir et il s'est dit qu'il n'avait besoin de personne. Il a écarté certaines joueuses, comme moi. C'est quelqu'un de très intelligent, qui connaît le handball, mais il a été trop borné à mon goût. C'est un bon coach, mais il n'a pas su voir et dire à certaines qu'elles n'étaient pas indispensables.* » Concernant le nouveau/ancien patron des Bleues, la joueuse poursuit : « *Il faut un gros patron pour tenir cette équipe de France. Sans être "machiste", il ne faut pas oublier que c'est un milieu féminin et que les mentalités sont spécifiques. Le sport féminin n'est pas le même que le sport masculin. Il faut être capable de gérer ces égos-là et être le maître de l'équipe. Chez les garçons, on peut avoir plusieurs maîtres sur le terrain. Chez les filles, il faut quelqu'un pour accorder. Certaines susceptibilités sont spécifiques aux filles. Quand il y a des problèmes, ça ne s'oublie pas comme ça. Chez les garçons, en général, une fois que le pied est posé sur le terrain, ça passe. Il y a encore cet aspect physique qui "réglera" la chose. Chez les filles, non. Il y a plus de réflexion. Il faut quelqu'un qui mène les troupes vers l'objectif commun.* » Le pari Krumbholz s'avère payant, puisque les Bleues ont pris une belle médaille d'argent aux J.O. de 2016 et joueront le prochain Euro à domicile dans la peau des championnes du monde. « *Dans l'urgence, le choix était évident,* soutient Pierre Menjot. *À six mois des Jeux, c'était mission commando à la fédération.*

C'était plus facile de prendre un coach qui n'arrivait pas en terre inconnue et qui connaissait à la fois les filles et les J.O. Peut-être qu'en 2018, il y aura plus de candidats pour le poste. Il faudra voir si Olivier Krumbholz veut rester.» Dans l'ombre des géants, les intrigues ne manquent donc pas… Pas si lisse que ça, le hand féminin français !

UNE MATURITÉ À AFFIRMER

Sportivement au top malgré les difficultés de ses clubs au niveau européen, bon formateur, en plein essor économique malgré les limites que lui imposent des salles inadaptées, le handball doit aussi passer un cap au niveau de ses droits télé et marketing. Après les signatures encourageantes de contrats tels que ceux conclus avec beIN Sports comme diffuseur[47] et Lidl comme partenaire principal[48], la LNH va reverser un peu plus de 2,25 millions d'euros à ses clubs. Un total que la direction souhaite voir augmenter mais qui doit être resitué dans son contexte. Étienne Capon précise : « *La conjoncture, dans ce genre de dossier, est souvent hyper importante. On s'est retrouvés avec les droits du basket qui étaient remis sur le marché six mois après, par exemple. Avec un nouvel acteur majeur dans le paysage télévisuel, SFR. Dans la négociation des droits télé, ça change tout. Si tu as un mauvais produit, tu n'arrives pas à le vendre, même s'il y a beaucoup de concurrence. Mais dès lors que tu as un produit majeur récurrent que le diffuseur va pouvoir utiliser pour générer une vraie économie, si tu joues sur trois acteurs, ça change énormément de choses. En l'occurrence,*

---

47. 4 millions d'euros par an contre 1,2 millions déboursés par Canal+ lors du précédent contrat.

48. 1 million d'euros par an selon *L'Équipe*.

le basket a tiré un montant de droits plus important que nous. Ce qui est dans la suite logique de leur développement puisqu'il était déjà devant nous. Mais on compte bien les rattraper.» Mais le montant des droits n'est pas le seul élément à prendre en compte. En quittant Canal+ pour beIN Sports, la LNH a également vu le nombre de matchs diffusés augmenter et la production gagner en qualité. « *On n'envisage pas de faire moins la prochaine fois. L'objectif est d'avoir un équilibre entre montant des droits et exposition. Il faut que ce soit récurrent en termes de visibilité, que ce soit un feuilleton. On travaille déjà là-dessus* », prévient Étienne Capon.

Enfin, pour que la machine continue d'avancer, il faut qu'elle conserve son image impeccable. Le profil de gendre idéal présenté ces derniers temps par Nikola Karabatic ne doit pas faire oublier les excès qui ont pu taillader la réputation du handball. La première alerte avait eu lieu avec le démontage du plateau de la chaîne *L'Équipe*, au Club France, au soir de leur titre olympique à Londres en 2012. Quelques semaines plus tard éclate l'affaire des paris suspects impliquant plusieurs joueurs stars dont Nikola Karabatic et son frère Luka, alors à Montpellier. La condamnation qui s'en est suivie a brouillé l'image jusqu'alors impeccable d'une France qui gagne. « *Il y a des dérives dans toutes les activités*, relativise Étienne Capon. *Elles sont d'autant plus mises en lumière que ceux à qui cela arrive sont médiatisés. Mais on sait aussi que même quand cela part très fort médiatiquement, ce genre de pic redescend tout aussi vite. Cela n'entame pas la solidité de l'édifice. Et en particulier quand ce sont finalement des erreurs individuelles très conjoncturelles. On n'est pas dans la dérive organisée. Le mal n'est pas profond.*» Pascal Léandri de poursuivre : «*J'aurais tendance à dire qu'ils avaient envie de s'amuser et qu'ils ne se sont pas rendu compte de ce qu'ils faisaient. Ce côté délit d'initiés, je pense que tous n'en avaient pas franchement conscience. Il a fallu une histoire un peu rocambolesque pour que d'un coup, tout le monde se dise : "Ah oui, en fait, ce n'est pas super." Peut-être parce qu'on n'était pas devenus aussi professionnels que cela à ce moment-là. On ne mesurait peut-être pas ce que cela pouvait représenter. En France, il faut souvent qu'on fasse une erreur et qu'on se fasse taper sur les doigts pour dire que non, on n'a pas le droit.*» Plus critique, Daniel Costantini raconte : « *Ça a secoué l'ensemble du handball français et pour moi qui me balade dans l'entreprise, qui rencontre des gens qui connaissent le handball, ça a été assez marquant. Et je l'ai payé (rires). Quand l'affaire est sortie en 2012, j'avais trois contrats qui étaient signés avec des grosses entreprises pour mes conférences. En particulier Procter et Gamble. Eh bien ces boîtes-là ne voulaient plus associer l'image du handball à leur entreprise. Pareil à Montpellier avec Brother. Ça aurait pu être bien pire pour le club. C'est une connerie "d'adolescents". Enfin ça dépend de la part de qui…* » Finalement condamnés sans avoir épuisé tous les recours, les frères Karabatic ont, semble-t-il, assumé leur part dans cette affaire. Est-ce le cas de tous les suspects ? Pour autant, ce genre de crise ne démontre-t-il pas aussi que le handball est entré dans la cour des grands ? Cette perte d'innocence n'est-elle pas le passage obligé de tout sport médiatisé ? Mais dans ce registre, les troubles sont quand même rares. Tout comme les luttes de pouvoir. « *À la fédé, la gamelle est bonne* », sourit en off un de nos interlocuteurs. Comme un épilogue sucré qui ne dépareille pas avec l'ensemble.

TENNIS
LES FAUX CHAMPIONS DU MONDE

Lucas Pouille a balayé Steve Darcis. 6/3 6/1 6/0. Il est tombé au sol. En larmes. Et l'équipe est venue vers lui pour communier.
Une raclée, donc, pour sceller le succès des Bleus face aux Belges. Mieux, c'était difficile. Surtout dans un cinquième match à l'atmosphère d'habitude si étouffante. Ces fameux matchs décisifs où le niveau tennis passe souvent après la gestion de l'émotion. Rien de tout cela dans cette finale de la Coupe Davis 2017. Tout s'est passé comme prévu. Enfin, selon la logique tennistique.
Les Belges n'avaient qu'un seul joueur de top niveau, David Goffin, 7e mondial. Même en considérant que le n°1 belge gagne ses deux matchs, il restait trois possibilités de remporter le Saladier. Tsonga et Pouille ont battu le pauvre Steve Darcis, Gasquet et Herbert ont remporté le point du double et les Bleus ont mis la main sur la dixième Coupe Davis de l'histoire de notre tennis.

Derrière la balle de match remportée par Pouille, c'est la liesse. La France attendait ça depuis seize ans. La génération des « nouveaux Mousquetaires », Tsonga, Gasquet, Monfils

et Simon était toujours passée au travers. Il n'en restait que deux, Tsonga et Gasquet, à Lille face aux Belges, mais ils l'ont enfin fait. C'est donc la fête pour les 27 000 personnes (moins les supporters belges) placées en tribune et pour les quelque 3,5 millions de téléspectateurs de France 2.
La famille du tennis français est rangée derrière le capitaine Yannick Noah. Comme d'habitude. Le tennis français qui gagne, c'est toujours lui. Sauf en 2001 ? J'ai toutefois envie de considérer que son souffle était là cette année-là aussi, à travers son ami et petit frère spirituel, Guy Forget.
La Coupe Davis est donc dans la vitrine. Et elle doit briller de mille feux. Tellement fort qu'elle a pour mission de faire oublier que derrière, dans la boutique, c'est un sacré bordel depuis des années. Peut-on étaler un tel succès et s'en servir pour repartir et oublier le reste ? C'est la grande et simple question à laquelle doit répondre notre tennis. « *Un pur bonheur* », titrait *L'Équipe* au lendemain du succès de Lille. On s'en tient à la une ou on va voir derrière ?
Repartir, c'est avoir des champions qui donnent une belle image de ce sport. Des joueurs qui gagnent des vrais tournois ou en tout cas qui y brillent ! Repartir, c'est attirer les jeunes qui vont vers d'autres sports. Repartir, c'est aussi susciter des vocations.
Oublier, c'est mettre de l'ordre dans une fédération en guerre larvée. Oublier les tristes années de nos joueurs dans les tournois du Grand Chelem. Oublier aussi les années catastrophiques en Coupe Davis ou qu'à chaque sortie de l'équipe de France, certains joueurs faisaient d'affreux numéros d'enfants gâtés.
Deux jours après la victoire de Lille, le nouveau et déjà ex-DTN Jean-Luc Cottard (il ne sera resté en poste que six

mois) déclare : « *On a gagné la Coupe Davis, tant mieux, mais on aurait dû la gagner depuis longtemps parce qu'on a un sacré réservoir de bons joueurs. Je crains que ce ne soit l'arbre qui cache le désert. On a du boulot pour dix ou douze ans…* »
Nommé six mois plus tôt par le nouveau président Giudicelli, Cottard quitte son poste pour retourner au centre national de Boulouris. Il avait été choisi pour mettre en place une nouvelle politique sportive. Preuve qu'avec ou sans Coupe Davis, le sentiment que rien n'allait vraiment bien dans notre tennis était partagé.
Repartir sur de nouvelles bases sans que le succès ne rende aveugle, à la FFT, c'est ce que pensent clairement les nouveaux dirigeants de notre tennis. Jean-Luc Cottard dit avoir démissionné. En coulisses, on parle d'un limogeage express. Certains disent qu'on ne comprenait rien à son projet. Mais au moment de célébrer cette Coupe Davis, l'avenir d'un DTN inconnu, c'est de la tambouille interne.

« Champions du monde » de tennis, donc. L'expression est de mon confrère Eric Salliot sur l'antenne de RMC, au moment où les joueurs français ont soulevé le saladier d'argent. Sans doute l'expression de sa passion. On peut le vendre comme ça. Si ça passe, pourquoi pas. S'il s'agit de redonner de la vigueur à un sport, allez, on y va. Entre la légende et la réalité, la légende a parfois plus d'allure.
Mais optons un instant pour la vérité, même si on doit être taxé de rabat-joie. La Coupe Davis n'a jamais été et ne sera jamais un championnat du monde. C'est une épreuve historique et fantastique, mais en aucun cas un championnat du monde. Encore moins quand, et c'est la triste tendance, les meilleurs joueurs préfèrent privilégier

leur carrière personnelle plutôt que cette compétition par équipes nationales.
Ce qui compte, c'est le résultat. Certes, on connaît la rengaine. Mais qui ignore que cette victoire est la moins belle des dix remportées par nos Bleus ?
La France a profité de circonstances extraordinaires pour s'imposer. Le Japon sans Nishikori, la Grande-Bretagne sans Murray, la Serbie sans Djokovic et enfin la Belgique du seul Goffin. Cette finale était d'ailleurs le match le plus difficile. La France a gagné la Coupe Davis mais… Ce sacré « mais » dont les Américains disent qu'il transforme ce qui précède en « *bullshit* »… On a gagné mais en perdant contre Goffin en trois sets secs, Tsonga a poursuivi sa série qui veut qu'en Coupe Davis, il n'ait jamais battu un joueur mieux classé que lui. Les Bleus se sont imposés mais le joueur le plus fort battu par notre équipe tout au long de cette promenade est 44e mondial : le Britannique Daniel Evans. Et c'était sur terre battue, en plus ! Une surface qu'il déteste. Un « exploit » accompli par Jérémy Chardy à Rouen lors du quart de finale.
Il y a beaucoup de « mais ». « *Et alors ?* » demande Vincent Cognet dans son édito post-finale dans *L'Équipe*. Après tout, il a raison, ça ne peut pas faire de mal, même si c'est fait sans mal. C'est « *tout bénef* », comme il dit, avant de terminer ainsi, lucide, son édito : « *Reste à espérer que le goût de la victoire soit suffisamment long en bouche pour qu'il subsiste en eux jusqu'à la saison prochaine. Notamment jusqu'à l'Open d'Australie… En Tsonga, en Gasquet, mais surtout en Lucas Pouille. À 23 ans, il représente l'avenir… On a envie d'y être.* » Melbourne, c'était un mois plus tard. Pouille s'est fait sortir d'entrée. Cet Open d'Australie s'est transformé en fiasco pour notre tennis.

Un de plus. Que se passera-t-il lors de la prochaine saison de Coupe Davis ? Malgré le vrai-faux suspense qui a entouré sa reconduction à la tête de l'équipe, Noah continue. C'est une bonne nouvelle. Mais Tsonga va-t-il continuer ? Il était forfait pour le premier tour. Pouille, lui, a renoncé à la dernière minute, blessé. Qui va vouloir venir jouer alors que partout cette compétition fait fuir ? On arrête ou on continue la ronde des caprices pour savoir si on vient jouer ou si on a bobo et on se défile ? Et surtout, surtout, nos joueurs vont-ils enfin briller dans les tournois du Grand Chelem ? Car ces tournois sont la quintessence du tennis. Open d'Australie, Roland-Garros, Wimbledon, US Open, ça oui, ça ressemble à des championnats du monde !

« ON N'ENTENDRA PLUS DIRE QU'ON NE L'A PAS GAGNÉE »

L'auteur de cette phrase est Richard Gasquet. Il la prononce avec un immense soulagement. Et de l'ironie aussi, bizarrement. Il y a également derrière ces mots toute la frustration accumulée. Douze ans après ses débuts en Coupe Davis, Gasquet va voir son nom gravé sur le trophée. Pourtant, au cours de cette campagne victorieuse, il n'aura gagné qu'un seul match en simple, lors du premier tour, face au Japonais Taro Daniel, 99e au classement ATP. Et puis, lors de ce week-end de finale, il a joué le double avec Pierre-Hugues Herbert. Ensemble, ils ont vaincu la paire Bemelmans/De Loore, respectivement 118e et 280e à l'ATP. Sans doute était-il soulagé parce qu'en cas de défaite, cela aurait été une humiliation suprême. L'ex-petit Mozart du tennis français le reconnaît avec lucidité : « *Une défaite samedi aurait changé ma carrière.* » Comprenez, en mal. En très

mal, même. Et Gasquet de conclure : « *Je suis très heureux, ça allège par rapport à toutes ces défaites. J'ai encore envie de jouer cette compétition ! J'ai encore envie de vivre ces moments-là. On est très très heureux.* »
Pas très loin, Jo-Wilfried Tsonga est lui aussi heureux et soulagé. Il ne veut plus penser à toutes ces tristes années. Il l'a gagnée et lui, en revanche, va certainement dire stop. Ou pas. On change vite d'avis en Coupe Davis : « *Tout ce que j'ai vécu pendant ces dix ans, c'est fabuleux, mais c'est beaucoup de fatigue. La Coupe Davis, ce n'est pas que des moments faciles. Il faut en passer par là pour en vivre de bons. Ça fait du bien de gagner. J'ai toujours été catalogué comme un joueur qui ne gagne pas. Aujourd'hui, je peux au moins dire que j'ai gagné ça !* » Absent au premier tour contre le Japon puis en quart de finale contre la Grande-Bretagne, Jo Tsonga a gagné trois matchs pour parvenir au sacre. Dans la demi-finale face à la Serbie, il a battu Laslo Djere, 88e joueur mondial. Puis Dusan Lajovic, 75e. Enfin, en finale, il a écarté Steve Darcis, 77e !

Après la victoire, on a demandé à Jean-Paul Loth, ancien capitaine de Coupe Davis devenu consultant, s'il pensait que cette équipe de France était si forte que ça. Sur l'antenne de Yahoo Sport, il répondait, embarrassé : « *C'est une vilaine question, et la réponse est complexe. La Belgique avec un deuxième bon joueur, même moyen, ça aurait donné quoi ? Je crois néanmoins que la force de la France, c'est d'avoir depuis des années dix joueurs dans les meilleurs mondiaux. On en a même eu quatre dans le top 20 pendant longtemps. Ça crée donc un groupe capable de gagner la Coupe Davis. Parce que quand vous avez ça, si vous affrontez un adversaire qui n'a qu'un joueur de top niveau, ça laisse de la place pour aller chercher trois points et donc gagner le match. Et d'ailleurs la France devrait gagner plus souvent cette compétition du fait de cet atout, de cette force-là. Si tu bats la Suisse en 2014, c'est un exploit énorme. Ils ont deux joueurs top 5 à ce moment-là, c'est injouable. La défaite est logique. La Serbie de Djokovic en 2010, en revanche, tu dois pouvoir le faire.* » Le constat est donc, on l'aura compris, mitigé.

Peu importe le flacon, pourvu qu'on ait l'ivresse. Dis-moi qui tu as battu, je te dirai qui tu es. On peut recycler toutes les formules. Elles trouvent toutes un sens après ces effusions de joie.

Derrière le bonheur, il fallait voir aussi un sentiment de revanche chez Gasquet et Tsonga. Plus ou moins mal exprimé. « *On l'a fait et peu importe comment et contre qui.* »

Mais – eh oui, encore un « mais » – parce que le sort semble s'en être mêlé et s'acharner sur les anciens, le héros, celui qui rapporte le dernier point symbolique, ce n'est ni Gasquet, ni Tsonga, mais Lucas Pouille. Le petit jeune. Le dernier arrivé. C'est lui que tout le monde rejoint et félicite après la balle de match.

Le petit nouveau était d'ailleurs plutôt remonté après cette victoire contre tous ceux qui osaient nuancer ce succès. Sur France 2 peu après la balle de match, sur RMC le lendemain dans le Super Moscato Show, le nouveau leader du tennis français ne cachait pas son agacement dès que quelqu'un faisait référence au parcours « facile » des Bleus. Pour sa première année en équipe de France, il avait terminé le travail et voulait qu'on garde une image sans bémol de la victoire. Lui, le passé, les frustrations, il n'en a rien à faire et tient à l'affirmer. Pas question de ternir cette dernière image qui est donc pour lui. Pour lui, et pas pour les deux Mousquetaires restant de la bande des quatre. Précisons que Gilles Simon n'a joué qu'un match durant cette campagne, au premier tour. Quant à Gaël Monfils, lui, c'est un match en deux ans. Il n'était même pas présent à Lille pour voir ses copains triompher. Mais qu'on se rassure, il a envoyé beaucoup de SMS à ses « amis ». L'équipe est soudée, n'en doutons pas. Les Mousquetaires existent toujours…

« *Déjà, on n'a jamais demandé à être surnommés les Mousquetaires, j'ai toujours trouvé ça grotesque.* » Là, Richard Gasquet a raison. Les médias délivrent des surnoms et collent des étiquettes. Ça raconte une histoire, enfin ça initie une histoire dont on ne connaît pas la fin. En l'occurrence, le surnom est venu alors que la bande des quatre arrivait en Coupe Davis. Avec ce potentiel, on allait la gagner vite. C'était écrit. On a anticipé le surnom et la victoire. Au handball, c'est après les victoires qu'on a sorti les surnoms. Là, on est allé un peu plus vite. Trop vite.

Julien Benneteau, membre de l'équipe de France, ne dit pas autre chose. « *Les joueurs français n'ont jamais demandé à ce qu'on les appelle les Mousquetaires. Jamais. Ce sont les médias qui les ont appelés comme ça. Pour les oreilles et les yeux du grand public, ça a eu du sens. On a vendu un truc. Pour les joueurs, en revanche, ça a été catastrophique. Tout autre résultat qu'une victoire en Grand Chelem ou une victoire en Coupe Davis est devenu soit banal, soit un échec. Mais ce qu'ont fait les gars, c'est loin d'être banal. On va voir la différence dans les années à venir. Cela fait dix ans qu'on a au moins un Français en quart ou en demi à Roland-Garros. C'est peut-être anodin mais putain, quand tu arrives le mercredi, le jeudi ou le vendredi de la deuxième semaine et que tu as un Français sur le Central, France Télévisions est content !*

Un Français à mettre à l'affiche, c'est beau. La tribune présidentielle est pleine parce qu'il y a un Français. Le stade est plein. Ce n'est quand même pas mal ! Dans quatre ou cinq ans, s'il n'y a que Pouille et que malheureusement il perd en huitièmes ou en quarts et que tu te retrouves avec Nishikori-Raonic le vendredi après-midi, France TV va faire la gueule et la tribune présidentielle ne sera pas pleine. Et ainsi de suite. Et donc je pense que ce truc des Mousquetaires a été très néfaste pour eux. »

Sans manquer de respect à qui que ce soit, les propos de Julien Benneteau méritent quelques corrections. La fête à Roland-Garros, le stade plein, la tribune présidentielle en fusion et France TV qui sabre le champagne, c'est peu fréquent quand même ! Jo Tsonga a disputé un quart de finale et deux demi-finales. Il n'est donc venu que deux fois le fameux vendredi après-midi. Pas négligeable, pas délirant non plus. Gaël Monfils a lui joué une seule fois le vendredi de la deuxième semaine. Gasquet s'est qualifié une seule fois pour les quarts et Gilles Simon n'a jamais rien fait de bien à Paris. Tout ça en dix ans. Désolé pour Benneteau, mais le bilan n'est pas dingue !

Alors c'était quoi, le problème ? La pression ? La presse ? Un surnom difficile à assumer ? « *Non. Je ne dis pas que c'est à cause de la presse qu'ils n'ont pas gagné la Coupe Davis avant ou un Grand Chelem, ne me fais pas dire ce que je n'ai pas dit. Loin de là. Mais la perception par le grand public de leur carrière, de leur accomplissement, alors qu'ils font partie des meilleurs joueurs de tennis au monde et que ce n'est pas rien pour un sport individuel aussi démocratisé que le tennis, a été un petit peu faussée par cette notion de Mousquetaires. Mousquetaires en France, ça te ramène à d'Artagnan et ça te ramène aux Borotra, Lacoste, Cochet, Brugnon qui ont tout gagné à leur époque.*

Dans l'inconscient des gens, c'était forcément synonyme de victoires, d'épopées, d'exploits. »
Visiblement, tout le monde s'est passé le mot dans la famille du tennis français. Bernard Giudicelli en remet en effet une couche quelques semaines avant la finale, et il est clair que tout le monde a peur de passer à côté : « *Je le dis encore une fois : c'est vous, les médias, qui appelez les tennismen français "les Mousquetaires". Moi pas ! Et vous leur mettez de la pression, parce que finalement ils courent après un statut qu'ils n'ont jamais acquis. Ce sont des joueurs en quête de leur premier trophée. C'est pour cela qu'il faut les encourager.* »

MAUDITS MOUSQUETAIRES

On en revient toujours au même point. La Coupe Davis et les Mousquetaires, c'est la base du tennis français. Tout s'est construit autour de ça. Quatre hommes qui, au début du XXe siècle, sont allés gagner la Coupe Davis chez les Américains et l'ont ramenée en France. Au total, six trophées qui ont marqué pour toujours ce jeu dans notre pays. Borotra, Lacoste, Brugnon et Cochet ont mis la Coupe Davis au centre de notre vision de ce sport. Ils ont créé une tradition. Une obligation de réussite. Pour certains, une pression historique.

Bernard Giudicelli a été élu président de la FFT en février 2017, succédant ainsi à Jean Gachassin. Il faut le savoir, un président de la FFT a pour mission première de gagner la Coupe Davis. C'est un objectif. Le poids de l'histoire. S'il ne gagne pas, le bilan sera mauvais. Gachassin n'a pas gagné. Il restera juste un « gentil » président.

Dans son bureau dénué de signes ostentatoires de pouvoir ou de richesse, je prends place dans un petit salon, entouré de quelques souvenirs et de photos. Le nouveau président Giudicelli m'accueille à Boulogne-Billancourt, à dix minutes à pied de Roland-Garros. Sa mission : m'expliquer comment se porte le tennis dans notre pays. Et franchement, je lui dis d'entrée, selon moi, notre tennis va mal.
Les présidents de fédé aiment toujours commencer par des préambules. Il faut qu'on sache comment ça se passe à la base. Le licencié « d'en bas » doit être mis en avant : « *J'ai toujours considéré que le bas se portait bien quand le haut donnait le bon exemple. Quand l'élite brille, en bas ça donne envie. Le tennis français dispose aujourd'hui d'atouts incontestables avec son réseau de clubs. Notre maillage est unique au monde et permet à n'importe qui d'avoir à proximité de chez lui la possibilité de pratiquer le tennis dans un club affilié. C'est toujours le deuxième sport français en nombre de licenciés. Et il est important culturellement et socialement. Le tennis est un sport social par définition puisqu'il se joue à deux, à la différence des autres sports qui sont des sports collectifs.* »
Là, j'avoue que je lâche prise sur l'aspect social. Passons à autre chose.
« *Le tennis génère à peu près 1,1 milliards d'euros par an de flux financiers et la majorité de ces flux, exactement 507 millions d'euros par an, est générée par les clubs affiliés. Cela veut dire que le tennis amateur génère davantage d'argent pour l'économie de notre pays que le tennis professionnel. C'est un versant que l'on connaît peu. Il y a donc un énorme actif.* »
Le préambule s'achève. On a parlé social et économie, il est temps de passer à la vitrine : le haut niveau.
« *Comment va le haut niveau ? Là-dessus, j'ai une approche très simple mais qui va tout de suite répondre à vos questions.*

J'ai tous les jours sous mes yeux une photo. Philadelphie, 1927. Les Mousquetaires gagnent la Coupe Davis, la ramènent à Paris. On construit Roland-Garros pour eux. Et durant six ans, on gagne le trophée et, en même temps, ils gagnent les tournois du Grand Chelem. De 1932, date de leur dernière victoire, jusqu'à 2017, donc sur 85 ans en enlevant les cinq années de guerre, on a gagné trois tournois du Grand Chelem chez les hommes et huit tournois du Grand Chelem chez les femmes. Donc la réalité, et elle est incontestable, c'est que nous avons gagné moins de 1 % des Grands Chelems masculins et moins de 2 % des Grands Chelems féminins. Et si je continue mon raisonnement, cela veut dire que la règle est qu'à 99 % on ne gagne pas de Grand Chelem. »

Le constat est implacable ! Ce président se veut différent. Il intervient dans les médias. Et quand quelque chose ne lui plaît pas, il le dit. C'est parfois maladroit, comme lorsqu'il critique Lucas Pouille suite à son élimination à Roland-Garros 2017. Rancunier, le joueur ne le salue plus depuis. Lors du dîner qui a précédé la récente demi-finale de Coupe Davis, Bernard Giudicelli a dû insister trois fois pour que Lucas Pouille daigne lui dire bonjour. Ce dernier, alors en discussion, s'est retourné et lui aurait répondu : « *Bonjour et au revoir* ». Interrogé sur cette scène surréaliste, Lucas Pouille n'a rien démenti : « *La presse l'a dit, donc apparemment c'est vrai* », avant de s'épancher un peu plus : « *Il n'y a pas de parasites en interne dans l'équipe. Après, à la fédération, ils font ce qu'ils veulent. On ne va pas parler de la fédération, enfin pas toute la fédé...* » Entre les lignes, on comprend que la tension est extrême entre le joueur, et plus largement toute l'équipe de France, et le président de la FFT.

À Roland-Garros, les propos présidentiels sur Lucas Pouille avaient d'autant plus surpris que quelques mois plus tôt, Giudicelli avait loué le travail du joueur, son attitude, en le désignant comme un joueur différent. Plus fort mentalement que ses aînés. En deux coups, il s'est d'abord brouillé avec les anciens, puis avec le petit jeune qui monte. Si on ajoute à cela le fait que le président n'a pas délivré d'invitation à Paul-Henri Mathieu, un ancien, respecté, maintes fois blessé et qui voulait disputer son dernier « Roland », on comprend qu'à peine en place, le nouveau président se soit déjà fâché avec la plupart des joueurs français…
La victoire en Coupe Davis ne changera rien. Giudicelli ne plaît pas à toute la famille du tennis. Pour les joueurs, le président doit faire des câlins et dire que tout va bien. « *Il a joué au tennis, lui ? Il a gagné des tournois, lui ? Non, alors qu'il se contente de serrer des mains en souriant.* » J'exagère à peine le point de vue des joueurs français.
Interventionniste, revendiquant une parole libre et critique, Giudicelli ne se mêle pas que de la Coupe Davis. Et ça, c'est nouveau et peut-être choquant pour certains. D'habitude, on veut gagner le Saladier et quand ça ne marche pas, on change de capitaine. Enfin, on organise le changement, parce que la décision, ce sont les joueurs qui la prennent. C'est compliqué, le tennis. Il faut intriguer. Les joueurs décident de qui sera leur « sélectionneur ». Donc si un président veut agir, il doit se rapprocher de certains d'entre eux, de leur entourage. C'est de la petite politique. Giudicelli, lui, veut intervenir plus franchement. Y compris autour des tournois du Grand Chelem. C'est même pour lui une obsession. Mais on y reviendra. Il y a encore beaucoup à dire sur la Coupe Davis.

LES CAPRICIEUX

« *Avec Yannick, il se passe toujours quelque chose.* » La phrase est de Thierry Champion. Ancien joueur, coach notamment de Richard Gasquet et plus récemment de Benoît Paire, il vient d'être nommé directeur du haut niveau masculin. Il est donc dans le « camp » Giudicelli. Champion adoube Noah, mais qui ne l'a pas fait ? Qui peut émettre une autre opinion ? Yannick Noah, c'est le totem du tennis français. Sans lui, la France serait un pays de troisième zone, et encore. On a eu les Mousquetaires, et grâce à eux Roland-Garros. Puis Noah. Être l'un des quatre pays à organiser un tournoi du Grand Chelem, c'est ce qui fait vivre ce sport en France. Mais dans la mémoire collective et en couleurs, un seul Français a gagné un Grand Chelem : Noah !

La Coupe Davis n'était plus revenue à la FFT depuis cinquante ans, qui l'a ramenée ? Le capitaine Noah et ses « petits frères » Henri Leconte et Guy Forget. Il part, et les années qui suivent sont horribles. Il revient à la tête de l'équipe de France et en 1996 ça gagne encore. Il repart. Il fait de la musique qu'il n'aurait jamais écoutée. Son souffle, son influence aident Forget à ramener le Saladier de Melbourne en 2001. Cette fois, c'est fini. L'esprit Noah n'est plus là. La France traverse des années de campagnes désastreuses et souvent ridicules. Il revient en 2015 et gagne en 2017. « *Fin de la culture de la lose* » ! L'expression est de lui. Elle est reprise à l'unisson par tous les acteurs du tennis dans la nuit festive de Lille.

Yannick Noah est certainement revenu parce qu'il n'avait rien de mieux à faire. Sa carrière musicale touchait à sa fin. Sa passion pour le jeu s'est réveillée. Lui-même a souvent avoué ne plus connaître et suivre ce sport. Pourtant, sans lui ça n'a pas marché, et avec lui… toujours !

Noah déclare avoir de la chance. Oui, le tableau cette année était ultra favorable. Un autre aurait-il pu en profiter ? Pas sûr. Est-ce que tous les joueurs auraient accepté de venir jouer ? Ou de jouer une fois présents ? La question peut paraître absurde, mais c'est un peu l'histoire de l'équipe de France ces dernières années.

Au milieu des années 2000, la génération Gasquet, Tsonga, Monfils, Simon promet beaucoup. Avec eux, le trophée sera gagné, et peut-être pas qu'une fois. Quels autres pays ont les moyens d'avoir une aussi belle équipe ? Des bons joueurs oui, des excellents même, mais autant de choix ? On en revient à la « *vilaine question* » posée à Jean-Paul Loth et à sa conclusion : « *On aurait dû gagner plus souvent* » !
Mais le problème, c'est que chacune des campagnes qui ont précédé le sacre de Lille a rassemblé son lot de crises et de psychodrames. Les affaires ressemblent à des titres de romans de gare : « Le psychodrame de 2015 », « Monfils excommunié », « L'affaire Gasquet », « Monfils forte tête », « "Je" Wilfried Tsonga », « Le désastre argentin », « Le cauchemar de Belgrade », « L'affaire de la Guadeloupe »... Rien n'est inventé et ce n'est même pas exhaustif !

L'aventure des « nouveaux Mousquetaires » commence en 2008. Jo Tsonga joue en janvier la finale de l'Open d'Australie. En demi, le Français a étouffé Rafa Nadal ! Et même s'il a perdu contre Djokovic en finale, il s'annonce comme une future star du tennis mondial. Pour le premier match de cette campagne, aux USA, Tsonga est néanmoins forfait. On mise sur Richard Gasquet. Trop jeune, trop tendre. Il a 22 ans. Beaucoup de grands tennismen ont déjà fait de belles choses à cet âge-là, mais Gasquet n'est pas encore prêt à être un leader. On ne sait pas encore qu'il ne le sera jamais. La pression est trop forte. Et on ne sait pas encore, non plus, qu'il ne la supportera jamais. Le voyant isolé et perdu, Guy Forget ne le fait pas jouer. On perd à Winston Salem, mais on pense avoir le temps devant nous. En 2009 à Ostrava, en République Tchèque, entrée en scène de Gilles Simon. Et début du cauchemar pour lui. Entre 2009 et 2013, Simon va disputer neuf simples et n'en gagner qu'un seul, contre Koubek, 206e joueur mondial au moment du match. Simon vient, s'implique, mais n'y arrive pas. La Coupe Davis, ce n'est pas pour lui.

Cette même année, la France doit sauver sa peau et sa place dans le groupe mondial aux Pays-Bas. Gaël Monfils débarque. En fait, il aurait pu arriver six mois plus tôt à Ostrava, là où son ami Simon a connu son premier crash. Mais Monfils, on le découvre alors, c'est un sketch permanent. La rencontre en République Tchèque se déroule sur surface dure ? Lui décide d'aller à Acapulco jouer un tournoi sur terre. Il arrive en retard à Ostrava. Forget l'écarte de l'équipe, le rattrape. Première crise. Monfils revient donc pour ce match de barrage et on va voir ce qu'on va voir. Il arrive bouillant. Il s'incline pourtant devant Thiemo De Bakker, 122e joueur mondial. C'est Tsonga qui sauve l'équipe de France.

Sur ses trois premières années en Coupe Davis, Tsonga gagnera tous ses matchs. Les autres ? Monfils et Simon ne supportent pas le poids du maillot, quant à Gasquet, il donne l'impression de tout faire pour ne pas venir. Guy Forget a du mal à communiquer avec eux. Les rapports ne sont pas bons. Forget veut faire comprendre le souffle

épique de cette compétition, mais le courant ne passe pas. En privé, il confie souvent son ras-le-bol. Ses propos sont même durs quand il s'agit d'évoquer « ses » joueurs.
En 2010, Forget fait plaisir à Gasquet en l'écartant du groupe. Simon est là. Tsonga et Monfils disputent les simples, Llodra/Benneteau le double. Ça marche ! La France va en finale. Ce sera en Serbie, contre l'équipe de Novak Djokovic. Problème : Tsonga est blessé. Gilles Simon doit jouer. Michael Llodra peut lui aussi jouer le simple. Mais Llodra n'est pas très proche des quatre « pas fantastiques ». Sur le papier, il est moins fort qu'eux et puis il parle beaucoup dans les médias, il en fait trop, des tonnes autour de l'équipe, de la Coupe Davis, du maillot. Il a un côté « footeux » qui agace les autres. En face, la Serbie, c'est donc Djoko : injouable. Il faut gagner les trois autres points. Rien de dingue : Janko Tipsarevic et Viktor Troicki sont largement à la portée des joueurs français. Ça se jouera dans le dernier match. Il faut battre Troicki ! Simon ou Llodra ? Simon l'a toujours battu, mais en Coupe Davis, tout change. L'approche mentale est différente et Simon a toujours failli. Forget opte pour Llodra. C'est une catastrophe. La défaite est sèche, presque humiliante. Rien ne dit que Simon aurait gagné. Pourtant Forget est critiqué et affaibli.
Les Bleus reviennent en 2011. Monfils, Gasquet et Tsonga sont absents. Tous blessés. Il faut aller en Autriche. Gilles Simon dézingue tout le monde dans une interview avant la rencontre et plombe l'ambiance. Forget doit pourtant en faire son leader. À ses côtés, Jérémy Chardy, anonyme aux yeux du grand public, 55e joueur mondial. Et c'est grâce à Chardy que la France passe ce premier tour. Pas à Simon, qui a encore failli malgré son règlement de compte médiatique.

Cette année-là, l'aventure s'arrête en demi-finale, face à l'Espagne de Nadal et Ferrer. Logique. Derrière cette raclée de Cordoue, on constate que la bande des quatre n'existe pas. Il y a toujours un blessé, un joueur qui n'est pas prêt pour le premier jour, mais dispo pour les autres. Quand l'un perd, il dit en « off » que c'est la faute de l'autre. Pourtant ils s'aiment ! Ils se fréquentent depuis qu'ils sont petits ! Tout va bien. C'est juste que ça ne se voit pas !

En 2012, Forget débute sa quatorzième et dernière campagne. En privé, il ne cache pas être au bout du rouleau dans sa relation avec les « stars » du tennis français. Simon et Gasquet annoncent ne venir qu'à condition d'être titulaires. Le capitaine cède.

Il faut aller au Canada, à Vancouver. Forget demande à ses joueurs de ne pas jouer la semaine précédente pour partir plus tôt et s'habituer au décalage horaire. OK pour tout le monde… sauf Monfils ! Il s'était engagé à jouer à Montpellier et n'avait pas l'intention de faire une croix sur le chèque de la garantie. Il va en finale… et se blesse ! Grâce au forfait du meilleur joueur canadien, la France passe néanmoins sans souci.

Les Bleus affrontent ensuite les USA. Sur terre battue à Monte-Carlo, ça peut passer. Mais ça ne passe pas, comme à chaque fois que l'adversité s'annonce plus délicate. Et c'est souvent un peu ridicule aussi. Monfils se blesse à l'entraînement en voulant toucher un panneau publicitaire dans les tribunes. Gasquet est appelé en renfort mais refuse car il s'estime hors de forme. Gilles Simon s'incline comme d'habitude et Tsonga perd contre John Isner le match décisif. Guy Forget annonce la fin de son capitanat. Certains joueurs versent une larme. Ça pourrait être touchant, mais on a envie de leur demander : « *Vous pleurez pourquoi, au juste ?* », tant ils ont toujours donné l'impression de faire les choses à moitié en Coupe Davis. Et encore, à moitié, ça aurait été presque mieux !

Il faut maintenant trouver un nouveau capitaine. Les langues se délient. Les joueurs n'en pouvaient plus de Forget. Trop « old school », trop ancien combattant. La campagne de 1991, c'est bon, on l'a vue à la télé quand on était petit, on en a marre d'entendre ressasser les vieilles rengaines, on veut du neuf. Arnaud Clément est désigné capitaine. Il a fait partie de l'aventure victorieuse de 2001 et il est jeune. Ça devrait coller.

Pour battre Israël au premier tour de l'édition 2013, Gasquet revient. Rien de compliqué. Mais pour aller défier les Argentins en quart de finale là-bas, c'est moins évident. Gasquet a mal à la cheville et puis l'Argentine, c'est loin. Premier malaise. Et attention, on ne parle pas de l'Argentine de Del Potro. Le pauvre est toujours blessé. Non, les adversaires sont Juan Monaco et Carlos Berlocq ; pas des montagnes. Encore une fois, Gilles Simon répond présent. Il veut chasser ses démons. Mais encore une fois, il s'écroule !

2014 : on repart sur de nouvelles bases. La bande des quatre veut prendre son destin en main. Llodra doit être écarté : il prend trop de place. Clément écoute les joueurs et resserre l'équipe autour des vedettes. En quart de finale, les caprices sont de retour. Monfils annonce qu'il ne se sent de jouer que le dimanche. Le vendredi, il ne sera pas prêt. C'est l'époque où Monfils déclare ne pas aimer jouer trop tôt dans la journée. Clément cède. Monfils joue et gagne le cinquième match. Ouf !

En demi-finale, c'est le cadre magique de Roland-Garros qui est choisi pour la rencontre face aux Tchèques. Monfils redit qu'il n'aime pas jouer le vendredi. Gasquet et Tsonga sont parfaits et gagnent les deux premiers simples. La route de la finale est ouverte.
L'adversaire sera la Suisse. Federer et Wawrinka sont annoncés. Il faudrait un exploit pour s'imposer. Ça doit ressembler à Lyon 1991. Maudit passé dont nos joueurs ne veulent pas entendre parler. De septembre, date de la demi-finale, à fin novembre, date de la finale, notre tennis ne parle que de ça.
Perdre contre la Suisse n'a, en soi, rien de honteux. Mais la manière va, à nouveau, faire imploser l'équipe de France. Il y a d'abord l'affaire Tsonga. Blessé, pas blessé ? Ce sera le grand mystère de cette finale. Quelques semaines avant la rencontre, le n°1 français est allé jouer un tournoi-exhibition au Kazakhstan. Vouloir mettre du beurre dans les épinards, pourquoi pas. Mais y aller et se blesser, ça suffit à créer un premier problème avant l'énorme rendez-vous attendu. Pour comprendre ce qu'il s'est passé, il faut être diplômé à la fois en médecine et en psychologie. Donc Tsonga s'entraîne. Il a mal, mais pas toujours. On lui demande s'il peut jouer, il dit oui. Mais apparemment, il ne le dit pas très fort, pas très clairement. Il joue quand même et perd contre Wawrinka. Le soir même, Tsonga affiche sa colère. Clément, son capitaine, lui reproche une attitude pas très combative. Selon le joueur, le staff des Bleus aurait dû comprendre qu'il ne pouvait pas jouer, sans qu'il soit obligé de le dire ! Il fallait le comprendre ! Pourtant, malgré cette explication musclée, il dit pouvoir jouer le double. Avant de changer d'avis le matin du match

en raison de la douleur… Comprenne qui pourra. Tsonga ne veut plus de Clément comme capitaine. Il le dira plus tard.
La France perd contre la Suisse de Federer. Rien d'illogique. Pourtant, le premier jour, Gaël Monfils a été incroyable pour battre Federer, même souffrant. L'exploit n'a cependant pas suffi. C'est toujours pareil : quand l'un va, l'autre ne va pas. L'équipe de France est fracturée. Le soir de la rencontre, c'est règlement de comptes à OK Corral. Notamment entre Wawrinka et les Bleus. Lors du dîner officiel, aux toilettes, le Suisse se fait cerner par les joueurs français. Il a pourtant d'excellentes relations avec la plupart ; mais là, lors de cette finale, Wawrinka en a trop fait. Un « chambrage » malvenu, que certains ont interprété comme de l'arrogance. Marc Rosset, ancien joueur suisse, vient au secours de son compatriote : « *Le mot autocritique veut-il dire quelque chose en français ?* » Rosset rappelle qu'avant cette finale, ce sont les joueurs français qui en avaient fait des tonnes en ne jouant quasiment plus deux mois avant l'événement et en affichant une volonté de fer dans les médias. Ce sont eux qui annonçaient partout qu'on allait voir ce qu'on allait voir ! Pour finalement ne pas être à la hauteur.
Entre Wawrinka et Tsonga, le souci remontait même au début de l'année, et à l'Open d'Australie remporté par le Suisse. Dans une sortie étonnante, Tsonga avait déclaré que lui aussi mériterait de gagner un Grand Chelem, peut-être même plus que Wawrinka ! Une façon de dire que le Suisse n'était pas meilleur que lui. En gros, tant que les vainqueurs s'appelaient Federer, Nadal, Djokovic ou Murray, ça allait, mais Wawrinka, visiblement, ça ne passe pas. Depuis, celui-ci a gagné deux autres tournois

du Grand Chelem, et donc la Coupe Davis 2014. Un palmarès qu'aucun Français n'aura jamais.
Perdre contre la Suisse en finale, pourquoi pas, mais s'afficher mauvais perdants, c'est plus gênant. Et pour faire bonne mesure, Tsonga, le vrai-faux blessé (on s'y perd), part dans la foulée jouer sur un circuit parallèle. Rien à gagner sportivement. Juste un chèque à ramasser.
Les rapports entre le capitaine Arnaud Clément et son équipe, principalement Gasquet et Tsonga, sont de plus en plus tendus. On parle, déjà, de faire revenir Yannick Noah. Tout va exploser à l'été 2015 lors du quart de finale à Londres, face à la Grande-Bretagne du seul Andy Murray. La rencontre se joue sur herbe. Parfait ! Gasquet sort d'une demi-finale à Wimbledon. Sauf qu'il est fatigué et ne s'estime pas assez frais pour y retourner le week-end suivant défendre les couleurs de son pays. Visiblement ça ne pose aucun souci à Andy Murray, qui va rayonner tout le week-end et mener son équipe à la qualification. Jo Tsonga aussi est un bon joueur sur herbe, mais ça ne se verra pas. Il perd logiquement face à Murray, puis affiche un niveau déplorable en double avec Nicolas Mahut. Ce jour-là, il abandonne son coéquipier au lieu de le porter. Arnaud Clément avouera avoir fait une erreur majeure en alignant un Tsonga aussi peu concerné. Le dimanche, Gilles Simon est battu, comme toujours…
Clément ne veut plus voir Tsonga en équipe de France. Ça tombe bien, le joueur ne veut plus revenir tant que Clément sera là. Richard Gasquet est sur la même ligne.
C'est l'heure du grand règlement de comptes et surtout des petites magouilles politiques afin de renverser le pouvoir en place.

Ça commence avec l'interview que donne Tsonga à *Tennis Mag*. Il veut répondre aux critiques dont il a été l'objet et contre-attaque : il flingue Clément et son coéquipier, Mahut ! Tsonga reproche à son capitaine de l'avoir sélectionné à Lille alors qu'il était blessé. « *J'aurais peut-être dû dire : "Je ne peux pas jouer". Mais est-ce que j'ai le droit de dire ça ? Est-ce qu'on a le droit de s'écarter de soi-même d'une sélection nationale ?* » Tsonga ajoute, avec une assurance désarmante : « *Yannick [Noah] ne m'aurait pas sélectionné, non…* » On comprend alors qu'en coulisses, ça va tanguer. Après Clément, c'est Mahut qui prend. Le fameux double joué chacun pour soi à Londres, Tsonga le revisite : « *Est-ce que c'est moi qui ai mal joué lors des trois premiers sets ? On ne peut pas dire ça. Et lui, il m'a lâché ou pas ? Personne n'a posé cette question.* »

Il faut savoir que dans la petite famille du tennis français, Clément et Mahut jouissent d'une énorme cote d'amour. Au niveau de l'état d'esprit, il n'y a sans doute pas plus exemplaire. En balançant comme il le fait, Tsonga va provoquer une rupture.

Le magazine est à peine en kiosque que la réponse cinglante de Julien Benneteau arrive sur Twitter : « *Un joueur devenu capitaine s'est retiré de lui-même de la finale 2002 car blessé au poignet…* » On l'aura deviné, il s'agit d'Arnaud Clément. Ironique, Nicolas Mahut répond lui aussi via Twitter : « *Moi qui pensais que la Saint-Nicolas était le 6 décembre. Y a un petit décalage cette année…* »

Arrivé à un tel point de rupture, le tennis français va se faire sa petite révolution. Tsonga est soutenu par Gasquet et, même si chacun nie avec la même véhémence qu'il intrigue, l'objectif est de pousser Arnaud Clément dehors.

Au bal des hypocrites, les joueurs vont faire brûler le dancefloor.

Et puisque Jean Gachassin est un président de fédération type René Coty, tout va se faire dans son dos. Et dans son dos, il y a celui qui n'est pas encore président, mais secrétaire général, Bernard Giudicelli.

Évidemment, officiellement personne n'a rien fait. Noah a semble-t-il débarqué par l'opération du Saint-Esprit. « *Ces rumeurs sur ma prétendue omnipotence me font rire. Londres a été un traumatisme. J'ai échangé avec plusieurs personnes, dirigeants et joueurs, dont le premier a d'ailleurs été Michaël Llodra, au lendemain de la défaite. Mais jamais je n'ai annoncé le retour de Noah, qui a lui-même déclaré avoir été contacté fin août. Le changement qu'on a souhaité, c'est que ce soit le bureau fédéral qui désigne le capitaine. Ça n'a pas plu à certains* », commente le futur président de la FFT.

En réalité, l'intrigue a pris forme peu après l'horrible élimination de Londres. On le sait, l'avis des joueurs est prépondérant dans le choix du capitaine. Ils doivent donc se mettre d'accord. Cette fois, ils ne le seront pas. Mais peu importe.

Le nom de Noah circule très vite entre les joueurs, début août, lors du tournoi de Cincinnati. C'est le signe incontestable que le processus d'éviction d'Arnaud Clément est largement enclenché. Comme souvent, le cocu sera le dernier informé. Néanmoins, Clément est soutenu. Julien Benneteau, par exemple, prend la défense de son capitaine sur RMC. Il va vite recevoir deux ou trois coups de fil lui expliquant qu'il ne sert à rien de s'agiter et que rien ne sauvera Clément. Celui-ci est contacté dès le 10 septembre, soit bien avant que la procédure ne devienne officielle, par Gilbert Ysern, alors directeur général de la FFT, qui lui signifie la fin de son contrat. La version officielle dit que tout s'est bien passé. En fait, on aurait aimé que Clément démissionne. Ce qu'il n'a pas fait, se sachant toujours soutenu par une partie de l'équipe. Alors pour l'enfoncer, on réalise un audit aux conclusions accablantes sur le fonctionnement de l'équipe de France. Curieux, car pendant toutes ces années, on nous répétait que tout allait bien !

Que dit l'audit ? 1/ Que Tsonga et Gasquet souhaitent un changement de capitaine car ils remettent en cause les choix de Clément et ses lacunes en tant que meneur d'hommes. 2/ Que Simon, Benneteau et Mahut sont favorables au maintien de Clément. 3/ Que Monfils, comme souvent, se positionne en suiveur : pas forcément pour que Clément saute, pas forcément contre un changement. 4/ Que Monfils comme Simon pointent l'attitude des joueurs comme une cause des échecs ; et que Tsonga et Gasquet admettent une part de responsabilité. 5/ Qu'aucun joueur n'est contre l'arrivée de Noah au poste de capitaine. On aurait pu ajouter un point 6 pour parler du manque de courage, voire de la pleutrerie de tout ce petit monde.

Car pendant qu'on s'agite en façade pour trouver la meilleure façon de virer Clément, en coulisses, tout le monde sait que Noah va revenir.

« J'EN AVAIS MARRE QU'ON ME PARLE DE POTENTIEL »

Yannick Noah revenu, tout est beau, tout est sublime ? On est en septembre 2015 et on rêve d'en finir avec la fameuse « *culture de la lose* ». Dans les faits, rien n'est simple.

Dans le tennis français, Noah n'est plus ce qu'il était. Pour certains joueurs, il est désormais chanteur. Que sait-il du tennis d'aujourd'hui ? Du jour de son retour à la victoire de novembre 2017, on ne compte plus les fois où Noah a failli partir, les fois où il a été déçu par les joueurs, où il ne les a pas compris…

Peu après sa nomination, en marge du Masters 1000 de Paris Bercy, Michaël Llodra envoie, en tant que président du Club France (qui réunit tous les joueurs de Coupe Davis ou médaillés olympiques, tous « *choqués ou attristés* »), une lettre aux élus fédéraux. Contents du retour de Noah, mais en même temps choqués par l'éviction de Clément ? Si l'idole attendait une fête pour son retour, c'est raté.

Même si ces deux-là ne s'entendent pas, Bernard Giudicelli et Gilbert Ysern sont critiqués pour la façon dont il ont mené le changement. On parle d'« *amateurisme dans la gestion d'un dossier majeur* ». Noah assiste à tout ça en spectateur et se demande s'il a bien fait de revenir.

Aucun joueur ne prend de position claire. On entend surtout les seconds couteaux. Les leaders se planquent. Ni Gasquet ni Monfils, qui choisissent à la carte les rencontres et les matchs, ne s'expriment. Tsonga, lui, a allumé le feu puis s'est retiré de l'intrigue. Son image est alors des plus floues.

Et Noah dans tout ça ? On ressort une phrase de lui datant de 2013 : « *Si demain les cinq devant moi me disent : "Yann, on y va", alors, là, c'est chaud ! Mais s'il y en a un qui hésite, alors même pas en rêve, ça ne m'intéresse pas.* » Les temps ont changé et l'unanimité historique derrière le totem du tennis français n'est plus aussi évidente.

Le mot de la fin sera pour Jean Gachassin, le président transparent. Le moment semble venu pour lui d'essayer de faire croire qu'il a maîtrisé le dossier. Et puis, il est dans sa dernière année de mandat et il aimerait voir le Saladier dans son bureau avant de partir. « *Dans cette affaire, je n'ai pas été au courant tout de suite de tous les processus. Vers la fin du mois d'août, je reçois un appel téléphonique de Gilbert Ysern me disant qu'il a lancé un audit auprès de certains joueurs et qu'il part pour l'US Open afin de voir d'autres joueurs. Je suis stupéfait.* » Gachassin est obligé d'avouer qu'il ne savait rien. Tentative de rétablissement : « *Vous connaissez mon amour de la victoire collective et de l'équipe de France. Même si je ne suis pas apparu dans les médias, j'ai suivi ce dossier de très près, en laissant aux salariés et aux élus en charge de cette délégation le soin de me proposer la meilleure solution pour gagner enfin la Coupe Davis. Le choix de Yannick Noah, c'est d'abord le choix du président ! Et je l'assume complètement.* »

Petit souci néanmoins, Jean Gachassin, pourtant présent à la FFT, n'est même pas au courant qu'une conférence de presse annonçant la fin du mandat de Clément est organisée le 18 septembre. Gachassin n'adresse alors plus la parole à son directeur général, et apparaît de fait totalement isolé. Pourtant il assure : « *Le retour de Yannick Noah, c'est avant tout ma décision. C'est moi qui ai fait cette proposition au bureau fédéral. Il m'a suivi car on ne pouvait pas ne rien faire après les échecs successifs. À mes yeux, c'est le seul capable de guider ce groupe vers la victoire avant que l'on ne parle de génération perdue. J'ai dit au DTN Di Pasquale que j'en avais marre qu'on me parle de potentiel. Le potentiel avec la victoire au bout, c'est beaucoup mieux ! Yannick n'est pas un magicien. C'est un leader exceptionnel, qui a prouvé par le passé qu'il savait transmettre sa culture de la gagne.* »

« MA TÊTE A FAILLI TOMBER... »

Passé les semaines de flou artistique entourant son retour, le « leader exceptionnel » peut enfin se lancer dans la préparation de son premier match. Février 2016, contre le Canada. Le danger s'appelle Milos Raonic, alors dans le top 10 mondial. Mais Raonic, blessé, est forfait. La route est dégagée.

Pour son retour, Noah veut marquer le coup et surtout rassembler. Personne n'a réussi à gérer nos quatre « faux » Mousquetaires ? On pense que lui va y arriver. Le nouveau capitaine décide de commencer par un petit câlin à Gaël Monfils. Et si on jouait ce match en Guadeloupe ? Monfils est Martiniquais, mais ça reste les Antilles et c'est un bel endroit pour commencer une histoire. Ça va et ça doit le concerner. Bon, c'est vrai que c'est un peu cher parce qu'il faut préparer un stade et importer la terre battue depuis la métropole, mais le symbole est fort.

Noah va rapidement découvrir que les câlins ne servent à rien. On tend les micros à Monfils pour qu'il manifeste sa joie : lui répond qu'il n'est pas sûr que ce soit une bonne idée ! Noah, comme tout le monde, tombe des nues. C'est le début de l'incompréhension. On ne comprend jamais réellement ce que veut et pense Monfils. Finalement, tout s'arrange et tout le monde est content. Et ça passe face au Canada. Mais face à ces premières difficultés, Noah lâchera tout de même dans une interview à *Tennis Mag* : « *Il y a quinze jours, j'ai failli démissionner* ».

Les Bleus de Noah ont rendez-vous en Croatie pour la demi-finale. Sortant d'un beau parcours à l'US Open, Monfils doit être le leader, d'autant que Tsonga est absent et Gasquet blessé. Monfils s'entraîne mais a mal au genou.

Ça ne l'empêche pas de faire des dunks en jouant au basket. En rentrant à l'hôtel après un premier entraînement, il se blesse en faisant « un faux mouvement » ! On n'en saura pas beaucoup plus. Ce « faux mouvement » et ce forfait agacent fortement le capitaine. « *L'absence de Monfils, c'est une bonne chose pour l'état d'esprit* », lâche-t-il. Noah va plus loin en demandant à Monfils de rentrer chez lui. Pas sûr que cette sanction ait beaucoup perturbé le joueur.
Richard Gasquet est rappelé d'urgence. La Croatie ne compte qu'un seul joueur fort, Marin Cilic. Il va jouer les trois jours d'affilée. Pour les joueurs français, ça semble impossible. C'est toujours le même débat. La fatigue, l'enchaînement des matchs… Noah craque : « *On peut jouer sur une jambe, quand on est Français, je ne sais pas. Quand on est Croate, oui.* » La suite ? La France a perdu. Noah écarte Monfils du groupe et le compare à Karim Benzema écarté de l'équipe de France de football.

Ceux qui pensaient que le retour de Noah allait tout changer, que l'équipe de France allait retrouver calme et sérénité, mesurent alors à quel point cette équipe est difficile, voire impossible à gérer. Et même la campagne victorieuse de 2017 aura été escortée par son cortège de tensions, que seul un tableau incroyablement dégagé aura permis d'atténuer. Juste après un US Open catastrophique pour nos joueurs et alors que le tennis français espère l'union sacrée jusqu'à la finale, Henri Leconte craque et taille dans tous les sens dans les colonnes du *Parisien*. À la question : « *Gagner la Coupe Davis, ce serait l'arbre qui cache la forêt ?* », l'ancien joueur répond en tapant sur l'ensemble de son sport : « *Il faut être honnête : on a la chance d'avoir une fédération forte, un tournoi du Grand Chelem à Paris, mais c'est ridicule ce qu'on fait. Imaginons qu'on la gagne, on va encore dire : "C'est grâce à ci, c'est grâce à l'autre", mais il n'y a rien. Il n'y a pas de structure. Pour se remettre en question, il faut prendre le mur en pleine gueule. Il fallait ça pour que les mecs réagissent, s'ils en ont encore envie. Et tu te demandes... Il faut aussi que la fédération se réveille car, si on continue, on va finir comme la Suède : au revoir, le tennis ! Il faut changer. La mentalité est mauvaise, tout est mauvais.* »

Yannick Noah doit intervenir pour éviter une crise. On est à deux mois de la finale et il est hors de question de laisser s'installer une sale ambiance autour des Bleus. Car après un parcours aussi facile et avec un Saladier qui lui tend les bras, l'équipe de France ne peut pas passer à côté. Pour notre tennis, ce serait un désastre. La pression est donc immense. Le capitaine répond dans *La Voix du Nord* puis dans l'émission Stade 2 : « *C'est bien de dire du mal, mais ce n'est pas constructif. Bien sûr, c'est important d'être critiqué, mais quand on est fragiles, on est à l'écoute de conseils, d'idées, mais là tout d'un coup, à une semaine, il envoie ça, c'est à côté, pas dans le tempo. Après, si ça peut avoir une influence, faire qu'on soit plus motivés... Mais on ne joue pas pour répondre à Henri Leconte.* »

Noah, qui a failli craquer plusieurs fois tout au long de cette saison, n'est pas si loin de penser la même chose que Leconte sur le fond ; mais là, il doit défendre son équipe.

Déjà, autour de la demi-finale face à la Serbie, Noah avait évoqué des problèmes de communication. Des « *à mon époque* » un brin nostalgiques étaient tombés. Des soucis pour se faire entendre, communiquer, prendre des décisions, il y en aura encore avant la finale. Écartés de l'équipe, Nicolas Mahut et Julien Benneteau vivent très mal la situation. Noah leur dit oui, puis non... Dans le même temps,

Pierre-Hugues Herbert, qui jouera finalement le double, est mis de côté. Il craque et frôle la crise de nerfs. Noah ne gère pas forcément bien la situation. Heureusement, la victoire efface tout. Le capitaine des Bleus reconnaîtra s'être trompé dans la façon d'annoncer ses décisions. Épuisé, il pense arrêter. En conférence de presse, il apparaît soulagé, évoquant ceux qui attendaient son erreur pour lui couper la tête. La FFT lui demande de continuer. Il accepte. Mais malgré le succès final, et aussi fou que cela puisse paraître, les joueurs n'ont pas tous été unanimes quant à sa reconduction ! Il devra faire avec. Et pour commencer, convaincre Tsonga de continuer. En attendant, il pourra suivre les résultats de ses joueurs dans les grands tournois. Et peut-être leur filer un coup de main. Ça ne fera pas de mal. L'année 2017 a en effet été la pire depuis longtemps pour les Français dans les Grands Chelems.

« 99 % DU TEMPS, ON NE GAGNE PAS ! »

Quand on parle du tennis français, il faut avant tout comprendre l'importance de Roland-Garros. Les Internationaux de France. Notre pays est l'un des quatre à organiser un tournoi du Grand Chelem. Et de fait, c'est un pays de tennis par nature.

Roland-Garros, c'est la vitrine du tennis français. C'est ce qui va bien, au delà des résultats de nos joueurs. C'est ce qui dope le budget de la FFT et permet le développement de ce sport dans le pays. C'est l'enfant des Mousquetaires. L'héritage des succès fondateurs.

Roland-Garros, c'est aussi un objet de service public. Un tournoi diffusé chaque année sur les antennes télé publiques.

Les audiences restent globalement satisfaisantes, régulières, même si certains millésimes sont meilleurs que d'autres. En 2017, plus de 33,3 millions de Français ont regardé Roland-Garros sur les chaînes de France Télévisions. L'engouement est le même au stade : on se « bat » toujours pour avoir des billets et le record de fréquentation est battu chaque année. Les travaux en cours vont permettre d'augmenter encore son succès et son rayonnement.
Roland-Garros, ça marche, donc. Ça marche même très bien.

Dans ce beau tableau, il n'y a qu'une seule ombre. Nos joueurs. Le sujet qui fâche. Depuis la victoire de Yannick Noah en 1983, chaque année on compte les années. Henri Leconte a joué la finale en 1988. Cédric Pioline a été demi-finaliste en 1998. Sébastien Grosjean a atteint ce stade de la compétition en 2002, Gaël Monfils en 2008 et Jo Tsonga en 2013 et 2015.
Ailleurs, Pioline a été finaliste à l'US Open et Wimbledon, Arnaud Clément et Tsonga l'ont été en Australie. Grosjean, Monfils, Tsonga, Gasquet et Escudé ont disputé au total dix demi-finales.
Le bilan n'est pas fameux. Et si la Coupe Davis a toujours été capitale pour notre tennis, elle ne peut masquer ces défaillances dans les plus grands tournois. Le sujet agace le nouveau président Bernard Giudicelli. Je n'ai jamais entendu d'autres présidents en parler autant.
« *Ce qui est terrible, c'est de frôler le trophée et de ne pas le soulever. On a fait des demi-finales de Grand Chelem, mais on ne gagne jamais.* » Il poursuit : « *Qu'est-ce qu'un Grand Chelem réussi ? C'est celui que vous gagnez ! Or, je vous l'ai dit, depuis la fin de la Deuxième Guerre mondiale, 99 % du temps pour*

les hommes et 98 % du temps pour les femmes, nous perdons. Arrêtons d'être les perdants ! »

« IL Y A TOUJOURS UNE BLESSURE »

La saison 2017 a commencé avec le quart de finale de Jo Tsonga à l'Open d'Australie. Après ? Rien, le néant. La pire année depuis douze ans. Un bilan terrible, qui a semble-t-il marqué le monde du tennis et délié des langues peu habituées à faire des vagues.
D'habitude si diplomate et bienveillant, Roger Federer s'est lâché. C'était à Shanghai, en marge d'un tournoi. Le tacle n'est pas passé inaperçu. Le contexte ? Il parlait de la pression que pouvait subir dans son pays Yibing Wu, le jeune joueur chinois. « *Je ne sais pas comment est la presse ici, si on les laisse travailler ou si on en fait des stars trop tôt comme ça se passe dans d'autres pays. En France par exemple, je pense qu'ils en font trop et trop vite avec leurs joueurs, et du coup ils deviennent… ça m'ennuie de dire trop gâtés, mais un peu trop satisfaits trop tôt au lieu de finir leur développement à chaque étape du parcours.* » Et quand un journaliste lui demande s'il pense que c'est ce qui est arrivé à Gasquet, il ne peut réprimer un sourire en répondant : « *Oui, forcément. C'est l'exemple classique.* »
En écho à cette déclaration, que personne dans notre tennis n'a commentée, on a également entendu Marat Safin, l'ex-joueur russe, vainqueur de deux Grands Chelems, de deux Coupes Davis et numéro 1 mondial pendant quelques semaines, lâcher sur BFM Sport : « *Je dois admettre que la France est une nation des plus talentueuses, peu importe ce qu'elle fait. Football, rugby, tennis, basket, peu importe ce que*

les Français touchent, c'est de l'or. Mais quand il s'agit de gagner, il y a toujours quelque chose qui tourne au vinaigre, il y a toujours une blessure. Tout le monde se blesse et c'est la raison pour laquelle ils ne gagnent pas. La question, c'est : est-ce que les joueurs français sont vraiment blessés ou est-ce que c'est quelque chose d'autre ? Ils ont l'opportunité de gagner quelque chose, comme Tsonga, Monfils ou Paire. Il y a tellement de grands joueurs en France. Il y a aussi de grands coachs, mais il y a quelque chose qui se passe mal. Il faut faire du fitness, il faut changer de kiné, je ne sais pas moi, il faut faire quelque chose ! »

Une réaction à ces attaques ? Non, rien. Alors on est obligé de se tourner vers Henri Leconte. Retour à son dézinguage post-US Open 2017 : « *Nos joueurs ont un melon monumental : ils n'ont rien gagné et ils ont un melon… […] Un seul quart en Grand Chelem, aucun joueur français dans le top 15 au prochain classement. À part Lucas Pouille, c'est une génération qui est plus sur le déclin qu'autre chose. On s'inquiète, oui. Il y a beaucoup de choses négatives, notamment pour certains le professionnalisme. Il faut se réveiller. On est une bonne nation mais pas une nation pour gagner en Grand Chelem. Les joueurs sont responsables : à eux de se prendre en charge et d'être honnêtes avec eux-mêmes. Arrêtez, les mecs, de nous dire "On veut gagner un Grand Chelem" : c'est pas possible ! Ils ne s'entraînent pas, ne font pas l'effort nécessaire.* » Leconte continue : « *On s'est endormis ! On n'a pas su se remettre en question. Dans les vestiaires, tout le monde se marre en regardant le clan français ! Dans l'autre coin, ça envoie du lourd, ça travaille. Si certaines personnes se trouvent bien où elles sont, il n'y aura pas de réaction. On se met des œillères en disant que tout va bien. Mais tout va mal ! Arrêtons de surestimer nos joueurs : ils ont du talent, certains ont fait des bons résultats, mais derrière on n'a plus rien. Faut se réveiller, faut*

travailler sur l'avenir, faut arrêter de dire qu'on a un potentiel. On n'a rien ! On repart de zéro. Quand tu vois tous les autres se remettre en question… Regardez les Canadiens. Et avec qui ? Avec les Français Louis Borfiga, Nicolas Perrotte[49]*. Aux dirigeants de prendre les bonnes décisions et de s'entourer de gens qui ont faim.* »
Leconte termine en évoquant Lucas Pouille, à ses yeux notre meilleur espoir : « *Dans les vestiaires, il est considéré comme un vrai danger. C'est une qualité. Mais il y a plein de choses à modifier. Son huitième de finale*[50]*, c'est pathétique. Mentalement, il faut qu'il travaille. Et il faut qu'il soit plus léger. Aujourd'hui, quand on voit Novak, Stan, Roger, les mecs sont fins et explosifs. Lucas n'a plus le dynamisme qu'il avait l'an dernier. Il faut qu'ils révisent un peu leur copie. Ils vont trouver la solution, et j'aime beaucoup le discours de son coach, Emmanuel Planque, mais ils vont la trouver seuls.* »
Seul Yannick Noah a réagi. Les joueurs, eux, n'ont rien dit. Tout glisse sur eux.

Julien Benneteau, membre de l'équipe de France et familier de la génération « attaquée », est dans la dernière année de sa carrière. Futur consultant pour RMC, il a accepté de me répondre. Selon lui, le seul échec de notre tennis, c'est d'avoir attendu si longtemps avant de gagner la Coupe Davis : « *Non, ce n'est pas un échec de ne pas avoir remporté de Grand Chelem. Car c'est beaucoup plus dur de gagner un Grand Chelem que la Coupe Davis avec la génération qu'on a eue là. On a trois Grands Chelems chez les hommes depuis 1945, mais on a eu deux Français qualifiés en même temps pour le Masters*

49. Les deux entraîneurs français travaillent au renouveau du tennis canadien.
50. À l'US Open, perdu contre l'Argentin Diego Schwartzman.

une année. On a eu trois ou quatre mecs dans le top 10 à un moment donné, on en a eu quatre dans les quinze pendant des mois et des mois. Après, je ne pense pas que ce soit l'échec d'un système, je ne pense pas que ce soit l'échec d'une formation si ces joueurs-là n'ont pas réussi à aller gagner un Grand Chelem. Ça vient de chaque joueur. C'est un échec personnel, individuel. La machine, le système, la fédération forme, t'amène là où elle peut t'amener. Et après, c'est si tu en as vraiment envie, quels moyens tu mets en place, avec qui tu t'entoures, comment tu formules tes objectifs, comment tu te structures. »

Si je comprends bien, nos joueurs sont bien formés. Ils peuvent figurer parmi les meilleurs du monde, mais gagner un tournoi majeur ne fait pas partie du plan de formation. C'est une démarche personnelle et le joueur français doit vouloir aller plus loin. Manifestement, il ne veut pas.
Un seul semble avoir véritablement essayé : « *Je crois que Jo a vraiment voulu aller au bout du processus* », explique Benneteau, qui poursuit : « *Et je pense que Richard le dit lui-même, il n'a pas forcément cet objectif-là. Je peux comprendre que le grand public puisse trouver ça dingue. Mais après, c'est le choix de chacun. Dans le foot, il y en a qui préfèrent rester dans un club où ils sont sûrs d'être titulaires plutôt que d'aller jouer pour le même salaire dans un club un peu plus huppé où ils se disent qu'ils vont peut-être moins jouer. Je peux trouver normal que ça foute les boules à certains comme je trouve anormal qu'on puisse lui reprocher. Ça peut sembler paradoxal ce que je viens de dire. Mais je pense que c'est quelque chose qu'on doit respecter.* »

Y a-t-il alors un problème dans la structure fédérale ? Dans l'enseignement de l'exigence ? Benneteau répond : « *Prenons le cas de Jo Tsonga. À un moment donné, il a tout mis en œuvre. Il est finaliste en 2008 alors qu'il est encore complètement dans le giron fédéral. C'est bien gentil de parler d'échec du système fédéral mais ce système a permis à Jo de mener 1 set à 0 contre Djokovic en finale de l'Open d'Australie et d'être à deux sets de gagner un Grand Chelem. On s'en rapproche, là, quand même. Et il était entraîné par Éric Winogradsky, entraîneur fédéral, et par un préparateur physique de la fédé. Il gagne Bercy en 2008 avec ce système-là. Ensuite, il fonctionnera de manière un peu plus privée. Il n'a pas refait de finale mais il a fait des demi-finales de Grand Chelem, il n'a vraiment pas été loin. Franchement, on ne peut pas faire de procès d'intention à Jo. On ne peut pas dire qu'il n'a pas essayé, qu'il a échoué. Parce que putain, il est tombé sur Djoko, Rafa, Roger, des tops ! Alors vous allez me dire qu'au même moment, tu as Wawrinka qui en a gagné trois, tu as Cilic qui a réussi à se faufiler, Del Potro qui a réussi aussi… Ouais mais putain, ce sont des exceptions !* »

Benneteau veut s'opposer à l'idée que l'on se fait des performances de nos joueurs : « *La perception par le grand public de leur carrière, de leur accomplissement, alors qu'ils font partie des meilleurs joueurs de tennis au monde, est faussée. Considérer comme un échec le fait qu'ils n'aient pas gagné un Grand Chelem, c'est comme si on considérait comme un échec le fait que Thierry Henry n'ait pas eu le Ballon d'Or. Que si Griezmann n'a jamais le Ballon d'Or, c'est un échec, que si Benzema n'a jamais le Ballon d'Or, c'est un échec. Putain, mais les mecs tombent avec Messi et Ronaldo, deux des plus grands joueurs de tous les temps ! Et eux ils sont tombés sur qui ? Federer et Nadal. Les deux plus grands joueurs de l'histoire du tennis. Et derrière tu as Djokovic qui sera dans les quatre plus grands joueurs de l'histoire.* »

« LAISSEZ-MOI TRANQUILLE ! » : COMPRENDRE L'ENTREPRISE INDIVIDUELLE

Pour Julien Benneteau, il n'y a donc rien de choquant à ce qu'on n'ait pas la volonté de tout faire pour gagner un Grand Chelem : « *Il y a des joueurs qui peuvent avoir le luxe de se dire ça. C'est leur problème, leur décision. On est dans un sport individuel, c'est leur décision personnelle.* »

L'incarnation de la nouvelle génération s'appelle Lucas Pouille. Avec son coach Emmanuel Planque, il a entamé un processus pour aller au-delà de cette vision que Benneteau qualifie de « *personnelle* ». Pour le duo, l'objectif est d'aller au bout. Si Noah doit avoir un successeur en Grand Chelem, ce sera Pouille. En tout cas, il va tout mettre en œuvre pour y parvenir.

Il ne faut rien attendre, en revanche, de Gaël Monfils. Et ceux qui espéraient le voir à Bercy pour le dernier tournoi de la saison 2017 auront une nouvelle fois été déçus. De toute façon, qui attend encore quoi que ce soit de ce joueur, qui n'a disputé qu'un seul (mauvais) match en trois ans à Bercy ? Mais au moment d'expliquer son forfait, il ne déçoit pas. « *Il y a plein de choses que j'ai mal faites cette année* », concède-t-il dans *L'Équipe* du 30 octobre 2017 avant d'ajouter : « *Il va falloir changer mon approche* ». Rien de neuf. Car vous pouvez vous repasser en boucle la carrière du joueur, ces propos-là, il les a tenus dix fois, cent fois, impossible de quantifier. Chez lui, c'est un classique. Une rengaine maîtrisée par cœur. C'est plus loin, dans ce même article, qu'il faut chercher la substance de sa réflexion. Évidemment, il ne pourra pas faire partie de l'équipe de France de Coupe Davis pour la finale face aux Belges. C'est intéressant et c'est surtout drôle : « *J'avais repris il y a trois semaines, tranquille, à Genève, avec Jo [Tsonga]. J'ai pris mon temps. Et puis j'ai fait un peu de padel pour ne pas perdre le rythme, mais entre le padel fun et les matchs, c'est pas pareil ! Pas facile de se jauger !* » Fin de saison, donc. On ne sait pas trop si on doit rire de cet état des lieux pour le moins ridicule, ou pleurer. Là où Monfils a raison, c'est quand il trouve la question des journalistes déplacée. Comment lui demander s'il est candidat à une place dans le groupe France pour la finale ? C'est absurde. Et il termine par ces mots : « *Les gars, laissez-moi tranquille* ».

Volontairement sortie du contexte, cette phrase est peut-être bien plus éloquente qu'elle n'y paraît si on veut comprendre comment fonctionne un joueur de tennis. Ce « *Laissez-moi tranquille* » caractérise en effet parfaitement l'idée qu'un joueur de tennis, c'est avant tout une entreprise individuelle. Il n'y a pas d'autres sports qui fonctionnent de cette façon. À part le golf, sans doute.
Le joueur est son propre patron. Il a avec lui une structure, un coach, un kiné, un agent… Et c'est lui qui gère cet ensemble. Il paye son hôtel, réserve ses billets d'avion, à moins d'avoir une personne qui s'occupe de ça pour lui. Des comptes, il ne doit en rendre qu'à lui-même, contrairement à la plupart des autres sportifs. Quand il commence sa saison, en janvier, son exercice comptable est à 0. Il joue pour gagner des matchs. C'est le moteur de son entreprise individuelle.
Quand Monfils dit « *Laissez-moi tranquille* », c'est un peu comme s'il nous disait : « *Mais qu'est-ce que ça peut vous faire que je sois à Bercy ou non ? Qu'est-ce que ça peut vous faire que je gagne des matchs ? C'est mon entreprise, je n'ai pas de comptes à vous rendre !* »

Et c'est vrai qu'à l'exception de la Coupe Davis, où le joueur joue pour sa fédération et par extension pour son pays, le fait qu'il joue pour lui-même est incontestable.

Morgan Menahem est agent dans le tennis depuis quasiment vingt ans. Il a travaillé avec Jo Tsonga pendant neuf ans. En parallèle, il s'est également occupé des intérêts du basketteur Tony Parker. Aujourd'hui, il gère le tournoi ATP 500 de Washington et s'occupe d'un jeune joueur, Mathias Bourgue. « *Chaque joueur investit dans sa structure. Et plus on veut des résultats, plus les ambitions sont élevées, plus ça coûte cher. Un coach qui a un gros vécu en Grand Chelem coûte plus cher. Tu peux bosser avec un kiné, un nutritionniste, ou pas. Les services sont multiples.* » La question essentielle est donc de savoir ce que veut vraiment le joueur. L'optimisation de son capital sportif, la gestion de son patrimoine : il y a un équilibre à trouver. « *En octobre 2012, Jo commence sa collaboration avec le coach Roger Rasheed. Dix mois plus tard, il arrête. Il avait mis en place une structure plus exigeante et qui bien sûr lui coûtait plus cher. À ce niveau-là, ça devait lui revenir à 250 000 € par an tout compris* », explique Menahem.
Quand il met fin à la collaboration, Tsonga explique qu'il n'était pas simple de travailler avec ce coach du fait de l'éloignement géographique. Rasheed n'était pas avec lui sur tous les tournois. Parfois les joueurs établissent un programme à la carte avec des coachs qui coûtent cher. On peut décider de travailler ensemble quelques semaines par an, sur certains tournois, tout est envisageable.
Avec Rasheed, Tsonga n'a pas progressé en termes de résultats, mais ça lui avait coûté plus cher. L'entreprise Tsonga a donc changé de business model.

À l'époque, Tsonga gagnait plus de cinq millions par saison. La dépense ne semblait donc pas exagérée : un tournoi-exhibition de début de saison pouvait lui suffire à payer sa structure. Mais qui peut juger de la façon dont un joueur a envie de gérer sa carrière ?

Il peut arriver que l'entourage du joueur soit plus ambitieux que lui. Morgan Menahem se souvient d'une anecdote. « *En septembre 2013, Jo doit aller jouer le Masters de Tokyo. Un tournoi important. Je lui propose de partir plusieurs jours avant pour bien évacuer le décalage horaire qui dans ce sens-là est costaud. Il ne veut pas. Il faut anticiper l'hôtel, l'avion, bref il préfère partir deux jours avant seulement. J'insiste lourdement, j'invente même qu'il n'y a plus de places disponibles dans l'avion aux dates que lui veut. On part donc cinq jours avant. Il gagne le tournoi. Je ne sais pas si c'est grâce à ça. Je veux juste faire comprendre que le joueur décide seul, qu'il gère sa vie et sa carrière. S'il commence un tournoi loin un mardi et que le vendredi ou le samedi, il a un truc important, fête, mariage, je ne sais quoi et qu'il veut y aller, personne ne peut l'empêcher. Il ne doit rien à personne.* »

UNE CARRIÈRE COURTE À RENTABILISER

Comme dans beaucoup de sports, on évalue à dix ans la carrière d'un joueur de tennis. Dix ans pour briller, avoir des résultats, marquer l'histoire de son sport ou pas, et vivre aussi dans l'angoisse de l'après-carrière.

Le joueur comprend très tôt que l'argent est un moteur. La démocratisation du tennis dans les années 80 n'a au fond pas changé grand-chose : le tennis coûte cher et n'est pas fait pour toutes les bourses. La fédération peut

bien nous vendre ce qu'elle veut à ce sujet, l'argent reste primordial. Dès le plus jeune âge, un joueur de tennis dépense énormément. Le matériel, les leçons, les voyages, les tournois… Sans argent, tu ne vas nulle part !
Parvenu au sommet de la hiérarchie, le joueur va faire connaissance avec le confort. Chaque étape, chaque place de gagnée au classement est une avancée vers encore plus de confort, de luxe et de privilèges. Accéder au top 100 mondial est la première étape permettant de se dire qu'on a réussi dans le tennis, qu'on va pouvoir en vivre. Sans excès démesuré et en gérant bien ses gains, s'installer dans le top 100 doit permettre d'envisager l'après-carrière avec sérénité. « *Après, c'est toujours pareil. Si tu claques tout en bagnoles et en faisant la fête, tu termines mal* », précise tout de même Morgan Menahem, échaudé.
Arriver autour des 80 meilleurs mondiaux et pouvoir s'inscrire directement dans les tableaux des grands tournois, Masters 1000 et surtout Grands Chelems, c'est l'assurance de gains encore plus confortables. À Roland-Garros, être éliminé au premier tour rapporte 35 000 euros. Les différents paliers jusqu'à la finale sont les suivants : 70 000, 118 000, 200 000, 340 000, 530 000. Le vainqueur repart quant à lui avec un peu plus de deux millions d'euros, contre un peu plus d'un million pour le finaliste. Pour un Masters 1000 comme Paris-Bercy, on passe de 15 000 € pour un premier tour à un chèque de plus de 850 000 € pour le vainqueur.

Prenons le cas de Benoît Paire. En 2017, il a touché un peu plus d'un millions d'euros en « prize money ». Il a terminé la saison 41ᵉ au classement ATP. Son bilan victoires/défaites est de 31/31. Il n'a gagné aucun titre et s'est illustré

principalement en disputant quatre demi-finales et une finale dans des tournois 250. Il a également atteint les huitièmes de finale à Wimbledon en profitant d'un tableau très favorable.
Un million d'euros en 62 matchs, ça représente un peu plus de 16 000 € le match. En dix ans de carrière pro, il aura gagné un peu plus de cinq millions d'euros, en simple et en double (le double étant une bonne façon d'ajouter encore un peu de beurre dans les épinards).
Julien Benneteau aborde cette question de la gestion individuelle d'une carrière sans faux-semblants : « *Notre sport est très particulier. Quand on est dans les 50, on vit très bien et, finalement, si on n'a pas envie de mettre les ingrédients nécessaires pour aller gagner plus de matchs, après tout qu'est-ce que ça peut faire ?* » Cela nous ramène à la phrase de Monfils : « *Laissez-moi tranquille* ». Richard Gasquet ne l'a peut-être jamais exprimé explicitement, mais on a souvent eu le sentiment qu'il avait envie de dire aux gens : « *Arrêtez de me saouler, je n'ai pas envie* ».
« *Ce n'est pas qu'il n'a pas envie* », réplique Benneteau.
J'insiste : « *Vous n'avez pas l'impression que Gasquet a vite eu envie de dire : "Je n'ai pas envie de plus. Moi je suis content, je roule en Ferrari, j'ai assez de blé" ?*
– Et alors ? On en revient à "Laissez-moi tranquille".
– Mais vu de l'extérieur, cela donne l'impression d'être en face d'un enfant gâté.
– Non. Si Richard a l'honnêteté de dire "Les gars, je suis très heureux en étant douzième mondial, ou même vingtième", en quoi joue-t-il à l'enfant gâté ? Il ne doit quelque chose qu'à lui-même. Le tennis, ce n'est pas le foot, par exemple. Dimitri Payet, quand il est revenu à l'OM en janvier 2017, il n'avait pas joué depuis

trois semaines, il avait peut-être sept kilos de trop. Si Richard fait ça, il n'est pas quinzième mondial, il est quatre-vingt-cinquième. Et depuis le mois de janvier, le mec n'est toujours pas à son poids de forme ! Et pourtant je ne vois pas la presse dire chaque dimanche "Payet, ce serait bien qu'il perde deux kilos quand même". Nous, si tu fais ça, ton entraîneur, même si c'est toi qui le payes, il va te dire : "Attends, tu te fous de ma gueule là ?" Et soit tu l'écoutes, soit tu le vires. Il ne va pas te mettre sur le banc. »

Cette exigence à la carte, et cette image souvent négative qui en découle, cette idée sans cesse relayée que nos joueurs sont des enfants gâtés, ne témoignent-elles pas de carences dans la formation de nos joueurs ?

FORMATION : OBJECTIF GRAND CHELEM

Lorsqu'on évoque les résultats des Français dans les gros tournois et qu'on essaye de les comprendre, d'analyser, d'expliquer, deux aspects reviennent sans cesse : le manque de travail et un mental défaillant. Si on devait résumer l'opinion générale au sujet de nos joueurs, cela donnerait : « *Ils ne bossent pas assez et ils craquent dans les moments importants* ».

Mental et travail. Le duo magique sans lequel toute grande victoire est impossible. Qu'on les considère comme des évidences ou des clichés, ces carences poursuivent le sport français et le tennis en particulier depuis toujours, ou quasiment. Des matchs, des instantanés viennent nourrir cette légende. Roland-Garros 1980 : Jean-François Caujolle, modeste joueur français, mène 6/3 6/2 5/2 face à la star Jimmy Connors. Le Français tient un exploit retentissant, mais s'écroule. Mangé mentalement par l'Américain.

Durant les années 80, Noah est une anomalie, un ovni parmi les joueurs français. Lui semble être fait autrement. Mais autour de lui, l'image du « petit Français » qui craque est tenace. Roland-Garros 1988 : Henri Leconte explose en finale et fait un sketch au moment de prononcer son discours. On dira qu'il a craqué. Et même si la Coupe Davis 1991 est une parenthèse, encore grâce à Noah, Guy Forget traînait lui aussi cette image de faiblesse mentale.
C'étaient les années du beau match, de l'exploit fugace, du moment qui passe mais qui ne reste pas. On est meilleur en challenger qu'en favori. Si on l'attend, le joueur français ne répond plus ! Le match de Coupe Davis face à la très faible Inde à Fréjus en 1993 est un sommet du genre. En 1996, en finale de la Coupe Davis, Arnaud Boetsch livre un match qu'il n'a jamais plus livré grâce à Noah qui le porte. Mais sans le gourou…

Dans les années 90, Pioline était, disait-on, différent. Combien d'articles de presse pour évoquer le travail mental spécifique effectué alors avec l'énigmatique Henri Dumont ? Ça n'a pas empêché Pioline de perdre douze finales (dont deux en Grand Chelem). Autre statistique marquante, il s'est fait remonter à six reprises (quatre fois lors de matchs joués en Grand Chelem et deux fois en Coupe Davis) alors qu'il menait 2 sets à 0, un record qu'il détient avec quatre autres joueurs dont Paul-Henri Mathieu, dont on se souvient surtout pour ce match qui aurait pu donner une Coupe Davis à la France en 2002. Il menait 2 sets à 0 puis 4/2 dans le quatrième set, mais il s'est écroulé. La pression était énorme, dira l'entraîneur national Patrice Hagelauer.

Les années 2000 ont vu l'avènement de Rafael Nadal. Lui a filé des complexes à tout le monde. Ses points forts ? Le mental et le travail, justement. En face, on a Richard Gasquet le talentueux. Le petit Mozart. La légende raconte qu'enfant, Richard gagnait tout le temps. Devenu pro, il n'a plus jamais battu son copain Rafael.
Longtemps, on a entendu les suiveurs du tennis français dénigrer le laborieux Nadal. Il enchaînait les victoires à Roland-Garros mais finissait par exaspérer le public. Nous, les « nôtres » sont talentueux, ils ne sentent pas la sueur et le labeur comme Nadal. Vous seriez surpris du nombre de pratiquants qui, dans notre pays, continuent de penser ça. Aucun Français ne peut rivaliser, alors on s'est rangé du côté de Federer. Sa facilité, son talent, ça ressemble à l'idée qu'on se fait du « vrai » joueur de tennis en France – en mieux. On évite de se pencher sur le travail considérable abattu par le meilleur joueur de l'histoire et surtout sur sa progression mentale au début des années 2000. « *Le jeune Federer était en cristal* », raconte Emmanuel Planque, coach de Lucas Pouille. « *Une mouche dans le stade et il pouvait tout envoyer valser.* » Open d'Australie 2001, huitième de finale : Federer balance son match contre Arnaud Clément car il ne se voit pas faire les efforts pour revenir au score. Par la suite, le Suisse changera radicalement son approche du jeu.

Que racontent ces instantantés ? Une simple succession de clichés, ou davantage ? Des épisodes espacés peuvent-ils former un schéma, voire une règle ? En tout cas, quand la FFT et son nouveau président parlent de faire une révolution dans notre formation, c'est bien que quelque chose ne tourne pas rond, non ?

Julien Benneteau concède : « *Qu'il y ait des failles dans le système fédéral, oui. En revanche, tout remettre en cause et casser structurellement le système qui est en place et qui a permis de sortir des joueurs, d'en amener énormément dans le top 100 et d'avoir un vivier important, là je dis non.* » Son discours est toutefois nuancé, parfois contradictoire : « *À un moment, on est peut-être trop restés dans le confort, on n'a pas assez bousculé certaines choses. Concernant la préparation et l'aspect mental, on peut mieux former les entraîneurs de clubs, on peut essayer de plus les sensibiliser. Dans la formation, dans la manière d'entraîner aussi, on peut renforcer les joueurs mentalement avec des méthodes qui te renforcent naturellement, avec un discours qui te rend plus fort aussi.* »
Quand on demande aux joueurs français ce qu'ils pensent des propos de Federer, de Safin, des allusions de Wawrinka, la réponse est floue, évasive. Benneteau : « *Honnêtement, ce n'est pas une généralité. Il y en a beaucoup qui bossent. Lucas bosse comme un chien. Jo, il bosse.* »
On insiste : « *Mais alors pourquoi ils disent ça ? Vous, vous l'avez mal vécu ou pas ?*
– *Moi, franchement, je bosse. Nico Mahut bosse comme un dingue pour être compétitif à 35 ans comme il l'est. Alors oui, il y en a certains qui sont peut-être plus doués, plus dilettantes.* »

Toute sa carrière, Gaël Monfils s'est trimballé l'image d'un mec qui ne travaillait pas assez. En « off », un coach qui le connaît bien lâche : « *Des mecs comme Monfils ou Benoît Paire ont choisi un mode de fonctionnement qui leur va bien. Oui, il se pète, mais entre les blessures il est capable d'aller te taper une demie à l'US Open ou à Roland. Est-ce que s'il avait bossé à un moment donné de manière plus… régulière en faisant attention à tout, il aurait eu autant de blessures ? C'est normal qu'on se pose la question.* »

Un joueur comme Monfils a donc fait ce qu'il a voulu, à commencer par ne jamais être encadré dans une structure bien réglée. Un joueur qui le connaît par cœur explique : « *Les gars, vous ne vous rendez pas compte mais Gaël, dans son mode de fonctionnement, son mode de pensée, si tu lui infliges ça, le travail régulier, la structure, au bout de six semaines, il pète les plombs. Et il va se péter.* »

Les joueurs français ont essayé de varier leur préparation. On les disait fermés, ils sont allés vers l'étranger. Roger Rasheed a été embauché par Tsonga, puis Monfils. L'Allemand Jan de Witt a été sollicité par Monfils et Simon. Aujourd'hui, Gaël travaille avec le Suédois Mikael Tillström. Gasquet a travaillé avec un Argentin, Gabriel Markus, puis avec l'Espagnol Sergi Bruguera. L'ex-petit Mozart est même allé essayer les méthodes espagnoles chez Nadal. Il en est revenu avec ce commentaire : « *C'est fou, c'est trop dur* » ! Nadal suscite l'admiration, mais de là à s'infliger ses séances…

On est donc sorti de la routine et du travail avec les coachs français classiques. Les allers-retours avec Winogradsky, Tulasne, Champion ont été nombreux. Mais que les coachs soient français ou étrangers, les résultats sont plus ou moins restés les mêmes.

Emmanuel Planque, coach de Lucas Pouille, refuse de s'attarder sur le manque de travail. Sur ce qu'il voit, dit-il, ce n'est pas là que se fait la différence. En revanche, je suis surpris d'être conforté à ce point dans l'idée que le

mental est délaissé dans notre formation. « *On a un énorme problème. La base de notre formation, c'était* La méthode française d'enseignement, *un bouquin écrit par Jean-Paul Loth, Pierre Boyard et d'autres. C'est un truc qui date des années 70, un manuel qui reprenait la technique du tennis et qui était la bible des enseignants. Et même s'il y a eu des évolutions dans le jeu, même si nos joueurs n'ont pas été élevés avec cette méthode, il reste la base ! Toute notre identité vient de là. Historiquement, l'entraîneur de tennis français, c'est un technicien. Les joueurs français étaient identifiés par une technique juste. Ils jouaient bien au tennis. C'est encore vrai aujourd'hui, je trouve. Je vois les gamins dans les clubs, techniquement c'est propre. Malgré tout, on s'aperçoit que cela ne suffit pas. Il y a d'autres dimensions dans la pratique qu'on a complètement laissées de côté et qu'on n'a jamais intégrées dans l'apprentissage. Nous, on parle de la dimension technique prioritairement et seulement ensuite de la dimension physique. Après, quand le gamin progresse, on va lui parler de tactique. On va rentrer dans des considérations technico-tactiques. Mais il y a une autre dimension et c'est celle qui conditionne la performance. Et nous, on ne l'évoque jamais. C'est la dimension mentale. On l'évoque le jour où le gamin commence à connaître des problèmes émotionnels en compétition. Mais ça ne fait pas partie de notre socle de formation alors que le tennis, c'est un sport de duels. En France, on ne considère pas aujourd'hui cet axe comme prioritaire dans la formation du jeune joueur.* »
On ose : « *Vous ne trouvez pas ça dingue ?*
– *Ah si, complètement.* »

Pier Gauthier a été le coach de Sébastien Grosjean au début des années 2000 quand celui-ci est arrivé jusqu'à la quatrième place mondiale et qu'il a, notamment, gagné Bercy, la Coupe Davis et joué une demi-finale à l'Open d'Australie puis à Roland-Garros. Aujourd'hui, il a fait de la préparation mentale son métier. « *On va commencer par un constat. On ne gagne pas de Grand Chelem et on n'a jamais eu de numéro 1 à l'ATP. Tous les pays de tennis ont eu un numéro 1, nous jamais ! Notre retard au niveau du travail mental est évident. C'est là que ça se joue, plus qu'au nombre d'heures passées sur un terrain à s'entraîner. Et sans chercher des modèles étrangers, nos grands champions tels Teddy Riner, Tony Estanguet, ils parlent de cet aspect-là du travail. L'idée, c'est de rapprocher ton niveau à l'entraînement de ton niveau en compétition. Et quand tu deviens un grand champion, c'est même en tournoi que tu es le meilleur. Que tu es dans "la zone", comme disent les Américains. L'optimisation des capacités permet l'entrée dans la zone. Federer est meilleur en compétition qu'à l'entraînement. On le sait peu, mais il a failli arrêter le tennis à 17 ans tellement il devenait fou sur un court. Il a consulté et s'est transformé mentalement. Chez nous, on pense que mentalement tu vas progresser grâce à la répétition des matchs. Tu te plantes, tu te relèves et ça passe. Je n'y crois pas. C'est comme le prétexte de la jeunesse qui excuserait la défaillance. Je me souviens de la finale de la Coupe Davis 2002. Paul-Henri Mathieu s'écroule dans le dernier match. Guy Forget explique alors que c'est le manque d'expérience et la jeunesse qui ont plombé le Français. Mais son adversaire russe, Youzhny, était plus jeune que lui ! On nous explique aussi que le n°1 mondial, c'est un être d'exception qui apparaît comme ça… comme une forme de hasard. Mais alors on n'a vraiment pas de bol parce que ce n'est jamais tombé sur nous !*

On entend aussi que tout va bien parce que même sans vainqueur de Grand Chelem, sans n°1, on a beaucoup de joueurs dans

le top 100. Oui, c'est vrai. Et au palmarès des nations, on est bien dans tous les classements, notamment en Coupe Davis. Mais avec la puissance de notre fédération, nos moyens, nos infrastructures, un tournoi majeur dans notre pays, notre culture de ce jeu, encore heureux qu'on sorte autant de joueurs ! Ce n'est pas un miracle, un exploit, c'est normal !
Aujourd'hui, un jeune qui avance dans la compétition ne va trouver aucun support pour la préparation mentale. On explique aux parents que c'est à eux de gérer ça. Et traditionnellement nos entraîneurs sont un peu méfiants à l'égard des staffs avec un préparateur mental. Mais tu connais un grand champion qui n'a pas eu recours à ça ? Paradoxalement, Nadal n'en parle pas. Lui s'est forgé mentalement dans un environnement sportif, familial propice à la performance, au dépassement de soi.
Nos joueurs se reposent sur un confort culturel. Des habitudes. La question est juste de savoir si tu veux aller plus loin. Ou si tu te contentes de ce que tu as toujours fait. Federer, à 32 ans, travaille encore tous les aspects de la préparation.
La fameuse "culture de la gagne" dont on affuble Didier Deschamps, ça n'a rien d'inné, ça s'apprend et ça se cultive. Deschamps a grandi en Italie, à la Juve, dans un environnement culturel porté vers la performance. Est-ce un hasard si beaucoup de champions du monde de foot 98 ont évolué en Italie ? »

Alors quelle est la solution ? Dans la réforme proposée par la nouvelle direction de la FFT, la notion de parcours individualisé arrive en force. On identifie les besoins, on travaille dessus. Et on donne le pouvoir aux clubs. Ce qui signifie qu'on abandonne l'idée de rassembler tous les meilleurs jeunes à un endroit, type pôle France de Poitiers.

Julien Benneteau, comme tous les jeunes devenus pros, a fréquenté ces lieux de l'élite de notre tennis : « *On va casser Poitiers. Franchement, c'est dur à comprendre. Les Australiens, les Américains, les Canadiens ont copié notre système et nous on lâche ? Si le jeune est à Paris, ok, dans son club, il va trouver des coachs et surtout des jeunes de son niveau pour progresser. Mais loin de la capitale ? Moi, si je n'avais pas eu ces pôles France, je n'y serais jamais arrivé. J'habitais Bourg-en-Bresse, c'était impossible de trouver la structure pour me faire évoluer.* »
Aux arguments de Benneteau, la nouvelle direction de la FFT répond que les résultats de nos juniors sont nuls depuis trop longtemps. Et que derrière la génération actuelle, le trou est inquiétant.
Emmanuel Planque confirme : « *On avait l'habitude d'avoir un bon volume de joueurs mais pas de top player. Là, on a un vrai problème. Cela veut dire que ça a merdé dans la formation. On n'a pas été suffisamment bons. Il y a Geoffrey Blancaneaux pris en main par la All In Academy de Thierry Ascione. Mais avant, il y a la génération de Lucas, 1994. Il y a Mathias Bourgue, Laurent Lokoli. Et derrière, la génération Quentin Halys. Ce joueur-là peut très bien rentrer dans les 50 meilleurs très vite. Mais globalement, c'est 1, c'est 2, c'est 3 joueurs. On devrait en avoir 10. On devrait avoir 10 joueurs entre Corentin Moutet qui est de 1999 ou Rayane Roumane qui est de 2000 et 1994. Et ils ne sont pas là !* »
L'avenir appartient donc à Alexander Zverev et Dominic Thiem ?
« *Non. Je pense que Lucas va gagner un Grand Chelem. J'en suis intimement convaincu. Pour Zverev et Thiem, c'est important de regarder leurs parcours. Ce sont des gamins forcenés de travail. Le père de Zverev est entraîneur et le père de Thiem est professeur de tennis. Ils s'entourent immédiatement des bonnes personnes.*

Ils travaillent énormément. Le projet d'accession au plus haut niveau est construit dès que le gamin a 6 ou 7 ans. Là, on ne laisse rien au hasard. On est dans la fabrication de champions. On n'a pas ce genre de profils en France.
Plus globalement, on souffre de la comparaison avec des joueurs comme Rafa, Djokovic, Murray. Je pense que la différence est dans l'état d'esprit. Pour moi Rafa, Djokovic, Murray, ce sont des chiens. Quand ils rentrent sur le court, c'est une question de vie ou de mort.
– Et pourquoi nous, non ?
– C'est culturel, c'est dans l'éducation et on doit changer ça. Les entraîneurs qui sont au contact des gamins doivent introduire d'autres éléments dans la formation. »

Zverev 20 ans, Thiem 24 ans sont des projets privés. On peut se raccrocher à l'idée que Federer est un produit fédéral suisse, mais la tendance est à la structure privée. En France, deux académies privées font parler d'elles en ce moment : celle de Patrick Mouratoglou et celle de Thierry Ascione, par ailleurs coach de Tsonga, dont est membre le jeune Blancaneaux.
Mouratoglou est très critique envers le système de formation français, lâchant à qui veut l'entendre que tout va de travers. Planque l'a entendu aussi : « *Je connais bien son argument consistant à dire qu'on se trompe quand on fait jouer nos gamins six mois par an en indoor alors qu'ensuite, les jeunes joueront quasiment toujours en extérieur. Et donc ça veut dire quoi ? Que notre système est pourri à cause d'un toit ?* »
Planque poursuit : « *Je n'ai rien contre le privé, bien au contraire. Je crois qu'il doit y avoir une étroite collaboration entre les deux systèmes. Je ne connais pas les méthodes de Patrick donc je ne*

me permettrai pas de critiquer. Je sais juste qu'il y a des courants sur lesquels on peut bosser. Aux États-Unis, il y a un volet comportemental. Ils parlent beaucoup de "body language". Eux, ils sont sur la carrosserie, sur la façon dont tu vas masquer tes émotions. Ça, c'est un courant de formation, éducatif, peut-être culturel. En Espagne, on est beaucoup sur les valeurs de combat. Il y a un vrai lien entre la façon dont tu joues, la façon dont tu frappes la balle et la dimension mentale. On est dans l'engagement. L'idée c'est de frapper fort, d'user son adversaire. Nous, face à ça, on ne fait rien. On pense juste à copier l'Espagne qui apparaît comme le modèle à suivre. »

Personne, dans le tennis français, ne s'élève aujourd'hui contre les structures privées. Tous ont envie de collaborer. C'est l'idée du nouveau président et de ses parcours individualisés. À chacun ses besoins. La FFT n'abandonne pas ses meilleurs jeunes et est même prête à les aider financièrement pour qu'ils intègrent ce genre d'académies. Changer les mentalités, Pier Gauthier milite évidemment pour : « *Depuis des décennies j'entends les mêmes idées. Tu sais le nombre de jeunes que j'ai vus être tétanisés au moment de jouer le septième jeu d'un set ? Pendant des années, ils ont entendu à la télé que c'était le jeu le plus important. Roland-Garros, France 2, les mêmes mots, les mêmes raisonnements depuis toujours. Les mêmes idées sur le style de jeu. Le "sublime" revers de Gasquet ! Et celui des autres, on en parle ? On a une tradition de la technique. On focalise là-dessus. Mais en France, Nadal, avec son coup droit, on l'aurait empêché de jouer, petit. McEnroe dans les années 80, Jim Courier dans les années 90… tout ça n'aurait pas été assez propre techniquement. Dans le top 50, ils savent tous tout faire. La différence, ça ne va pas être la technique.* »

On revoit les programmes de formation, mais après ? « *Après, chacun sa carrière* », explique Gauthier. « *Mais si on n'évolue pas dans la façon de construire sa structure perso, ça sera compliqué. On le sait, c'est un investissement personnel. Chaque joueur s'ouvre ou pas. Un coach de renom, un kiné, un nutritionniste, un préparateur mental, tout est possible. Le joueur doit juste savoir ce qu'il veut et analyser ses manques.* »

Pour Bernard Giudicelli, qui veut mettre en place sa « révolution culturelle », la France est en retard : « *On peut continuer de viser le ranking de l'ATP. Le nombre de joueurs classés dans le top 100 peut continuer à être un indicateur. Mais mon projet fédéral, ce qui va embarquer des générations, c'est de soulever la Coupe Davis, la Fed Cup et surtout de gagner des Grands Chelems.*
– Votre mission, c'est ça ? Votre obsession en tant que président, c'est qu'on arrive à avoir ça ?
– Ce n'est pas une obsession, c'est vraiment un engagement. L'obsession, ça aveugle. »

ENTRETIEN :
TONY ESTANGUET/ JEAN-PHILIPPE GATIEN

« 2024, C'EST DEMAIN »

Boulevard Haussmann, en plein cœur de Paris. Les bureaux du comité de candidature Paris 2024 sont particulièrement calmes. Bien loin de l'effervescence des semaines précédant la victoire du dossier parisien en septembre 2017 à Lima. Président du tout nouveau comité d'organisation des Jeux olympiques (COJO), Tony Estanguet est, lui, fidèle au poste. Quelques jours avant de présenter la loi olympique à l'Assemblée nationale, il a bien voulu me dégager du temps dans un agenda particulièrement serré. Tony Estanguet est aujourd'hui présenté comme l'artisan de la victoire française. Le talisman capable de gagner à bord de son canoë dans les bassins de Sydney (2000), Athènes (2004) et Londres (2012). Porte-drapeau à Pékin (2008), membre du CIO depuis 2013, vice-président de la commission des athlètes depuis 2016, il porte un regard attentif sur l'évolution du sport en France. Au moment de débuter l'entretien, il m'interrompt. «*Au fait, vous avez rencontré Jean-Philippe pour votre enquête ?*» Jean-Philippe, c'est Jean-Philippe Gatien. Vice-champion olympique de tennis de table en 1992 à Barcelone, champion du monde l'année suivante, il est aujourd'hui président du conseil d'administration de l'INSEP et était directeur des sports du comité de candidature. Parmi les principales missions assignées, travailler avec les fédérations nationales. Pour Tony Estanguet, c'était tout naturel qu'il participe à une discussion à trois, et à bâtons rompus. Confirmant au fil de leurs réflexions ce qu'ont souligné les entretiens qui ont formé le matériau de notre « autopsie » : la réussite de Paris 2024 passe par une réforme en profondeur du sport français. Encore faut-il en avoir l'audace.

Tony, en quoi l'obtention des Jeux pour Paris peut-elle booster le sport français dans son ensemble ?

Tony Estanguet : C'était l'objectif initial. On a mené ce projet en se disant qu'il devait être porté par les acteurs du sport français, parce qu'ils sont les plus légitimes pour fédérer la France et améliorer la place du sport dans le pays. Tout a été pensé pour les faire réfléchir sur le thème : « *Pourquoi voulons-nous les Jeux ?* », « *Quels sont nos objectifs ?* », avec toujours ce double enjeu : le projet doit être la plus belle vitrine du sport français, mais c'est aussi un projet utile. Par projet utile, on entend la notion d'héritage pour les fédérations, la société française… Tout a été pensé pour que Paris 2024 booste la place du sport dans ce pays et pour trouver les clés pour développer la pratique du sport en France. On peut espérer atteindre cet objectif. On a déjà réussi à fédérer des gens qui n'ont pas grand-chose à voir avec le sport comme les universités, les sponsors, les partenaires sociaux. Tout le monde veut continuer à apporter des idées pour que le projet ne soit pas seulement pour les sportifs de haut niveau, mais pour l'ensemble de la France.

Avez-vous senti les acteurs réceptifs sur la nécessité de réforme du sport français ?

Jean-Philippe Gatien : Je pense qu'il y a une prise de conscience sur le fait que ce modèle a vécu. J'ai participé à plusieurs groupes de réflexion. On retrouvait un peu les mêmes acteurs autour de la table. Ce sont les mêmes sujets de discussion qui revenaient. Tout le monde était conscient qu'il fallait changer les choses et que notre modèle avait vieilli. Mais il n'y avait pas encore le prétexte qui pouvait faire avancer les choses. Là, il y a la prise de conscience que nous sommes à un virage qu'il ne faut pas rater. Il y a une méthode qui se met en place pour réformer la gouvernance du sport et du sport du haut niveau. Oui, les Jeux vont changer les choses. La victoire à Lima va peut-être libérer les énergies. Le prétexte est désormais là.

Vous sentez-vous investis d'une mission dans la réussite du sport français ?

JFG : C'est collectif. Cinquante-cinq personnes ont bossé sur la candidature, mais nous avons réussi à fédérer l'ensemble des acteurs, comme le disait Tony. On se sent tous investis dans cette mission d'évolution du sport.

TE : C'est maintenant ou jamais. Et ce n'est pas si simple. Il faut du courage « politique ». Que ce soit au sein des fédérations ou des athlètes. Il faut qu'on accepte de changer la manière de travailler. Il faut qu'il y ait des actes posés si on veut réformer le sport français. Il y a l'envie mais, derrière, il faut assumer une prise de responsabilités. On reste à notre place aussi. Notre rôle est d'organiser les Jeux. On a envie d'accompagner ce changement mais ce n'est pas simple. Ça nécessite de se couper de modèles qui ont bien marché, que ce soit le hand, l'athlétisme ou le judo… Le président de fédération a peut-être peur de la feuille blanche s'il abandonne son modèle.

Tony, vous parlez du judo, mais Riner par exemple n'est-il pas l'arbre qui cache la forêt?

Je pense en effet qu'on peut faire mieux. Paris 2024 est LE bon prétexte. 2024, c'est demain. Si les actes forts ne sont pas posés en 2018, ça va être très compliqué d'être performant en 2024. J'ai quand même l'impression qu'il y a cette envie collective.

On voit que, depuis la victoire de votre dossier, beaucoup d'acteurs comme la Mairie, le Conseil général, l'État, le mouvement sportif notamment tentent de «récupérer» cette victoire. C'est mal parti, non?

TE : C'est un régal (sourire). On s'éclate. C'est aussi ce qui fait la magie de Paris et de la France. Il y a beaucoup de chefs. Tous ces chefs travaillent ensemble. Parfois, ça gratte un peu, mais quand on est capable de tous les mettre autour de la table au service d'une cause, ça envoie. Il n'y a pas grand monde qui peut alors rivaliser. Les Français sont aussi capables de rivaliser sur ces enjeux-là. Après, je suis d'accord qu'il faut simplifier les choses, et notamment sur le haut niveau avec un pilotage un peu plus simple. Aujourd'hui, il y a beaucoup d'entités d'impliquées. Ça serait plus simple de mutualiser et de responsabiliser les acteurs. Car c'est

souvent une question de responsabilités. Qui engage sa responsabilité en cas d'échec ? Ce n'est pas bon quand tout le monde est responsable. Il faut qu'il y en ait un qui fasse bosser tout le monde.
JFG : C'est un peu ce qui ressortait de nos réunions. Qui pilote vraiment le haut niveau en France ? C'est extrêmement diffus. Il y a le ministère, il y a l'INSEP, le mouvement olympique… Il doit y avoir une ambition politique. Cette élaboration d'une stratégie doit être confiée à des experts qui rendent des comptes. Il y a de l'argent dans le sport de haut niveau. Mais on doit avancer sur la manière de rendre des comptes. Ça n'est pas le cas aujourd'hui. On manque d'efficacité parce que les responsabilités de chacun ne sont pas clairement définies. C'est un véritable enjeu. Les réflexions sont en train d'être menées. Il y a un consensus pour voir émerger une politique du haut niveau qui doit être traitée à part.

Au niveau organisationnel, le défi est également immense…
TE : On doit surprendre. Car même si on a l'habitude d'organiser les événements, ça fait cent ans qu'on n'a pas organisé les Jeux. Dès maintenant, on doit se rendre unique, exemplaire et utile. Tout ce qui est dans le dossier doit être exceptionnel. Le judo à Bercy, par exemple, ne doit pas être comme le Grand Slam. Il faut qu'on se démarque. Ça va être notre job.

Le chiffre de 80 médailles a été avancé par Laura Flessel. Des bons Jeux passent-ils par une réussite des Français ?

TE : C'est terrible parce qu'on n'est pas impliqué là-dessus. La réussite des Jeux de Paris passe par des Français sur les podiums et un record de médailles. L'engouement populaire passe par là. Et puis c'est la dynamique que nous voulons lancer et laisser en héritage. C'est pour ça qu'on espère des décisions fortes et rapides.

JFG : On a réuni les présidents de fédérations et on leur a demandé ce que seraient des Jeux réussis. L'aspect « réussite sportive » est souvent revenu.

Mais ne pensent-ils pas uniquement court terme ?

JFG : Je pense qu'ils sont plutôt dans une logique d'équipe de France qui performe.

TE : C'est les deux.

JFG : C'est une clé du succès. Si on parle de la Coupe du monde 1998, les gens auraient-ils eu la même perception des choses ? Je ne suis pas sûr. C'est un facteur évident de la réussite des Jeux.

L'exemple anglais est-il celui à suivre ?

TE : C'est une vraie réussite. Il faut le reconnaître. Il faut s'en inspirer. Il ne faut pas vouloir tout réinventer. On est sur des modèles assez comparables.

JFG : Ils ont réussi Londres en 2012, mais ils ont surtout réussi à améliorer leurs résultats à Rio et surtout augmenter le nombre de sports où ils ont eu des médailles. Au départ, ils ont été critiqués parce qu'ils ont fait des choix dans les disciplines porteuses de médailles. C'était une approche pragmatique qui avait un objectif : faire partie des trois meilleures nations olympiques. On doit en effet s'en inspirer. Nous sommes encore dans des schémas traditionnels basés sur la culture, la tradition. Le haut niveau, c'est prendre des décisions fortes. Ce qu'ils ont fait.

La notion d'héritage a constamment été mise en avant lors de votre campagne. En quoi est-elle importante ?

TE : On est sur une nouvelle génération de Jeux olympiques et paralympiques. Il nous faut aussi réinventer la manière de gérer les Jeux. Ça tombe bien car le CIO est sur ce registre-là. L'héritage est au cœur des enjeux pour le CIO. Il faut montrer que les Jeux ne servent plus à construire des stades. Ils servent à changer la donne dans le pays, à repositionner le sport, à laisser un héritage immatériel aux populations.

Et l'héritage matériel ?

TE : Je ne pense pas que ce soit le message prioritaire. Je pense que c'est plutôt de lancer une dynamique grâce aux Jeux. Comment lance-t-on des programmes ? Comment faire travailler les acteurs ensemble ? Ce n'est pas l'enjeu du CIO. Il n'a pas la responsabilité de dire si oui ou non il faut construire des piscines à Paris.

En vous basant sur vos cas personnels, l'encadrement fédéral est-il adapté au très haut niveau ?

TE : J'ai eu des besoins complètement différents dans mon propre parcours. J'ai eu la chance d'être encadré par des gens qui ont été capables d'entendre ce dont j'avais besoin. Je pense que le haut niveau est une individualisation du sport dans l'approche. Dans la même discipline, deux athlètes ne se préparent pas de la même manière. On n'a pas besoin des mêmes choses pour réussir. Or, pendant longtemps, c'était facile pour l'entraîneur de dire : « *Si tu fais ça, tu gagneras* ». J'y crois de moins en moins. Et puis j'ai évolué. En début de carrière, j'ai eu besoin de me confronter et de m'inspirer des autres pour prendre de l'énergie auprès des cadors de l'équipe de France. En fin de carrière, j'avais au contraire besoin de me protéger, d'avoir ma voie. J'avais d'autres contraintes comme ma vie de famille. J'avais besoin d'être dans d'autres conditions. Si je gagne ces trois titres olympiques, c'est aussi parce que je n'ai jamais la même approche pour appréhender l'objectif.

JFG : Je suis totalement d'accord. Je suis un pur produit fédéral puisque j'ai intégré l'INSEP à 15 ans et que j'y suis encore, en tant que président du conseil d'administration. À un moment donné, j'ai gagné. J'ai développé un système de jeu très particulier. Automatiquement, pour les entraîneurs, il fallait jouer comme Gatien. Sauf que c'était un système particulier adapté à ma morphologie et mes capacités. Cette reproduction a finalement été un échec. Les fédérations doivent comprendre que derrière un athlète se trouve un individu. Il y a eu de la perte de temps pour certains joueurs qui ne s'y retrouvaient pas. Aujourd'hui, des athlètes, parce qu'ils le sentent ainsi, décident de sortir de la structure fédérale classique. La vraie intelligence d'une fédération est de mettre en place des moyens pour aider cet individu à performer.

On en revient à cette notion de courage dans la réforme...

JFG : C'est faire des choix. C'est ça le haut niveau.

TE : Et c'est dur. Je pense que tout le monde ne peut pas le faire. Le pire, c'est quand tout le monde donne un avis.